:: 中華文化促進會主持編纂

:: 國家"十一五"~"十四五"重點圖書出版規劃項目

:: 中國社會科學院哲學社會科學創新工程學術出版資助項目

出品人 王石 段先念

今注本二十四史

舊五代史

宋　薛居正等　撰

陳智超　紀雪娟　主持校注

中國社會科學出版社

一　　梁書〔一〕

圖書在版編目（CIP）數據

舊五代史／（宋）薛居正等撰；陳智超，紀雪娟主持校注．—北京：中國社會
科學出版社，2021.12

（今注本二十四史）

ISBN 978-7-5203-9439-0

Ⅰ.①舊… Ⅱ.①薛… ②陳… ③紀… Ⅲ.①中國歷史—五代（907-
960）—紀傳體 ②《舊五代史》—注釋 Ⅳ.①K243.104.2

中國版本圖書館 CIP 數據核字（2021）第 266022 號

出　版　人	趙劍英	
項目統籌	王　茵	
責任編輯	李凱凱　顧世寶　韓國茹　郝玉明　趙　威	
特約編輯	徐林平　韓　悅　彭　麗　高文川　崔芝妹　紀雪娟	
	丁坤麗	
責任校對	鮑有情　劉艷强　王仁霞　許微微　王思桐	
封面設計	蔡易達	
責任印製	王　超	

出　　版	中國社會科學出版社			
社　　址	北京鼓樓西大街甲 158 號	郵　　編	100720	
網　　址	http://www.csspw.cn			
發 行 部	010-84083685	門 市 部	010-84029450	
經　　銷	新華書店及其他書店	印刷裝訂	三河弘翰印務有限公司	
版　　次	2021 年 12 月第 1 版	印　　次	2021 年 12 月第 1 次印刷	
開　　本	1/16	成品尺寸	228mm×152mm	
印　　張	421	字　　數	5120 千字	
定　　價	2999.00 元（精裝全 22 册）			

《今注本二十四史》工作委員會

《今注本二十四史·舊五代史》項目組

主 持 人　陳智超　紀雪娟

成　　員（按姓氏筆畫排列）

丁坤麗　王　舒　王榮彬　朱義群　李　森　周永傑

周東平　周沙沙　紀雪娟　郭清霞　張吉寅　陳智超

孫方圓　孫景超　孫靖國　黃曉巍　游自勇　熊光照

《今注本二十四史》 出版説明

　　二十四史，是中國古代二十四部史書的統稱，包括《史記》《漢書》《後漢書》《三國志》《晉書》《宋書》《南齊書》《梁書》《陳書》《南史》《魏書》《北齊書》《周書》《北史》《隋書》《舊唐書》《新唐書》《舊五代史》《新五代史》《宋史》《遼史》《金史》《元史》和《明史》。其成書時間自公元前二世紀下半葉至十八世紀中葉，前後相距約兩千年，總卷帙（不含複卷）達 3213 卷，共 4000 餘萬字。它們採用本紀、列傳、表、志等形式，構成了一個完整地記述清朝以前中國古代社會的著作體系。二十四史上起傳説時代的黃帝，下迄明朝滅亡，包容了我國古代的政治、軍事、經濟、思想、文化、天文、地理、民風、民俗等廣闊的社會內容，形成了一套展現中華民族起源和發展的最重要的核心典籍，被後人稱爲“正史”。世界上沒有任何一個國家有如此內容涵蓋宏富、時間接續綿延、體例基本統一的歷史記載。

共同的歷史文化是一個民族賴以整體維繫的基本條件之一。而對歷史著作的不斷整合和續修，顯然有利於促進國家的統一、民族的團結、社會的進步。從《史記》到《明史》，不同地位、不同民族的史家和政治家，以同一體例連續不斷地編纂我們祖國發展演進的歷史，本質上反映了我國人民尋求構建多民族國家共同歷史的強烈願望。歷史上隨時把正史歸爲"三史""十三史""十七史""廿一史""廿二史""廿四史"，不僅反映了人們對正史的認同，更重要的是反映了對共同歷史文化的認同，即民族的認同。而對正史進行大規模的整理，在另一個層面上，更有利於妥善保存民族文化遺產，豐富民族文化內涵，陶鑄民族文化精神，從而強化民族的尊嚴與自信心，提升國家的榮譽和國人對國家的歸屬感。

對二十四史進行整理，在此次之前規模較大的有三次。第一次是清朝乾隆年間，其成果是殿本；第二次是二十世紀三十年代張元濟先生組織的整理，其成果是百衲本；第三次即毛澤東同志倡議，由中華書局出面進行的整理，其成果是中華書局標點本。這一次是由張政烺先生等史學家倡議，由中華文化促進會主持編纂的今注，其成果是《今注本二十四史》。應當充分地注意到，這四次整理的發動，都有與其所處時代社會歷史息息相關的背景。乾隆朝的武英殿大量刊刻文化典籍，尤其是對二十四史的選本、校勘都經"欽定"，絕不是僅僅要製造盛世氣象；張元濟先生奔走於國難深重的二十世紀初的中國，"當中華文化存亡絕續之交”，有更深刻的原動力；毛澤東同志指示標點正史，倡議於中華人民共和國成立、百廢待舉之初；而我們如今正在進行的今注，則發軔於改革開放、萬象更新之時。這絕不是歷史的偶然。可以説，每每針對二十四史的重大舉措，都是應社會對具有主體性的統一的歷史文化需求而展開的。

當今世界，文化的融合過程逐漸加快，在共生的基礎上融合，在融合中保持共生，互補互融直至趨一。因此，各種文化都面臨着選擇。面臨選擇，充分展示本民族的歷史文化是學者們義不容辭的職責。而作爲歷史文化直接守護者的歷史學者，有責任爲世界提供對本民族歷史文化文本的正確詮釋，有責任努力爲民衆爭取對民族歷史文化解讀的話語權。

《今注本二十四史》1994 年 8 月由中華人民共和國文化部批准立項，2005 年被中華人民共和國新聞出版總署列入“十一五”期間（2006—2010）“國家重點圖書出版規劃”。自 1994 年起，迄今已經進行了二十餘年。

《今注本二十四史》總編纂張政烺先生爲本書做了奠基性的工作。在他學術生命的最後時期，不僅親自審訂了最初的《今注本二十四史編纂總則》，還逐一遴選了各史主編。

《今注本二十四史》編纂委員會主要由各史主編與相關同仁組成。張政烺先生逝世後，根據多位主編的建議，我們陸續邀請了何兹全、林甘泉、伍傑、陳高華、陳祖武、卜憲群、趙劍英七位編委成立領導小組，全面指導編纂出版工作。他們爲本項目的編纂出版，付出了大量心血與智慧，沒有他們的支持，本項目難以玉成。

本項目動員了全國三十餘所科研機構和高等學府的中國古史專家共襄其事。全書設總編纂一人，執行總編纂二人，各史設主編一人或二人；某些特殊的“志（書）”如律曆、天文、五行（靈徵）等歸類單列，各設主編一人。各史主編自選作者，全書作者總計約三百人。多年來，他們薄利求義、任勞任怨、兢兢翼翼，惟敬業畢功是務，繼承和發揚了我國史學家捨身務實的優良傳統，爲本書的完成做出了不可磨滅的貢獻！

本項目啓動之初，老一輩的歷史學家王玉哲、王毓銓、陳可畏、張博泉、萬繩楠、楊志玖、楊翼驤、漆俠、薄樹人、韓國磐等先生不僅從道義上給予全力支援，而且主動承擔各史（志）主編。何茲全、林甘泉先生更是不厭其煩，爲編纂工作提出具體建議，爲項目立項奔走呼籲。執行總編纂賴長揚先生鞠躬盡瘁，承擔了大量繁雜的組織工作。現在，雖然以上先生已經辭世，但他們學術生涯的最後抉擇所表現出的對民族、對國家的崇高責任感，永遠值得我們銘記和學習！

本項目自動議始就得到了中華文化促進會及社會各界的回應與傾力支持。中華文化促進會主席王石先生、副主席段先念先生及前任領導人蕭秧先生在本項目立項、推動、經費籌措等方面辛勤奔走，起到了關鍵作用。

香港企業家黃丕通、劉國平先生在項目前期曾給予慷慨資助。

國家出版基金與中國社會科學院也給予本項目一定的出版資助。

四川省出版集團及巴蜀書社曾在編纂和出版方面起了重要的推動作用，已出版今注本《三國志》《梁書》。

《今注本二十四史》編纂出版工作，自 1994 年立項以來，一波三折、幾經沉浮。2017 年深圳華僑城集團予以鼎力襄助，全面解決了編纂出版經費拮据的問題，編纂出版工作方步入正軌。在此，編委會全體成員向深圳華僑城集團謹表達深深敬意和感謝！

鑒古知今，學史明智。中國社會科學出版社歷來重視歷史學及中國古代典籍的整理與出版工作，爲本項目組織專門團隊，秉持專業、嚴謹、高效的原則，爲項目整體的最終出版提供了重要保障。中國社會科學出版社將與各相關單位通力協作，努力將《今注本二十四史》打造成一部具有思想穿透力與廣泛影響力的精品力作，從而爲講好中國歷史、推動中國歷史研究做出貢獻。

謹以本書紀念爲弘揚中華文化而做出貢獻的歷史學家們！
謹以本書感謝爲傳承中華文化而支援和幫助我們的人們！

《今注本二十四史》編纂委員會
中國社會科學出版社
2020 年 6 月

《今注本二十四史》凡例

　　《今注本二十四史》在編纂過程中一共產生了四個總體規範性質的文件。這就是：《今注本二十四史編纂總則》（1995 年，2005 年 4 月修改，2017 年 8 月修訂）、《關於〈編纂總則〉的修改和補充意見》（2006 年 3 月）、《關於編纂工作若干問題的決定》（2007 年 1 月）、《關於〈今注本二十四史編纂總則〉幾點重要的補充説明》（2017 年 10 月）。它們確定了全書編纂的目的、特點及具體操作規則。綜其要概述如下。

　　本書的基本特點是史家注史。工作主要集中在三個方面：版本的改誤糾謬；史實的正義疏通；史料的補充增益。由各史主編撰寫《前言》，扼要介紹該史所涉及的時代背景、作者生平、寫作過程、著作特點、史料價值、在史學史上的地位和研究概況。

本書的學術目標有兩個。一個是通過校勘，得到一套善本；另一個是通過今注，得到一套最佳的注釋本。即完成由史家校勘並加以注釋的二十四史的新校勘新注釋本。它從史家的角度出發，集數百年以來學界的研究成果，采取有圖有文的注釋形式，力圖以新的角度、新的内容、新的形式，爲二十四史創造出一套代表當代學術水準的、權威的現代善本。

一　校勘

1. 底本：原則上以商務印書館百衲本爲底本；因百衲本並非善本的另行確定底本。

2. 校勘：充分吸收包括中華書局標點本在内的前人的校勘成果，全面參校，以形成一個全新的校勘本。

各史採用的底本和參校本，在各史序言中寫出全稱和簡稱。整套書統一規定的簡稱有六個：武英殿本簡稱“殿本”；國子監本，相應簡稱“南監本”“北監本”；毛氏汲古閣本簡稱“汲古閣本”；同治五書局本簡稱“局本”；商務印書館百衲本簡稱“百衲本”。

校勘成果反映在原文中，即依據有充分把握的校勘結果，將底本中的衍、脱、誤、倒之處全部改正；刊正底本的理由，全部在相應注釋中加以説明。對無十分把握之處，不改原文，衹出校勘記質疑。

採用中華書局標點本爲工作本的史書，不録入原校勘記。直接吸收其校勘成果者則加以説明，對其提出商榷者在相應注釋中加以辨證。

二　注釋

1. 對有古注並已與原書集合行世的前四史，原則上保留古注，視同原文並加注。

2. 注釋程度：以幫助具有大專文化水準以上的讀者讀懂爲限；以給研究者提供簡要索隱爲限。注文力求做到：準確、質樸、簡練、嚴謹、規範。

3. 出注（除一些專志外）以卷（篇）爲單位。即對應當加注者，在每卷（篇）第一次出現時加注。此後即使該卷（篇）中再出現，如意義完全等同者，不再加注；而在別卷（篇）再出現時，仍另行加注。有多卷的同類志書出注時視爲同卷，即同類志書對應當加注者在首次出現時加注，其後再現如意義完全等同，亦不再加注。

4. 注釋範圍：冷僻的字音、字義、詞義，成語典故；不易理解的名物制度、地名、人名、別號、謚號、廟號；有爭議或原作記述有歧誤的史實等。

（1）字音、字義、詞義的注釋祇限於生僻字、異體字、避諱字、破讀和易生歧義及晦澀難懂的語辭。對多音字，在文中必讀某音的，以漢語拼音出注。避諱字的注文應説明避諱原因，原文原則上不改，出注。字音標注採用漢語拼音。

（2）對原文中的古體、通假、異體字的處理：古體、通假字不作改動，對其中罕見或疑難者，在注中説明其今體或正體字。全書原文和古注保留異體字，今注除人名、地名、書名和職官（署）名之外，原則上不使用異體字。

（3）成語典故，出注祇限於冷僻的成語典故，注文僅簡單説明成語典故來源、内容和意義。常見的詞語一般不出注，包括常見的古漢語虚詞與實詞，但某些不注會產生歧義者除外。

（4）人名、别號、謚號等，凡係本部書中没有專傳（或紀）的人物一般出注説明係何時、何地之人，姓、氏、名、字一般不出注，有特殊來源者，可出注。常見的歷史人物名號與某些不注無礙於全文理解者不必出注；對暫不可考者則説明未詳。

（5）地名注釋：一般僅注明今地；如須説明沿革方可解讀者，則簡述其沿革。本史有《地理志》者，地名出注從簡；若古今地名相同，所治地區大致相同者，則不出注。

（6）官名、官署名及職官制度和爵位制度名稱出注，遵循以下三個原則：常見者（如丞相、太尉、太守、縣令等），若其意義與通常理解無顯著變化，一般不出注；不常見者（如太阿、決曹、次等司等），應説明品秩、職掌範圍，需敘述沿革等方能理解原文意義者，則説明沿革變化、上下級關係、置廢時間；若本史有相應專志者，此類出注即從簡略；無相應專志者，可稍詳盡。

（7）原文與史實不符處，前後文不符處，則予以辨明。考證力求言之有據，簡明扼要。

（8）紀、傳注文以疏通原文爲目的，一般不採取補注、匯注形式。力求不枝不蔓，緊扣原文。各志（書）注文可採取補注、匯注形式，以求内容豐富、全面。

（9）對有争議的問題，客觀公允地羅列諸説，反映歧見；同時指出帶傾向性的意見。盡量不作價值評論性質的分析。

（10）今注出注各有重點：“紀”（“世家”“載記”）着重歷史事件；“傳”着重人物事迹及人際關係；“志”着重制度内容及沿革；“表”着重疏理時序。除《史記》外，注文内容貫徹詳本朝略前代的原則。

（11）注釋以段爲單位，統一順次編碼。出注（校）標碼與注文標碼一致，均採用［1］［2］［3］……標示。

校注側重學術性，努力吸收前人的研究成果，尤其是現代學者的研究成果，充分準確地反映當代二十四史學術研究現狀；爲相關專業的學者提供足資利用的準確原文和内容索引，亦爲一般文史讀者搭建起提高水準的階梯。

《今注本二十四史》編纂委員會
2017 年 10 月

目　録

梁　書

唐　書

卷六一　唐書三十七

卷六二　唐書三十八

晋　書

卷九五　晋書二十一

漢 書

周　書

卷一二二　周書十三

卷一二三　周書十四

列　　傳

志

前　言

一

　　《舊五代史》由北宋薛居正等奉敕編修，記載了後梁太祖開平元年（907）至後周世宗顯德七年（960）共五十餘年的歷史。是書初名《五代史》，或《梁唐晉漢周書》，後人爲區別於後出的歐陽脩《五代史記》，故稱《歐史》爲《新五代史》，《薛史》爲《舊五代史》。《舊五代史》以五代斷代爲序，一朝一史，全書共一百五十卷，其中《梁書》二十四卷、《唐書》五十卷、《晉書》二十四卷、《漢書》十一卷、《周書》二十二卷，又有《承襲列傳》二卷、《僭僞列傳》三卷，《外國列傳》二卷，志書十二卷。

現存《舊五代史》是二十四史中唯一的輯本。開寶六年（973）四月，宋太祖"詔參知政事薛居正監修梁、後唐、晉、漢、周五代史"，盧多遜、扈蒙、張澹、李昉、劉兼、李穆、李九齡等同修。① 開寶七年閏十月，"監修國史薛居正等上新修《五代史》百五十卷"。② 薛居正《舊五代史》一年有餘即已成書，本之實錄者居多，而各實錄亦多係五代之人所修，必多虛美，粉飾附會。③ 鑒於《舊五代史》"繁猥失實""義例無次"，歐陽脩決心重新編修五代史，並命名爲《五代史記》。宋神宗熙寧五年（1072），歐陽脩去世後，其家人將《五代史記》奏上，不久即付國子監刊刻。熙寧十年五月，"詔以歐陽脩《五代史》藏秘閣"。④ 《新五代史》成書後不久即流行於世，《舊五代史》的地位漸趨下降。金章宗於泰和七年（1207）十一月，詔"新定學令内削去薛居正《五代史》，止用歐陽脩所撰"。⑤ 明代以降，《舊五代史》已罕有流傳，僅明内府有藏本，《永樂大典》收錄《舊五代史》，多載其文，然正文因《永樂大典》體例割裂分述，已非《薛史》原貌。清乾隆三十七年（1772），爲編纂《四庫全書》，下令在全國徵書，但没有徵集到《舊五代史》。邵晉涵等館臣以《永樂大典》所收《舊五代史》爲基礎，同時補校《册府元龜》《資治通鑑考異》《資治通鑑注》《太平御覽》等

---

① 李燾：《續資治通鑑長編》卷一四，中華書局 2004 年版。
② 《續資治通鑑長編》卷一五。
③ 王鳴盛：《十七史商榷》卷九三，中華書局 2010 年版。
④ 《續資治通鑑長編》卷二八二。
⑤ 《金史》卷一二，中華書局 1975 年版。

書所引《舊五代史》相關内容，將其輯出。乾隆四十年，邵晉涵等將編成的輯本《舊五代史》進呈乾隆皇帝，輯本中標明原文輯録的出處，補充和考證史實的注文亦附在每段有關正文之下，部分文字考訂則另附黄色粘籤（參見中華書局 1975 年版《舊五代史》出版説明）。輯本《舊五代史》奏進不久，即被收入《四庫全書》，被刊印於世。又經乾隆皇帝批准，將這部輯本《舊五代史》與自《史記》至《明史》的其他二十三部正史並列爲二十四史。此後，新、舊《五代史》並行於世。

二

自輯本《舊五代史》誕生之後，陸續衍生出以下幾個版本支系：①

（一）清乾隆四十九年（1784）繕寫的文津閣《四庫全書》本以及隨後的武英殿刊本（殿本）。

（二）民國十年（1921）南昌熊氏影印乾隆四十年四庫館繕寫進呈本（影庫本）。

（三）抱經樓盧氏鈔本（盧本）以及隨後的民國十四年吴興劉承幹嘉業堂刊本（劉本）。商務印書館“百衲本二十四史”之《舊五代史》，即據劉本影印。

（四）臺北“中央圖書館”藏孔荭谷舊藏鈔本（孔本）。又有章鈺過録本（章本），係源出孔本。

（五）日本静嘉堂文庫藏邵晉涵舊藏鈔本（邵本）。

（六）上海圖書館藏彭元瑞校鈔本（彭本）。

---

① 參考 2015 年中華書局點校本《舊五代史》修訂前言。

1975 年，中華書局出版《舊五代史》點校本（中華點校本）。此本以熊氏影印乾隆四十年四庫館繕寫進呈本爲底本，同時以殿本、劉本及其他三種抄本參校，並適當吸收了邵晉涵的批校及孔荭谷、彭元瑞等人的校勘成果，同時參校了殘《宋本册府元龜》影印底樣、復旦大學藏舊抄本《五代會要》、周星詒過録的《顧廣圻校五代史補五代史闕文》、《永樂大典》殘卷膠卷及照片。2015 年，中華書局修訂本《舊五代史》出版（中華書局本），由陳尚君負責修訂，仍以熊氏影印乾隆四十年四庫館繕寫進呈本爲底本，並以殿本、劉本、孔本、邵本爲通校本，以彭本爲參校本，又據《永樂大典》殘卷，《册府元龜》《太平御覽》《五代會要》等傳世文獻作了他校，同時參酌相關碑碣墓誌。

2021 年，陳智超主持編纂《輯補舊五代史》出版（輯補本），是《舊五代史》的最新版本，也是突破清輯本框架的全新輯本。

有關《舊五代史》的版本流傳可參考“《舊五代史》版本流傳圖”（見下頁）。

三

今注本《舊五代史》有以下特點：

第一，今注本《舊五代史》選取了全新的底本——《輯補舊五代史》（巴蜀書社 2021 年版）。此本充分吸收前人成果，運用科學方法重新加以輯、補、校、證，是一個更接近《舊五代史》原本、更能體現其正史地位的新輯

《舊五代史》，北宋初年薛居正等編修。

⬇

宋代新、舊《五代史》兩書並行。金元時期《舊五代史》地位下降，漸漸不行於世。明代抄録入《永樂大典》。清代原本亡佚。

⬇

【邵本】邵晋涵鈔本

《四庫全書》文津閣本

【清輯本】四庫館臣邵晋涵從《永樂大典》《册府元龜》等輯出，恢復了原貌的大部分，形成了《四庫全書》進呈本。

【彭本】彭元瑞校鈔本

【孔本】孔荭谷舊藏鈔本

【殿本】武英殿刊本

【影庫本】1921年南昌熊氏據四庫進呈本影印

【盧本】抱經樓盧氏鈔本

【章本】章鈺過録本

【中華點校本】1975年以熊氏"影庫本"爲底本整理，參校其他版本。
【中華書局本】2015年修訂本仍以影庫本爲底本，以殿本、劉本、孔本、邵本爲通校本，彭本爲參校本。

【劉本】劉承幹嘉業堂刊本

【百衲本】據劉本影印

【輯補本】中華書局點校本以及修訂本是對清輯本的整理，未能超出此框架。因此，陳智超提出了"標準本"的概念，重輯《舊五代史》，這也是今注本《舊五代史》的目標。我們稱之爲"輯補本"，其主要工作有：①覈對清輯本內容在《永樂大典》等書的卷次；②覈對清輯本文字與《永樂大典》等書原文的異同，確定是否纂改；③查漏補缺，補充漏輯的文字；④更正誤輯的內容；⑤甄別史料真實性，尤其是《册府元龜》的內容；⑥重新合理編排。

《舊五代史》版本流傳圖

本。今注本《舊五代史》以此爲底本，將輯本校勘記與注文統合，方便讀者閱讀。

第二，今注本《舊五代史》在《輯補舊五代史》的基礎上作注，並根據今注本《舊五代史》體例及項目組成員研究成果作出調整。比如《禮志》部分，《五代會要》是《輯補舊五代史·禮志》的主要史源，然而《五代會要》本身存在文本的錯訛，直接據以輯補，不免出現因襲其誤的情形。如《五代會要》卷五受朝賀條記載：

唐天成三年十月壬戌，中書奏：

冬至日，文武百寮詣東上閣門拜表稱賀儀注……宜按舊章，以光令節。冬至日望准本朝前後明敕處分。奉敕：“宜依。”又七年四月二十八日敕：“昔者聖賢仰觀法象，因天地交會之次，爲父子相親之儀，沿襲成風，古今不易。王者制事，在于因人，酌其情而用中，順其俗以爲禮。咸覿之禮，既行父子之間；資事之情，豈隔君臣之際。自今後每年五月一日御宣政殿，與文武百寮相見。京官九品已上，外官因朝奏在京者，並聽就列。宜令所司量定儀注，頒示天下，仍編禮式，永著常規者。”

伏以本朝舊典，近代不行，方當開泰之朝，難曠會同之禮，宜興墜典，以耀明廷。五月一日，應在京九品以上官，及諸道進奉使，並准貞元七年敕，就位起居。自此每年永爲常式者。

奉敕：“宜依。”

《輯補舊五代史・禮志下》照録了這一段文字。但是我們發現，"又七年四月二十八日敕"以下，論述的是准貞元七年（791）敕恢復五月朔大朝會一事，與上文天成三年（928）中書奏冬至拜表稱賀儀注並不相干，其間當存在文本的錯訛。今注本《舊五代史》項目組檢覈文獻，找到了《册府元龜》卷一〇八《帝王部・朝會門二》的記載：

> （天成四年）四月，中書門下奏："五月一日入閣起居，准貞元七年四月二十八日敕：'昔者聖賢觀象，因天地交會之次，爲父子相見之儀……'五月一日，應在京九品以上官及諸進奉使，並准貞元七年敕，就位起居。自此每年，永爲常式者。"奉敕："宜依。"

又《舊五代史》卷四〇《唐書・明宗紀六》記載：

> （天成四年四月）戊辰，中書奏："五月一日，應在京九品已上官及諸道進奉使，請准貞元七年敕，就位起居，永爲恒式。"從之。

據此，我們判定《五代會要》漏略了"四年四月戊辰中書門下奏五月一日入閣起居准貞元"等字樣，誤以"又"字將不相干的兩條記載連綴爲一。今注本遂據《舊五代史》《册府元龜》的記載，對此兩則記載作了切分、校正。

根據我們對於《禮志》的理解，今注本《禮志》對新輯本《禮志》的篇目次序、目名、具體内容也作了一定的調整、增補和删改。譬如改《朝賀》爲《受朝賀》，改《朝參》爲《朔望朝參》，並調整其次序，將《朔望朝參》移至《受朝賀》之後，力求使之更爲合理、直觀。另外，今注本《曆志》《天文志》亦根據我們的理解，對新輯本相應内容作了調整和删改。

第三，今注本《舊五代史》對正文内容，尤其是中華書局本未出校的部分進行了據實訂補。如本書卷七九《晉書·高祖紀五》天福五年五月丙戌，"安州節度使李金全叛，詔新授安州節度使馬全節以洛、汴、汝、鄭、鄆、宋、陳、蔡、曹、濮十州之兵討之，以前鄜州節度使安審暉爲副，以内客省使李守貞爲都監，仍遣供奉官劉彦瑶奉詔以諭金全。命麾下齊謙以詔送於淮夷，雲夢人齊峴斬謙，歸其詔於闕"。末句"命麾下齊謙以詔送於淮夷，雲夢人齊峴斬謙，歸其詔於闕"缺失主語。《册府元龜》卷一二三《帝王部·征討門三》記載："仍遣供奉官劉彦瑶馳詔以諭金全。彦瑶既至，金全麾下齊謙以詔送於淮南，雲夢人齊峴斬謙，歸其詔於闕。"則齊謙爲李金全麾下，受金全之命送詔於淮南（南唐）。兹據《册府元龜》於"命麾下齊謙以詔送於淮夷"句前補"金全"二字爲主語。又如本書卷一二八《周書·楊凝式傳》"唐末帝按兵於覃懷，凝式在扈從之列"。"覃懷"，中華書局本作"懷覃"，然本書卷四八載"及乎駐革輅於覃懷之日",卷八八載"明公昔刺覃懷,與徹主客道至",今注本據此改卷一二八中"懷覃"爲"覃懷"。覃懷,地名,位於今河南沁陽市。又如卷一三九《禮志上》記載:"左僕射劉昫等再奏議曰:'臣等今月十三日,再於尚書省集百官詳議……請依唐朝追尊獻祖宣皇帝、懿祖光皇帝、太祖景皇帝、代祖元皇帝故事,追尊四廟爲定。'從之。""代祖元皇帝",即唐高祖李淵之父李昺,然《舊唐書》卷一、《新唐書》卷一皆作"世祖"。《唐會要》卷一《帝系》記載:"世祖元皇帝諱昺,武德元年六月二十二日追尊元皇帝,廟號代祖,葬興寧陵。"世祖、代祖混用,引人懷疑。檢覈文獻,可以確定唐高祖武德元年(618)追尊四廟時,李昺的廟號爲"世祖",此後未見更改廟號的記載。其作"代祖",或因避唐太宗李世民諱,改"世"爲"代"的結果。今注本在注文中特別作了說明。

第四,今注本《舊五代史》對文意不當之處提出了質疑與修改意見。如本書卷一二三《周書·安審信傳》,後周廣順"三年夏四月,太祖御乾元殿入閣,審信不赴班位,爲御史所彈,詔釋之"。此處乾元殿似爲"崇元殿"之誤。據本書卷一一一《周書·太祖紀二》,廣順元年(951)正月丁卯,"帝自皋門入大內,御崇元殿,即皇帝位";本書卷一一三《周書·太祖紀四》,廣順"(三年)五月己卯朔,帝御崇元殿受朝,仗衛如儀"。可見後周都城正殿爲崇元殿,而非乾元殿。又如本書卷一三九《禮志上》"今後凡小祠"，中華書局本有校勘記："'小祠'，原作'小事'，據殿本、本書卷四○《唐明宗紀六》、《册府》（宋本）卷五九三、《五代會要》卷四改。"然卷四○校勘記又云："'小祠'二字原闕，據本書卷一四三《禮志下》、《五代會要》卷四、《册府》（宋本）卷五九三補。"涉嫌互引同改，似不當。以上皆出注説明。

　　第五，今注本《舊五代史》工作重點爲名物典章制度的疏解注釋與史實的糾謬補闕。本書對五代時期人名、地名、職官、禮制、風俗等專有名詞作出注解，特別是對於過去未有注釋、難以理解、極易出錯的名詞進行了箋注考證。在此過程中，參考了《中國官制大辭典》《中國歷代職官辭典》《中國歷代官制大辭典》《中國歷史大辭典》《資治通鑑大辭典》《宋代官制辭典》《中國歷史地名大辭典》《中國古今地名大詞典》等大型工具書，① 並吸收了學界對《舊五代史》的校勘和研究成果，特別是近四十年的國内外五代史研究成果，在保證校注學術性的同時，爲讀者提供了閱讀與研究的學

_____

　　① 俞鹿年編著：《中國官制大辭典》，黑龍江人民出版社1992年版。邱樹森主編：《中國歷代職官辭典》，江西教育出版社1991年版。吕宗力主編：《中國歷代官制大辭典》，北京出版社1994年版。鄭天挺、譚其驤主編：《中國歷史大辭典》，上海辭書出版社2010年版。施丁、沈志華主編：《資治通鑑大辭典》，吉林人民出版社1994年版。龔延明編著：《宋代官制辭典（增補本）》，中華書局2017年版。史爲樂主編：《中國歷史地名大辭典（增訂本）》，中國社會科學出版社2017年版。臧勵龢等編：《中國古今地名大辭典》，上海書店出版社2015年版。

術索引。

四

今注本《舊五代史》具體任務分工如下：

本書由陳智超、紀雪娟擔任主編，主持校注工作，朱義群、孫方圓、黃曉巍、張吉寅、周永傑、王榮彬、周東平、王舒、游自勇、孫靖國、孫景超、丁坤麗等共襄其事。

陳智超，研究員，曾任職於中國社會科學院古代史研究所，歷史文獻學專業博士生導師。研究方向爲宋至明代歷史、歷史文獻學等。主要著作有《解開〈宋會要〉之謎》（社會科學文獻出版社 1995 年版）、《美國哈佛大學哈佛燕京圖書館藏明代徽州方氏親友手札七百通考釋》（安徽大學出版社 2001 年版）、《宋史十二講》（清華大學出版社 2010 年版）等。陳智超曾負責審訂今注本《新五代史》（中國社會科學出版社 2020 年版）。在本書中任主編，負責全書的審訂工作。

紀雪娟，博士，任職於中國社會科學院古代史研究所。研究方向爲宋史、域外漢籍，已點校出版《鐔津文集》（西南師範大學出版社 2016 年版）、《北磵文集》（西南師範大學出版社 2016 年版），並發表相關學術論文十餘篇。紀雪娟曾主持今注本《新五代史》的校注工作。在本書中承擔的部分爲：《唐書・明宗本紀十》（卷四四）、《唐書・列傳》（卷五七至七四）、《周書・本紀》（卷一一〇至一一六、卷一一八至一二〇）、《周書・列傳》（卷一二一至一三一）、《外國列傳》（卷一三七至一三八）、《選舉志》（卷一四八）、《附録一》，共 44 卷。同時負責全書的統稿工作。

朱義群，博士，任職於福建師範大學社會歷史學院。研究方向爲宋史，已在《中國史研究》《文獻》《中華文史論叢》《國學研究》等學術刊物上發表論文數篇。朱義群曾參與今注本《新五代史》的校注。在本書中承擔的部分爲：《唐書·武皇本紀》（卷二五至二六）、《唐書·列傳》（卷四九至五六）、《漢書·本紀》（卷九九至一〇三）、《漢書·列傳》（卷一〇四至一〇九）、《職官志》（卷一四九），共 22 卷。

孫方圓，博士，任職於中國社會科學院中國邊疆研究所。研究方向爲宋史、環境史、海疆史，已在《中國史研究》《史學月刊》《史學集刊》《軍事歷史》《理論學刊》等學術期刊上發表多篇論文。孫方圓曾參與今注本《新五代史》的校注。在本書中承擔的部分爲：《梁書·太祖本紀》（卷二、卷三）、《晉書·本紀》（卷八一至卷八五）、《晉書·列傳》（卷八六至卷九八）、《周書·世宗本紀四》（卷一一七），共 21 卷。

黃曉巍，博士，任職於湖南大學嶽麓書院。研究方向爲宋史、唐宋禮制史，已在《中國史研究》《史學月刊》《中國經濟史研究》等期刊上發表論文數篇。黃曉巍曾參與今注本《新五代史》的校注。在本書中承擔的部分爲：《唐書·明宗本紀九》（卷四三）、《晉書·高祖本紀》（卷七五至八〇）、《禮志》（卷一三九至卷一四〇）、《樂志》（卷一四一至一四二）、《食貨志》（卷一四六），共

12 卷。

張吉寅，博士，副教授，任職於山西大學歷史文化學院。研究方向爲宋史，已在《文獻》《北京社會科學》等期刊上發表論文數篇。在本書中承擔的部分爲：《梁書·太祖本紀一》（卷一）、《梁書·本紀》（卷五至卷一〇）、《梁書·列傳》（卷一一至卷二四）、《承襲列傳》（卷一三二至卷一三三）、《僭僞列傳》（卷一三四至卷一三六），共26 卷。

周永傑，博士，任職於寧夏大學西夏學研究院。研究方向爲西夏史、宋史，已在《歷史教學》《元史及民族與邊疆研究集刊》等期刊上發表論文數篇。在本書中承擔的部分爲：《梁書·太祖本紀四》（卷四）、《唐書·本紀》（卷二七至卷四二、卷四五至卷四八），共21 卷。

王榮彬，博士，研究員，任職於中國民主同盟中央委員會。研究方向爲中國古代數理天文學史。王榮彬曾參與今注本《新五代史》的校注。在本書中承擔的部分爲：《曆志》（卷一四三）、《天文志》（卷一四四），共 2 卷。

王舒，廈門大學法學院法律史學博士研究生。周東平，博士，教授，任職於廈門大學法學院。研究方向爲中國法律史、魏晋隋唐史。獨著《中國中古法史論衡》《中國茶文化史》《犯罪學新論》，合著《論佛教對中國傳統法律之影響》《二十世紀唐研究》《東アジアの死刑》（《東亞的死刑》）等，主編《〈晋書·刑法志〉譯注》及連續出版物《法律史譯評》。兩人在本書中共同承擔的部分爲：《刑法志》（卷一四七），共 1 卷。

游自勇，博士，教授，任職於首都師範大學歷史學院。研究方向爲隋唐史、敦煌吐魯番學研究，已出版《英藏敦煌社會歷史文獻釋錄》（8—18卷，合著）等。在本書中承擔的部分爲：《五行志》（卷一四五），共1卷。

孫靖國，博士，副研究員，任職於中國社會科學院古代史研究所。研究方向爲歷史地理學，已出版專著：《輿圖指要——中國科學院圖書館藏中國古地圖敘錄》（中國地圖出版社2012年版）、《桑乾河流域歷史城市地理研究》（中國社會科學出版社2015年版）等，發表論文數十篇。孫景超，博士，任職於中國社會科學院古代史研究所。研究方向爲歷史地理學，已出版《宋代以來江南的水利、環境與社會》（齊魯書社2020年版），並發表學術論文數篇。二人在本書中共同承擔的部分爲：《地理志》（卷一五〇），共1卷。

丁坤麗，中國社科院大學（研究生院）博士研究生。研究方向爲中國古代史。在本書中負責文獻覈對、底本校勘等工作。

同時，感謝李森、熊光照、周沙沙、郭清霞，他們所做的校對勞動對本書稿的完善十分重要。感謝《今注本二十四史》編委會及參與此書稿編輯出版工作的諸位同仁們。

今注本《舊五代史》項目組

2021年10月

《輯補舊五代史》 前言

陳智超

一 緣 起

（一）《舊五代史》的編修及其厄運

作爲中國的基本史籍，二十四史儘管有這樣或那樣的問題，但因其系統性（兩千多年没有中斷的歷史）、全面性（涵蓋政治、經濟、文化、軍事、外交等方面）以及相對的權威性（材料一般源自國史、實録等）而有其不可替代的地位。

現在流傳的《二十四史》，其中的二十三部都是有原本流傳下來的（儘管有幾部在流傳過程中有闕失，摻入了後人增補的内容，但基本上仍是原本的框架），唯獨有一部是後人的輯本。這就是北宋初年薛居正領銜編修的《舊五代史》。

開寶六年（973）四月戊申，宋太祖"詔參知政事薛居正監修梁、後唐、晉、漢、周五代史"①。次年閏十月甲子，"監修國史薛居正等上新修《五代史》百五十卷"。太祖當天就加以閱讀，第二天他對宰相說："昨觀新史，見梁太祖暴亂醜穢之迹，乃至如此，宜其旋被賊虐也。"②

薛居正《五代史》一百五十卷從開始編修到成書，時間不過一年半，在當時有他的便利條件。其修書時離五代最後一個王朝周朝的滅亡不過十三年，參與編修的人員都親身經歷過五代這一段歷史，還有五代各朝實錄可供利用。

薛居正《五代史》修成以後七八十年，歐陽脩因不滿意《薛史》，私人重修五代史，書名《五代史記》。這部書歐陽脩在世的時候沒有公佈，他死後不久，神宗熙寧五年（1072）八月，"詔其家上之"，十年五月，"詔藏祕閣"，又"付國子監刊行"。③ 後人稱薛著者爲《舊五代史》，歐著者爲《新五代史》，兩者並行於世。

北宋滅亡以後，《薛史》日衰。在北方，金章宗於泰和七年（1207）十一月癸酉，詔"新定學令內削去薛居正《五代史》，止用歐陽脩所撰"。④ 張元濟據《宋史·選舉志》所載朱熹上議設各科取士時，所列《五代史》已不包

---

① 《續資治通鑑長編》卷一四，中華書局 1979 年版。

② 《續資治通鑑長編》卷一五。

③ 王應麟：《玉海》卷四六《藝文·正史》，江蘇古籍出版社、上海書店 1987 年版；晁公武：《郡齋讀書志》卷二上，史部·正史類，《四部叢刊三編》本。

④ 《金史》卷一二《章宗紀》，中華書局 1976 年版。

括《舊史》，證明在南宋統治區域，也是《歐史》獨盛。①

到明初，《舊五代史》留存已經很少。幸運的是，《永樂大典》還將它收入。而大約同時的《歷代名臣奏議》就沒有利用《舊五代史》。

乾隆三十七年（1772），爲準備編纂《四庫全書》，下令在全國徵書，所收者衆，但没有徵集到《舊五代史》。邵晉涵等館臣，遂以《永樂大典》爲基礎，將《舊五代史》輯出。②

20 世紀 20 年代末，上海涵芬樓影印《百衲本二十四史》，曾重金懸購《舊五代史》。當時有報導説，徽州人汪德淵原藏有金承安四年（1199）南京路轉運司刊本，與輯本相校，“不但篇第異同甚多，即文字亦十增三四，至《梁太祖紀》一篇，今《舊五代史》與《薛史》全然不同”云云。③ 但這部傳説中的金刊本《舊五代史》，始終没有露面，其下落至今仍是一個不解之謎。

（二）《新五代史》不能取代《舊五代史》

《舊五代史》誠然有不少問題，《新五代史》也確有許多優點，但從歷史學的角度看，《新史》不能取代《舊史》。這一點，已爲歷史所證明，最有説服力的證據就是《資治通鑑》。

---

① 張元濟：《校史隨筆》，上海古籍出版社 1998 年版。
② 邵晉涵輯《舊五代史》的緣起，可參閱劉一《邵晉涵研究》，花木蘭文化事業有限公司 2019 年版。
③ 見黄雲眉《邵二雲年譜》，收入《史學雜稿訂存》，齊魯書社 1980 年版。

司馬光修《通鑑》時，《新史》已經出世，他曾加以參考。但祇要留意《通鑑》的五代部分，閱讀他的《通鑑考異》，就可見在新舊兩部《五代史》中，他取材更多的是《舊史》而非《新史》。

四庫館臣在《進〈舊五代史〉表》中説："有《薛史》以綜事跡之備，有《歐史》以昭筆削之嚴，相輔而行，偏廢不可。"① 近人柴德賡説，《薛史》"長處是材料較多，敘事較詳。短處是文辭繁冗，議論平庸"②。這些都是公允的評價。

（三）《輯本舊史》的得失

既然《新史》不能取代《舊史》，乾隆時輯出《舊史》就有其必要；既然輯本《舊五代史》有相當大的問題，深入而不是表面、全面而不是零碎地對它進行清理，也就有其必要。

1. 徹底分解《輯本舊史》

輯本《舊五代史》就像是一部由不同工廠生產的零部件組裝而成的機器。

爲了徹底清理它，第一步，我採取了最笨拙、最費力，然而我認爲是唯一有效的辦法，就是把它徹底分解至最基本的構成單位——條。所謂條，就是在輯本《舊五代史》中引自同一部書的相連貫的文字，它在輯本中的標誌就是在條末注有出處，如第一卷開首的"《永樂大典》卷

① 《舊五代史·附録》，中華書局 1976 年版。
② 柴德賡：《論歐陽脩的〈新五代史〉》，《史學叢考》，中華書局 1982 年版。

八千六百八十七”“《册府元龜》卷一百八十二”。需要説明的是，各條的分量不一，有的長達整卷，甚至數卷，有的衹是一句話，相差很遠。分解以後，我把所有條文按它的出處歸類。

通過這樣的分解、歸類，可以得到對輯本《舊五代史》的初步認識。

輯本《舊五代史》取材於六部書，其中採自《永樂大典》者八百二十二條，《册府元龜》三百一十八條，司馬光《通鑑考異》六條，胡三省《通鑑注》十二條，《太平御覽》二條，洪邁《容齋隨筆》一條，未注出處者七條。其中所引《大典》的條數雖然衹占總條數的 70%，但是，包括整卷的長條絶大多數出自《大典》，如果按分量（字數）計算，輯本内容的 95% 左右採自《大典》。《永樂大典》的引文構成了輯本《舊五代史》的主體。

作了以上的初步分析之後，我們就可以知道邵晉涵等人做了哪些編纂工作，並可以推斷出他們的工作程序：

（1）從《永樂大典》等六部書中輯出引自（或他們認爲是引自）《舊五代史》的條文。

（2）將這些引文編排成書。上引六部書各有自己的體例，《舊五代史》引文在《大典》等書中的位置與它們在原書中的位置完全不同，所以必須加以編排。因引文情況的不同，這種編排工作可分爲三個層次：第一，有些引文一條就是整卷，這種編排比較簡單，主要是確定該卷在全書中的位置（次序）；第二，有些引文一條就是全傳（或基本上是全傳），這種主要是將同卷各傳歸類，並確定各傳在該卷中的位置，以及該卷在全書中的位置；第三，有些引文比較零碎，首先要將它們連綴成篇（本紀、傳、志），然後再按以上程序連篇成卷，連卷成書。

（3）作注與考異。有些本紀、列傳，雖經連綴，仍然殘闕，需引他書作注，文章始完整。如卷七《梁太祖本紀》，太祖結局爲朱友珪所殺，但輯文無此内容，輯本以《通鑑》有關記載作注。此外，輯者發現《薛史》記載有誤時，也做了些考證工作，亦以注的形式表現。

通過上述三部分工作，邵晉涵等人編成輯本《舊五代史》，使這部失傳了幾百年的一百五十卷的史書，大部分内容得以保存，並成爲基本可讀之書。如果我們轉換一個角度加以考察，更能體會邵晉涵等人的歷史功績。我們可以設想，如果他們當年不做這項工作，結果將會如何？輯本《舊五代史》出世不到百年，發生了英法聯軍侵華之役，以後又爆發了八國聯軍之役，《永樂大典》絶大部分被毀，各地殘存者不過八百卷，不到全書的4%。後人不可能在《大典》殘本的基礎上重輯《舊五代史》。可以説，邵晉涵等人利用了他們編修《四庫全書》可以充分利用《永樂大典》的客觀條件，不失時機地做了一項對史學極爲有益的工作，功不可没。如果我們考慮到他當時不過三十三歲，按今天的標準來説還是年輕人，就更覺難能可貴了。

乾隆四十年（1775），邵晉涵等將編成的輯本《舊五代史》進呈乾隆，經乾隆批准，將這部輯本與自《史記》至《明史》的其他二十三部正史並列。

2. 覈對輯本《舊史》所注引書卷數

我所做的第二步工作，就是逐條覈對輯本所注《永樂大典》和《册府元龜》兩書的卷數，也就是覈對引此兩書的出處。在輯本的初次定稿中，輯自以上兩書的條文，每條下都注有卷數，後來定本及殿本將出處盡行删去。好在豐城熊氏本、吳興劉氏本以及百衲本保留了原出處。但輯本所注卷數多誤，陳垣先生曾有長文《舊五代史輯本引書卷數多誤例》指出其誤。①

可能有些讀者會提出疑問：引書卷數正確與否，並不影響對輯本《舊五代史》的閱讀，何必深究？如果祇是閱讀輯本，並準備把它當作原本來接受，確實如此。但如果要徹底清理輯本的問題，弄清楚輯本所引《大典》和《册府》的卷數，是必要的一步。

陳垣先生的文章主要是指出輯本在這方面存在問題並分析產生問題的原因，所以題目以"例"爲名。現在要徹底清理輯本的問題，就要將輯本全部引文逐條審查、覈對，對卷數錯注的條文，還要儘量確定正確的卷數。我們有陳垣先生工作的基礎，再加上現有的便利條件，特別是《大典》殘本先後兩次影印出版以及《大典目錄》全本的影印，都有助於我們找出絕大部分正確的答案。這項審查的結果，是我編成了《輯本〈薛史〉所引〈永樂大典〉一覽表》和《輯本〈薛史〉所引〈册府元龜〉一覽表》。限於篇幅，本文不能將這兩份極有用處的表文列出，但可以

---

① 原載《文史》第三輯（1963），後收入《陳垣學術論文集》第二集，中華書局 1982 年版。

報告讀者，陳垣先生當年"知其誤而不知爲何誤者"，相當一部分現已知爲何誤。如卷五九《王瓚傳》，注引《大典》卷六六八〇，查《大典目録》，該卷係"江"字韻"鎮江府"事目，知其爲誤。陳垣先生説："或應作卷六八六〇，'王'字韻。但《大典》'王'字韻姓氏有一〇二卷，自卷六八一六至六九一七，不知在何卷。"① 現在《大典》卷六八五〇已影印出版，《王瓚傳》就在該卷中。同時，通過深入的覈對，也有一些過去不知其誤者被發現。

本文要着重論述的是，經過對輯本所引書卷數的覈對、改正後，在哪些方面加深了對輯本的認識？主要是以下四方面：

第一，《永樂大典》分韻的大小直接關係到它收録文獻的完整程度。《大典》收録文字的基本單位是"事目"。事目内涵有大有小，對《舊五代史》來説，《大典》有的事目相當於它的某一帝的本紀、某一人的全傳或某一志的全文；有的事目則祇收録了紀、傳、志的片斷，有時甚至祇是其中的一句話。對於輯者來説，分韻越大，越便於輯録。客觀地説，《永樂大典》收録的《舊五代史》完整者居多，爲輯《舊五代史》提供了良好的基礎。

在現存的《大典》殘本中，上述各種分韻的類型都有實例。《大典》一個事目收録《舊史》一帝本紀的，如卷八九八〇"周"字韻"五代周太祖"事目，它收録了《舊史》完整的《周太祖本紀》，在輯本中共分爲四卷（卷一

---

① 陳智超主編：《陳垣全集》第七册，安徽大學出版社 2009 年版，第 606 頁。

一〇至卷一一三）。《大典》一個事目收録《舊史》一人全傳的，如卷六八五一，“王”字韻“姓氏”事目，收録了完整的“《王敏傳》”，在輯本卷一二八。《大典》一個事目祇收録《舊史》片斷的，如卷四八九，“終”字韻“無疾而終”事目，祇收録了《武漢球傳》的一段，《武傳》全傳見輯本卷一〇六。

第二，《永樂大典》收録《舊五代史》，有時會出現複文。一種是全傳的複文，即同一傳分別收入不同事目。如殘本《大典》卷六八五一，“王”字韻“姓氏”事目收録了《王周傳》，而輯本卷一〇六的《王周傳》則採自《大典》卷一八一三二，“將”字韻“五代將”事目。另一種是片斷的複文，如上舉“無疾而終”事目收録了“《武漢球傳》”的片斷，輯本卷一〇六所輯者是全傳，也是採自《大典》卷一八一三二“將”字韻“五代將”事目。

第三，輯本收録《册府元龜》都出現在如下情況，即：《大典》所收《舊史》的紀、傳祇是片斷，更準確地說，輯者所看到的《大典》某卷，收録《舊史》的紀、傳祇有片斷。這時，輯者即以《册府》有關此帝、此人的記載作補充。輯本收録《大典》的《舊史》紀、傳，完整者居多，所以輯本收録《册府》，祇分佈在少數卷中。

第四，我們分析輯本收録《册府》的情況時，不僅要知道採自《册府》的某卷，還應更進一步知道採自《册府》的何部何門。《册府》的一卷有時包括若干門，而《册府》不同的門有時也會收録《舊史》的同一段文字。

下面再從輯本的本紀、列傳、志這樣一個角度進行考察。

（1）關於本紀

輯本《舊五代史》的本紀部分問題較少。除《梁太祖本紀》外，各帝本紀基本保存完整。這是因爲有關帝紀的内容，在《大典》中分韻較大，一個事目就將一帝的本紀全文收録了。如《梁末帝紀》採自卷六六〇五，“梁”字韻“末帝”事目；《唐莊宗紀》採自卷七一五五至七一五八，“唐”字韻“後唐莊宗”事目。我們衹要對照一下《大典》卷一二二六九至一二九六八中現存的“宋”字韻“文帝”“太祖”“仁宗”“神宗”“寧宗”事目各卷，就可以知道凡是類似的事目，都會將各史本紀全文收入。以此類推，可知完整的《梁太祖本紀》應在《大典》卷六五九九至六六〇四“梁”字韻“五代後梁太祖”事目中。但這幾卷《大典》在邵晉涵輯《薛史》時已經遺失。現在輯本《薛史》的《梁太祖本紀》分爲七卷，輯自《大典》各散韻以及《册府》閏位部各卷，而以《册府》爲主。

（2）關於列傳

輯本列傳的情況也同本紀一樣，採自《大典》的引文分三種類型：第一種完整或比較完整地收録了《舊五代史》某人的傳記，這一種在輯本中占多數，但仍需要經過細緻的校勘以消除文字上的差錯。收録全傳的事目主要是卷一八一二六至一八一三三，“將”字韻“五代將”事目；一七九一〇至一七九一一，“相”字韻“五代相”事目。第二種是各字韻的姓氏事目，如卷一〇三八六至一〇三九一，“李”字韻“姓氏”事目；六八四九至六八五一，

"王"字韻"姓氏"事目等等。其中卷六八五〇、六八五一兩卷現存。第三種則祇是摘引了《舊史》某傳的片斷。《大典》事目分韻較小，祇摘引《薛史》片斷的，在《大典目録》中主要表現爲某字韻、事韻。在《大典》引文爲《舊史》片斷時，輯本再從《册府》中補輯有關此人材料。如輯本卷七一《馬郁傳》，在《大典》中僅輯到兩個片斷，輯本又從《册府》中補採兩條。

（3）關於志

《中興書目》僅載《舊五代史》有志十二卷，並未列出各志名稱及卷數。現在輯本有《天文志》《曆志》《五行志》《食貨志》《刑法志》《選舉志》《職官志》《郡縣志》各一卷，《禮志》《樂志》各二卷。

將輯本各志內容及所注引《大典》卷數與《大典目録》比較對照，《曆志》《樂志》《職官志》問題較少；《地理志》竟誤作《郡縣志》，而且絕大部分內容用《五代會要》充數，問題最多；其他各志的問題也很多，闕漏、誤輯的情況相當嚴重。

3. 覈對《輯本舊史》所引原書

我所做的第三步工作，仍然是最笨拙、最費力但也是最基本的工作。這就是把已經分解、歸類、排序的全部輯本《舊五代史》的條文，與所引原書覈對。各書情況不同，可分爲三類。

第一類：《永樂大典》。《大典》是輯本《舊史》的主要來源，但《大典》正文兩萬兩千九百三十七卷，現存者不到八百卷，不到《大典》總數的 4%。我覈對輯本與

《大典》，首先是從《大典》殘本中檢出全部《舊五代史》引文，計得七十二條，以此與輯本比較；同時還以《大典目録》與輯本對照。

第二類：《太平御覽》《通鑑考異》《通鑑注》《容齋隨筆》。這些書現在都保存完整。我的工作方法，不是按輯本現有的引文去查對這些書，而是首先將這些書中所有徵引《舊五代史》的文字全部録出，再與輯本對照。實踐證明，這樣做很有必要。例如，輯本引自《太平御覽》的不過二條，但《太平御覽》所收《舊五代史》引文就有七十六條之多。

第三類：《册府元龜》。輯本所引《册府》的條文數量及分量，僅次於《大典》。但使用過《册府》的人都知道，它收録文字不注出處。輯本《舊史》中注明引自《册府》的條文，在《册府》中同樣並未注明録自《舊五代史》。所以，我將《册府》中所有五代史料全部檢出，然後研究輯本採用哪些，不採用哪些，原因何在，根據何在。

4. 《輯本舊史》的主要問題

在作了這樣的對照、比較、研究以後，對輯本《舊五代史》的問題就有了比較透徹的了解。

（1）輯本内容之問題

作爲一部書的輯本，從内容方面要求：第一，應把當時條件下能收集到的内容收集齊全，避免遺漏；第二，應該慎重甄別，不把非本書的内容摻雜進來。以這樣的標準衡量輯本《舊五代史》，問題不少。

①漏輯

A.《永樂大典》。《大典》在引文出處中有的明確注明是"五代薛史"或"五代歐史",有的僅籠統注"《五代史》"。因爲《大典》也有誤注出處的情況,所以我對上述三種引文,首先都檢查是否爲《歐史》。經過檢驗,如果確非《歐史》,再進一步判斷是否爲《薛史》。檢查結果,《大典》殘本中注明引自"五代薛史"的四十七段,都確非《歐史》,可以肯定是《薛史》。《大典》注明引自"五代歐史"的都確爲《歐史》,並非《薛史》。《大典》僅注明引自"五代史"的,經查確非《歐史》而且可以確定爲《薛史》的,共二十五段。這樣,《大典》殘本中可以確定爲《薛史》的共有七十二段。在這七十二段中,輯本採用了六十段,失收者竟有十二段,失收比例高達20%!

《大典》殘本中還有兩段注明引自"五代史"而情況不明的。第一段爲卷一一六一六"老"字韻"養老"事目,注引"五代史",正文爲"唐莊宗紀""明宗紀"等。第二段爲卷一四四六三"禦"字韻"備禦"事目,注引"五代史",正文甚長,記事自唐莊宗至周世宗。這兩段,確非《歐史》,也不見於輯本《薛史》的本紀,但與《冊府元龜》相對應的《帝王部·養老門》(卷五五)和《外臣部·備禦門》(卷九九四)內容完全相同。輯本《薛史》各帝本紀,除《梁太祖本紀》外,基本是完整的。這兩段,應是《大典》採自《冊府》而因屬於五代,所以誤標

"五代史"。①

B.《太平御覽》。輯本《薛史》祗在《郡縣志》（按：志名誤，見下文）中採用了《太平御覽・州郡部》的兩條，而《太平御覽》所收《舊五代史》實不止此。雖然其中有些條文也爲《永樂大典》收入，輯本採用了《大典》，但輯本失收的《御覽》也不少。如卷六四《州郡部》中還有耀州一條，輯本就沒有引用。

C.《通鑑考異》與《通鑑注》。兩書提及《薛史》時大致可分兩種情況：一是直接引用《薛史》，一是考證時作爲證據或予以批駁。這兩方面輯本都沒有充分利用。如《通鑑》卷二五五中和三年（883）十月條，《考異》引了薛史《孟方立傳》的一段，輯本卷六二《孟方立傳》失收。

D. 輯本所引六種書之外的文獻，也有引用《舊五代史》的，但輯本未曾加以利用，如有些文章中提及的《五代史闕文》《通歷》等。

②誤輯

例如輯本卷五《梁太祖本紀》開平三年（909）十一月己亥條，注"通鑑考異引薛史"。此條見《通鑑》卷二六七，《考異》明言《薛史》同《梁功臣列傳》，而《實錄》有誤。輯本不採《考異》所引《薛史》，却將《考異》所引《實錄》當作《薛史》引用，大誤。

輯本卷一五〇《郡縣志》的後半部，直接採用《五代會要》，輯者加的按語是："今考《薛史》諸志多本《五代

---

① 張凡《〈舊五代史〉輯補》據此以補《薛史・本紀》，恐誤。

會要》，謹採《五代會要》附載於後。”斷言《薛史》諸志多本《五代會要》，闕乏堅實的證據。即使採用《五代會要》，按輯本體例，也祇能用小字作爲注文，不能作大字正文。

③甄別

輯本採自《册府元龜》的文字，全部需經嚴格的甄別。前面已經提到，《册府》與《大典》不同，它的所有條文都沒有注明出處。那麼，輯本《舊五代史》如何確定它所引用的《册府》條文就是《舊五代史》呢？對這樣一個影響輯本質量的必須回答的重要問題，輯者也沒有作明確的交代。他祇是在卷一引《大典》卷一六〇一九“旱”（按：應爲卷八六八七“騰”）條後，加一按語：“以上亦見《册府元龜》卷一百八十二。以此推之，知《册府元龜》引五代事蹟多本《薛史》。”輯者以偏概全，僅根據這樣一個《大典》和《册府》條文相同的例子，就推而廣之至全體。這樣的論證不合邏輯。我們也可以舉出《册府》所收有關五代條文確實不是《舊五代史》的例證。《册府》所收有關五代條文，包括輯本《薛史》已收和未收的，既有確是引自《舊五代史》的，也有並非引自《舊五代史》的。必須經過嚴格的甄別，將非者刪去，是者補入。

（2）輯本編排之問題

輯書者如果掌握了原書的目錄，編排時可收事半功倍之效。徐松當年從《永樂大典》中分別輯出《中興禮書》和《宋會要》，兩者編排的效果大不相同，《中興禮書》遠勝《宋會要》。其重要原因之一，就是《大典》收錄了

《中興禮書》的目録而没有收録《宋會要》的目録。

《永樂大典》卷一〇一三九極有可能收録了《舊五代史》的詳目，可惜輯本没有利用。這一卷《大典》現已不存，何以知道它的内容？據《大典目録》，此卷爲“史”字韻“歷代諸史·五代史”事目。它的前三卷，即卷一〇一三六“歷代諸史·唐書”事目現存。這一卷就是《新唐書》的詳目，將它與《新唐書》對照，各卷内容、各傳順序、各志名稱，盡在目前。如果輯本能利用《大典》卷一〇一三九，目前存在的許多問題都可以避免。至於輯本爲何没有利用，一種原因可能是没有發現這個秘密，另一種可能是當時此卷《大典》已佚。目前看來，後一種可能性更大。

這樣，邵晉涵所能掌握的《舊五代史》的總體情況，同我們一樣，主要依據就是《玉海》所引《中興書目》的記載：“其事凡記十四帝五十三年，爲紀六十一，志十二，傳七十七。”①

從編排的角度分析，紀、傳、志三者中，本紀的問題最簡單，因爲十四帝是誰非常明確，不會混淆；而且除《梁太祖本紀》外，其他各帝本紀的内容也是基本完整的。主要是將本紀輯文釐定爲六十一卷。四庫館臣在《編定舊五代史凡例》中説，原書本紀的分卷“爲《永樂大典》所割裂，已不可考。詳覈原文，有一年再紀元者，如上有同光元年春正月，下復書同光元年秋七月，知當於七月以後别爲一卷。……今釐定編次爲本紀六十一卷，與《玉海》

---

① 《玉海》卷四六《藝文·正史》。

所載卷數符合"。這種分卷標準是科學的，方法是可行的。

列傳的編排有三個層次的問題：第一，有些列傳是由數處引文拼湊而成的，各段引文的次序如何排列？如何銜接？第二，每卷列傳由哪幾篇傳記構成？次序如何排列？如果是類傳，類傳的名稱是什麼？第三，各卷的先後次序如何排列？

第一個層次屬於微觀方面的問題，限於篇幅，不詳論。

第二個層次的問題不少。首先是類傳的名稱。輯本共有五種類傳，《后妃列傳》《宗室列傳》和《外國列傳》這三種類傳，各史多有，可不論。其他兩種爲《世襲傳》和《僭僞傳》。據前引《凡例》："如李茂貞等稱《世襲傳》，見於《永樂大典》原文；其楊行密等稱《僭僞傳》，則見於《通鑑考異》。"後者經復查屬實，而前者所引《大典》，現在已不可見，《通歷》卷一五及《通鑑》卷二九二顯德三年（956）二月條《考異》則作《承襲傳》。今從《通歷》及《通鑑考異》作《承襲傳》。又《通歷》之《僭僞傳》卷一三五劉守光等與卷一三六王建等互乙。

至於其他各卷列傳的構成和次序，《凡例》所作的說明是："諸臣列傳，其有史臣原論者，俱依論中次第排比；若原論已佚，則考其人之事蹟，以類分編。"所謂"史臣原論"，或稱論贊，在《舊五代史》中是以"史臣曰"的形式載於每卷列傳之末。輯本《薛史》共收錄論贊六十四段，本紀的十三段，歸屬無問題；五十一段列傳論贊，有四段連同傳文保留在《大典》殘本中。對比《大典》同卷中《歐史》的議論（以"嗚呼"發端），就可以推知，這些與史臣論贊相連的列傳多在卷末，但在論贊的次第中却並不一定排在最後。由此可以知道，各卷論贊的次第並不一定對應於卷中傳文的次第，而附有論贊的列傳，多在該卷之末。以此檢查輯本，有些卷的編排肯定有誤。

　　第三個層次的問題，由於没有掌握《薛史》詳目，列傳的論贊也闕少三分之一，要求輯本全面正確地解決這個問題，是不切實際的。

　　志的問題最大。《薛史》原本究竟有哪幾個志？各志的順序如何？輯本各志的名稱及順序根據是什麽？關於這些問題，輯本《凡例》衹是説："《薛史》諸志多本《五代會要》"；"《薛史》諸志，《永樂大典》内偶有殘闕。今俱采《太平御覽》所引《薛史》增補"。前一句話根據不足，後一句話與輯本實際相差很遠。輯本《薛史》各志，不是"偶有殘闕"，而是殘闕甚多；而且輯本僅在所謂"郡縣志"中引了《太平御覽》，總共不過兩條數十字；即使採用了《太平御覽》所引全部《薛史》，也不可能將各志補全。據《册府元龜》《通鑑考異》《通鑑注》《職官分紀》《群書考索》《玉海》《永樂大典》等書，《薛史》各志中名稱可以確定的有《曆志》《五行志》《禮志》《職官志》《地理志》。輯本没有提出任何根據就把《地理志》擅改爲《郡縣志》。除上述五志外，輯本其他各志的名稱也有待證明。與本紀、列傳相比，志的輯録、編排，難度更大，也是今後整理的重點。

　　（3）輯本對文字之竄改

　　輯本對《舊五代史》文字之竄改，大致可分三種情況：一是如輯本《凡例》所説的，改譯紀、傳中所載遼代人名、地名，如阿保機改爲安巴堅之類。二是避清諱，如玄改元之類。三是館臣因忌諱而改竄，如忌虜、忌戎、忌胡等，並將虜改爲敵、契丹等，因改文字，有時甚至將文意改動。

陳垣先生《舊五代史輯本發覆》已對此詳加論證。他還撰寫了《以册府校薛史計劃》，設想通過這樣的校勘，儘量消除輯本對《薛史》文字之竄改，還《薛史》以本來面目。[①] 我們今天有更優越的條件，可以實現他的未竟之志，並且可以超過他原來的預想。

（四）《輯補舊五代史》工作的啓動

1994 年文化部正式將《今注本二十四史》批准立項。總編纂張政烺先生審訂了最初的《編纂總則》，逐一遴選了各史主編，大量具體工作都是由執行總編纂賴長揚、孫曉兩位操作的。當時賴、孫兩先生同我商定，我除了承擔新、舊《五代史》的今注之外，因爲通行的《舊五代史》是《二十四史》中唯一的全輯本，先由我作出《輯補舊五代史》，由巴蜀書社出版，然後在此基礎上再作今注。這部《輯補舊五代史》是以通行的輯本《舊五代史》爲基礎，運用科學的方法，作出一個比通行本更接近原本《舊五代史》進而將取代它的新輯本。

從 1994 年到現在，已經過去了二十多年。在此期間，我始終堅持《輯補舊五代史》的工作，陸續發表了多篇有關論文，它們是：1.《〈舊五代史〉輯本的得失》（1997）；

---

① 原載陳垣《勵耘書屋叢刻》，後收入《陳垣學術論文集》第二集。

2.《論重新整理〈舊五代史〉輯本的必要與可能》（1999年刪節本，2000年全文）；3.《〈輯補舊五代史·梁太祖本紀〉導言》（2010）；4.《〈輯補舊五代史·梁太祖本紀〉導言（續）》（2013年，與張龍合作）；5.《〈輯補舊五代史〉列傳導言（上）》（2012）；6.〈《輯補舊五代史》列傳導言（中）》（2013）；7.《〈輯補舊五代史〉列傳導言（下）》（2014）；8.《〈舊五代史〉諸志標準本的論證》（2012年，與鄭慶寰合作）；9.《關於歷史文獻學的幾點思考》（2016）。2012年起，我開始組織團隊進行輯補、校證《舊五代史》的工作，團隊成員大多是熱衷於唐宋歷史研究、具有文獻學功底的青年才俊，先後參加者有二十餘人，至今還有多人堅持這項工作。

2016年，原國家新聞出版廣電總局又以第（2016）33號文發出關於實施《"十三五"國家重點圖書、音像、電子出版物出版規劃》的通知，將《輯補舊五代史》列入"古籍出版規劃"。2017年，全國古籍整理出版領導小組辦公室又將《輯補舊五代史》列入"2017年度國家古籍整理出版事項經費資助項目"。這項榮譽的取得，更增強了我們的責任感。

（五）陳垣先生點校《舊五代史》

輯本《舊五代史》問世以來的兩百多年間，絕大多數閱讀、使用者都把它作爲原本加以接受。但自20世紀以來，一些研究者發現這部輯本存在不少問題。1933年溫廷敬在廣州《中山大學文史學研究所月刊》第一卷第二期發表《〈舊五代史校補〉序》，批評這部輯本"疏忽苟且，鹵莽滅裂，其紕繆脱漏，乃不可僂指數也"。可惜他的《舊五代史校補》始終未見出版，也不知道他的批評根據何在。

1937 年陳垣先生《舊五代史輯本發覆》刊行，《舊五代史》輯本的問題更引起學術界的重視。

《發覆》首先分析了輯本《舊史》三種印本（殿本、熊本、劉本即百衲本）的不同特點及産生這些特點的原因，重點則是用《册府元龜》校以上三本，不但校出它們的傳寫脱誤及廟諱改字，特別是發現輯者因忌清諱，對胡、虜、夷狄等字，或改易或删除，甚至竄改文義，應有根有據地恢復所引《舊五代史》條文的原貌。

1963 年，陳垣先生又在《文史》第三輯上發表《舊五代史輯本引書卷數多誤例》。這篇長文，始作於 1937 年，以後又經過六次重訂。他着重分析了輯本《舊史》誤注所引《大典》卷數的情況，有可知或不可知爲何誤者。該文對後人最重要的啓示是，凡採用《大典》所録文獻必須檢查它所注《大典》卷數是否正確，誤注者應儘可能恢復其正確卷數。

1961 年 2 月，陳垣先生正式承擔了點校舊、新兩部《五代史》的工作，並分別由劉迺龢（《舊史》）及從蘇州借調而來的柴德賡（《新史》）來協助。這是他晚年認爲最適合自己做的工作，繼續編輯了各種索引和目録，並在 1963 年 11 月把四易其稿的《標點舊五代史問題》交中華書局編輯部。該文提到"有人主張補輯……標點與補輯不同，凡可以不動者即應不動，庶可保存四庫館輯本《薛史》之舊。至於補輯，乃另一回事"。① 這項工作一直進行到 1966 年春。當年 3 月 17 日中華書局趙守儼先生還到他家瞭解兩史點校的進度，説中宣部正在催促，中華書局擬把它作爲 1969 年國慶獻禮項目，各史標點工作需在 1967 年底交稿。但隨着"文化大革命"爆發，形勢大變。1967 年 5 月 15 日、16 日，12 月 11 日，中華書局"造反派"三次來人取走了所有材料，帶到上海，另找上海高等學校的教師點校。不能由他自己完成這項工作，是陳垣先生晚年最大的遺憾。但我們也可以知道，他的目標是"保存四庫館臣輯本《薛史》之舊"，在此基礎上標點校勘。"至於補輯，乃另一回事"。

（六）**中華書局點校本的出版**

1976 年 5 月，當時"文化大革命"尚未結束，中華書局出版了由上海復旦大學中文、歷史兩系教師完成的輯本《舊五代史》點校本。這是該書的第一個完整的點校本，三十多年來重印了多次。這部點校本整合了輯本三個系統的資源，並做了相當數量的校記，有它的歷史地位。它的不足之處及失誤，也爲後來者提供了教訓。這裏需要説明的是，該書 1987 年第三次印刷時，中華書局編輯部在原出版説明中特別加了一句話："本書先在陳垣同志的指導下，由劉迺龢同志點校，'文化大革命'前已經完成大部分工作。"他們的好意是不抹殺陳、劉兩先生的貢獻。但是陳、劉的點校成果運到上海後，點校者並没有看到。雖經多次

---

① 陳智超主編：《陳垣全集》第七册，安徽大學出版社 2009 年版，第 615—617 頁。

清查，這批材料至今下落不明。

（七）《五代史輯本證補》和《五代史料探源》

中國臺灣輔仁大學郭武雄教授於 1976 年 8 月出版了《五代史輯本證補》一書，1996 年 5 月又將 1987 年 6 月初版的《五代史料探源》修改補充後再次發行。

《五代史輯本證補》在本校和他校上有所發明。如輯本《舊五代史》卷一二《梁賀王友雍傳》引《容齋四筆》卷一六所引薛居正《五代史》作“皇第五男”，而輯本《舊五代史》作“太祖第六子”。又如卷一三《張萬進傳》，輯本作“貞明四年冬，據城叛命”，而《通鑑考異》所引《薛史·萬進傳》作“四年七月叛”，指出《考異》所見《薛史》異於輯本。其成果多爲陳尚君《舊五代史新輯會證》所吸收。卷一六《葛從周傳》，輯本作“與朱珍擊蔡賊於陳、亳間，獲都將石璠。文德元年，魏博軍亂”。郭氏加案語：“同書太祖紀，朱珍擊蔡賊在文德元年三月，魏博軍亂在同年四月。如據從周傳所載，則朱珍擊蔡賊在文德元年以前矣。”但郭氏未注意到輯本《梁太祖本紀》僅有少數條文引自《大典》散韻，大多引自《册府元龜》。此處所引《太祖紀》正引自《册府元龜》而非《大典》。

《五代史料探源》一書重點研究原書現已不存的五代實録。第一，據《玉海》卷四八《建隆五代通録》所載《五代實録》共三百六十卷，而據《册府元龜》等書記載，五代史籍之名爲實録，及雖無實録之名但有實録之實者，僅得二百八十五卷，尚差七十五卷。再加《大梁編遺録》及《梁功臣列傳》《唐莊宗功臣列傳》，正合三百六十卷之數。可爲一家之言。第二，探討宋代《太平御覽》《册府元龜》兩大類書，薛、歐兩《五代史》，以及《五代會要》、《北夢瑣言》與《五代實錄》的關係，並指出利用以上各書時應深入瞭解其特點。此可供參考。

(八)《舊五代史新輯會證》

2005 年 12 月，陳尚君教授的《舊五代史新輯會證》由復旦大學出版社出版，它與中華書局 1976 年點校本有什麼區別？特點何在？陳尚君並沒有説明。我抽查了幾卷，可知此書的特點。

第一，增輯了若干中華點校本没有的傳記，如卷十二的《朗王存傳》。第二，調整了中華點校本列傳部分同卷各傳的次序，如卷六七的《趙鳳傳》、卷六八的《崔沂傳》均移前。第三，調整了某些列傳的歸屬，如將《馬郁傳》自卷七一移至卷六〇。第四，修正、補充、增加了中華點校本的校記，如卷八《梁末帝紀》上，首段末加了校記（六），引《鑑誡録》卷三《落韻貶》條，言貶户部侍郎李如實一事。同卷次段開首"乾化二年六月三日庶人友珪弑逆"後加校記（一）："三日，殿本作二日，按《新五代史》卷二《梁本紀》載梁太祖崩於六月戊寅，是月丁丑朔，戊寅爲初二。"同卷次段："（楊）師厚曰：'吾於郢王君臣之分已定。'"加校記（三）："《資治通鑑》卷二六八作'方郢王弑逆，吾不能即討，今君臣之分已定。'"卷一四《王珂傳》首段，中華點校本原作"父重榮河東節度使"，陳尚君書改"河東"爲"河中"，出校記（一）："'河中'，影庫本作'河東'，據《册府》卷八六三、卷九四三改。"第一、第二、第三點，應該就是陳尚君書名中的"新輯"；第四點各條，就是書名中的"會證"。此書綜合利用了相關史料，對原文做了不少考證。

這裏還要説明一點，陳尚君在前言中説，爲表達對陳垣先生的敬意，"並紀念他對《舊五代史》研究的成就，本書特選録《勵耘書屋叢刻》中其手書《舊五代史輯本發覆》中書名四字，以作題簽"。其實收入《勵耘書屋叢刻》之各書題簽者均非陳垣先生本人手書。

（九）中華書局新修訂本《舊五代史》的出版

2015 年 8 月，中華書局新修訂本《舊五代史》出版，修訂主持人爲陳尚君。除去兩書因性質不同而産生的差異不論，此本和他的《舊五代史新輯會證》又有什麽區別？

第一，前述《新輯會證》增輯各傳以及各傳次序、歸屬的調整均未採用。第二，在校記方面，又分爲四種情況。一爲未採用，如卷八《梁末帝紀上》，首段之末，《新輯會證》加一校記（六），引《鑑誡録》卷三落韻貶條，記貶户部侍郎李如實事。我認爲新修訂本的處理是妥當的，因爲類似的事件不少，採不勝採。二爲雖未採用，但似應採用，如卷八次段："（楊）師厚曰：'吾與郢王君臣之分已定。'"加校記（三）："《資治通鑑》卷二八八作'方郢王弑逆，吾不能即討，今君臣之分已定。'"對讀者理解楊師厚之意甚有幫助，我意應採用。三爲採用，如卷八次段開首："乾化二年六月三日庶人友珪弑逆。"加校記（一）："'三日'，殿本作'二日'，按《新五代史》卷二《梁本紀》載梁太祖崩於六月戊寅，是月丁丑朔，戊寅爲初二。"但不改正文。四爲在原校記之上又加新證，如卷一四《王珂傳》首段："父重榮，河中節度使。"《新輯會證》加校記（一）："'河中'，影庫本作'河東'，據《册府》卷八六三、卷九四三改。"改了正文，新修訂本在校記（一）"卷九四三"後又加"《新五代史》卷四二《王珂傳》"，增一書證。

二 思 路

《輯補舊五代史》的總目標是，以清輯本爲基礎，充分吸收前人研究成果，運用科學的方法重新加以輯、補、校、證，以期做成一個更接近《舊五代史》原本、更能體現正史地位的新輯本。

所謂"輯"，即按照輯佚學的規範，對清輯本進行徹底清理，以其中確屬《舊五代史》原本的内容爲基礎，並從群書中補輯、增輯原書的佚文，重新加以編排，使之更接近《舊五代史》的原本。

所謂"補"，指經重輯後猶有殘缺的各篇紀、傳、志，補之以接近《舊五代史》原本或與其史源相同的文字，使各篇大致首尾完具。我們之所以這樣處理，充分借鑒了古人的做法。早在宋初，一百三十卷的《魏書》已殘闕二十九卷，五十卷的《北齊書》僅十七卷爲原本，宋人據《北史》等書補其殘闕，於目録中相關各卷下注曰"補"，成爲今日通行的本子。

所謂"校"，指對輯、補的文字加以校勘，消除其脱訛衍倒，特别是糾正清人諱改的文字。經過前人的整理，清輯本幾個主要版本的異同得失已經梳理得比較清晰，故本書以本校和他校爲主，兼顧對校和理校。

所謂"證"，指對輯、補的文字加以考證，就其中所涉史實，誤者正之，略者詳之，闕者補之，希望通過全面、深入的考證，使本書在一定程度上成爲五代史研究的基礎文獻。

科學研究，包括古籍整理、研究，思路是否正確，關係到工作的成敗；思路是否有開創性，決定着成果的大小。研究開展以後還要不斷在實踐過程中總結經驗教訓，提出新概念，以指導後續的工作。

（一）"標準本"的提出以及讀懂並充分利用《永樂大典目録》

我補輯《舊五代史》提出的第一個新概念就是"標準本"，這也是第一個節點。自此開始，我的工作就與以往一切整理《舊五代史》的工作分道揚鑣。所謂"標準本"，就是完全符合《舊五代史》原本的一篇完整的本紀、列傳和志。我在現存的《永樂大典》中發現了本紀和列傳的標準本，也通過嚴密的論證，發現了志的標準本。現分述如下：

1. 本紀部分的標準本及其特徵

輯本《舊五代史》的《周太祖本紀》就是本紀部分的標準本。

輯本《舊五代史》的《周太祖本紀》共有四卷，從卷一一〇至一一三，每卷末注的出處均爲《永樂大典》卷八九八〇。幸運的是，此卷及下一卷八九八一現存。

《永樂大典》卷八九八〇共收三種文獻：一爲《事林廣記》所載《五代周傳統圖》，祇有一頁。二爲《新五代史》的《周太祖本紀》，分量也不大。第三部分就是《舊五代史》的《周太祖本紀》，也就是輯本《舊五代史·周太祖本紀》的史源。祇是它在《永樂大典》祇占一卷的大部分篇幅，而在輯本《舊五代史》中却析爲四卷。《永樂大典》的下一卷即卷八九八一，全卷祇有一種內容，就是《資治通鑑》的《後周紀》之一，爲廣順元年（951）全年記事。

《新五代史》和《資治通鑑》現存。將《永樂大典》卷八九八〇、八九八一所載與《新五代史》及《通鑑》相關部分對比，知道《永樂大典》全錄《新五代史》及《通鑑》，沒有删節，儘管兩者內容有重疊之處。

由此可以證明，輯本《舊五代史》的《周太祖本紀》的史源《永樂大典》卷八九八〇，全錄《舊五代史·周太祖本紀》，沒有删節。因此輯本《舊五代史》的《周太祖本紀》可以作爲《舊五代史》本紀部分的標準本。

我們還可以提出有力的旁證。現存的《永樂大典》卷一二二六九至卷一二二七六，卷一二三〇六至卷一二三〇八，卷一二三九九至卷一二四〇〇，卷一二四二八至卷一二四二九，卷一二五〇六至卷一二五〇七，卷一二九六〇至卷一二九七一，所收錄的有關劉宋文帝、宋太祖、宋仁宗、宋神宗、宋寧宗記事，與所引的《資治通鑑》《資治通鑑綱目》《續資治通鑑長編》《兩朝綱目備要》《宋史全文》《宋中興大事記講義》《宋宰輔編年錄》相關部分對比，也都没有删節。以上事實，支持了我的上述論斷。

　　所謂“標準本”，就是一把尺子。我們要用這把尺子去丈量輯本《舊五代史》的其他本紀，看哪些是符合《舊五代史》原本的，哪些是不符合的。而要正確運用這把尺子，就要準確概括出它的特徵，這需要借助《永樂大典目録》，前提是讀懂並充分利用它。

　　《永樂大典》本文現在殘留的雖然不到原書的 4%，但六十卷的《永樂大典目録》有《連筠簃叢書》刻本流傳。刻本《永樂大典目録》有少數闕頁，中華書局影印本《永樂大典》已據國家圖書館所藏内府抄本補全了。①

　　《永樂大典》編纂的原則是“用韻以統字，用字以繫事”。這裏所說的“事”就是“事目”，類似我們今天所說的“詞”，它是《永樂大典》收録文獻的基本單位。《永樂大典》編者將各種文獻按其内容劃分爲若干事目，如山、水、郊祀、食貨、宋太祖等。再將不同文獻關於同一事目的記載，按各書成書先後或所記事實發生先後收録。然後又按各個事目的關鍵字，如“郊祀”的“郊”，“食貨”的“貨”，“宋太祖”的“宋”，將該事目歸入該字中。這就是“用字以繫事”。所謂“用韻以統字”，就是各“字”的編排次序，按《洪武正韻》這部官定韻書的順序。換言之，《永樂大典》編者根據《洪武正韻》的順序排列各字，每一字又列出以它爲關鍵字的各個事目，每一事目又按時間先後收入各文獻的有關記載。

　　《永樂大典目録》看似簡單，它衹是記載《永樂大典》

---

① 《永樂大典》（影印本），中華書局 1986 年版。

每卷所收的字韻，字韻下加上各種小字注文，如姓氏、詩文、事韻等，也有少數字韻下沒有注文。

要讀懂《永樂大典目録》，懂得各種小注的含義，必須對照殘存的《永樂大典》各卷正文。舉例如下：

何謂"姓氏"？《永樂大典目録》下注"姓氏"，表示《永樂大典》此卷收録了以該字爲姓的人物傳記。如卷四八九"終"字《目録》下有小注"姓氏"，該卷就收録了漢朝人終軍的傳記。

何謂"詩文"？指收録了有關該字的詩、文。同上卷，《目録》下有小注"文"，該卷就收録了宋朝葉適《水心集》中的《終論》。

爲何小注是地名？有的小注直接標出地名，如同上卷，《目録》下還有小注"無終縣"，正文收録了《漢書》及《隋書》地理志中有關無終縣的記載。由此可知《永樂大典》有些字韻收録了以末字爲該字韻的地方的地志材料。

何謂"切要事目"？《永樂大典》凡例中提到有"切要事目"，這些"切要事目"在《永樂大典目録》中是怎樣體現的呢？在《永樂大典目録》的小注中，有些既非姓氏也非詩文，也非地名的小注，會直接標出事目的名稱，這些就是以此字爲關鍵字而又比較重要、分量較多的事目，如前面提到的郊祀、食貨等。它們就是"切要事目"。不僅如此，有些特別重要或分量特多的事目，在"事目"下還分"子目"，而這些"子目"在目録的小注中有時也會標出。如"郊祀"這個事目在《永樂大典》中共占七十八

卷的篇幅，"郊祀"事目下的"御札""神位"等子目的
名稱也著録在《永樂大典目録》下的小注中。

何謂事韻？《永樂大典目録》在某些卷下注"事韻"
兩字，一般情况下，表明該卷包含了若干個以該字爲關鍵
字的事目，這些事目所收的内容不多，因而事目的數量較
大，不能一一在目録下標明。仍以卷四八九"終"字韻爲
例，《目録》下有小注"事韻"，正文中收録了十幾個帶
"終"字的事目，包括"有始無終""慎終""臨終"等。

爲何没有注文？表明此字爲一生僻字，《永樂大典》
没有收録以此字爲關鍵字的事目。

這樣，我們就可以概括出本紀標準本的特徵。它表現
在兩個方面：第一，它在《永樂大典》中歸入什麼字韻？
什麼事目？查《永樂大典目録》，卷八九八〇至卷八九八
三共四卷都歸入"周"字韻"五代周太祖"事目。收録
《新五代史》及《舊五代史·周太祖本紀》的卷八九八〇
是該事目的第一卷，收録《資治通鑑·後周紀》之一的卷
八九八一是該事目的第二卷，再後兩卷主要内容應當是
《資治通鑑》後周紀的其餘部分。由此可知，符合原本
《舊五代史》的各帝本紀，在《永樂大典》中，字韻爲其
朝代名，事目爲其廟號。第二，它應該包括哪些要件？各
帝情况不同，各帝本紀的具體内容自然有異，但有些要件
是各帝本紀都必須具備的。一般來説，在即位前，包括廟
號、謚號、姓氏、家世、誕辰，開國皇帝的創業，繼承者
的繼統，還有所謂徵應、感應等；在即位後，包括立制
度、興教化、發號令、命相、委任、慶賜、赦宥等。記事

應自始至終完整，最後必載有史臣論贊。

根據上述標準本的特徵，去比較輯本《舊五代史》的其他十三帝本紀，分三種情況：

第一種情況，所引《永樂大典》的字韻、事目，完全符合標準本的特徵，即字韻爲其朝代名，事目爲其廟號；同時，本紀要件齊全，記事自始至終。可以確定，這些帝紀都符合原本《舊五代史》。他們是梁末帝、唐莊宗、唐明宗、唐閔帝、唐末帝、晉高祖、晉少帝、漢高祖、漢隱帝、周世宗、周恭帝共十一帝的本紀，占了輯本《舊五代史》本紀的大部分。需要説明的是，輯本《舊史》的《唐閔帝本紀》，取其謚號，所引《大典》卷七一七四，《大典目錄》作“愍帝”；輯本《舊史》的《唐末帝本紀》，所引《大典》亦爲卷七一七四，《大典目錄》作“廢帝潞王”。

第二種情況爲《唐武皇本紀》。如果按照標準本的特徵，應引自《永樂大典》“唐”字韻“後唐武皇”事目，但它的上下兩卷却分别引自《永樂大典》“將”字韻“唐將”事目的最末一卷和“唐”字韻“後唐莊宗”事目的開首，與標準本的特徵不符。但作爲本紀，它的要件齊全，記事自始至終。怎樣解釋這個矛盾呢？《永樂大典》卷八九八〇“五代周太祖”事目，後出的《新五代史》反而置於《舊五代史》之前，可見，《大典》爲五代各帝所設置的事目，是以《新五代史》爲準的。後唐武皇李克用，雖然死後被兒子莊宗追謚爲武皇帝，生前並未稱帝，仍奉已被後梁滅掉的唐朝的正朔。《新五代史》以梁爲正統，不爲後唐武皇立本紀，所以《永樂大典》中也不設“後唐武皇”這樣一個事目，而把《舊五代史》的《唐武皇本紀》分收在唐末和後唐初的兩個事目中。如果沒有什麼有力的反證，可以認爲輯本《舊五代史》的《唐武皇本紀》也符合原本。

第三種情況就是《梁太祖本紀》。如果按照標準本的特徵，完整的《梁太祖本紀》應引自《永樂大典》卷六五九九至卷六六〇四“梁”字韻“五代後梁太祖”事目中，而且應該是該事目的開首一兩卷。但邵晉涵等人並未引用這兩卷《永樂大典》中現成的完整的《梁太祖本紀》，却費力地從《永樂大典》的各個散韻中收録《梁太祖本紀》的片斷，再加上《册府元龜》中他們認爲與《永樂大典》相同的條目，拼湊成現在這樣七卷殘闕不全、大部未經甄别的輯本《梁太祖本紀》。爲什麼會出現這種情況？祇能有一種解釋，就是當時這幾卷《永樂大典》已經遺失了。1932 年，袁同禮以《永樂大典存目》爲題在《國立北平圖書館館刊》第六卷第一號上公佈了館藏乾隆時寫本《大典》目録一册，上注當時存佚各卷，在“十八陽”中，正注明“原闕六千五百八十五至六千六百二共十八卷”。[①]

正是基於上述分析，我把輯補《舊五代史·梁太祖本紀》作爲本紀部分的工作重點，同時也認識到這是一項難度頗大的工作。

---

① 此文已收入《永樂大典研究資料輯刊》，北京圖書館出版社 2005 年版，第 390 頁。

2. 列傳部分的標準本及其特徵

王延、王檀、崔協、崔沂等二十八傳就是列傳部分的標準本，分別録自現存的《永樂大典》卷二七四○、卷六八五○、卷六八五一。

我們先來分析《大典》卷六八五○、卷六八五一。《大典》卷六八五○、卷六八五一在《大典目録》中注明爲"王"字韻"姓氏（三十五、三十六）"事目（下文將用"王/姓氏（三十五、三十六）"的形式來表示《大典》某一卷所屬的字韻及事目）。這説明，在卷六八五○之前，《大典》還有三十四卷都是收録王姓人氏的傳記。

《大典》卷六八五○共收録了自王敬蕘至王延鈞共二十四名五代人物的傳記，其中前二十人的傳記《大典》分別注明出自《五代歐史》或《五代薛史》，後四人則出自《通鑑綱目》，計十國中的前蜀三人，閩一人。《大典》卷六八五一收録了自王弘贄至王共三十四名五代人物的傳記，其中前十九人的傳記《大典》分別注明出自《五代歐史》或《五代薛史》，後十五人則爲兩部《南唐書》、地方志等所記十國的人物。

第一，我將《大典》注明出自《五代歐史》的十六篇傳記與《新五代史》相應的傳記比對，證明兩者符合，而且《大典》所録爲全文。

第二，爲了防止《大典》編者誤將録自《新五代史》的傳記注爲《舊五代史》，我又將《大典》注明出自《五代薛史》的二十二篇傳記與《新五代史》相應的傳記比對，證明兩者並不相同，有的《新五代史》根本没有此人的傳記，甚至沒有任何此人事跡的記載。

這樣，我們得出的第一個結論、取得的第一批成果就是：《大典》卷六八五〇、卷六八五一兩卷所錄注明出自《五代薛史》的二十四人的傳記，確是《舊五代史》原文，可作爲傳記部分的標準本。他們是：王延，王檀，王令謙、潘知麟（爲附傳），王都，王緘，王正言，王瓚，王建及，王思同，王令温，王清，王傳拯（以上在卷六八五〇）；王周，王權，王瑜，王廷胤，王章，王繼弘，王守恩，王殷，王重裔，王敏，王饒（以上在卷六八五一）。

《大典》卷六八五〇、卷六八五一兩卷所蘊含的信息，遠不止此。

第三，我注意到，上述二十四人的傳記中，王檀、王都兩傳之後，都附有以"史臣曰"開首的史論。此外，《大典》卷六八五〇在收錄的《新五代史·王景仁傳》之後，還收錄了《舊五代史》卷末的史論。從同卷《大典》所收《新五代史》之《王建立傳》連帶及傳末歐陽脩的史論（以"嗚呼"發端）的形式，可知連帶史論的《舊五代史》王檀、王都、王景仁傳，應位各自該卷的卷末。而每卷的史論，還可以在輯補中起到提示該卷各傳主類屬的作用。

第四，《大典》卷六八五一收錄了《新五代史》的《王弘贄傳》全文，而以《舊五代史·王弘贄傳》的末段作補充。由此可知，《舊五代史》有《王弘贄傳》。但輯本《舊五代史》無王弘贄傳，應補輯。又，《大典》卷六八五〇收錄了《舊五代史》的《王令謙》《潘知麟傳》，開首説"皆從進帳下之牙校也"，不提"從進"之姓，對照《新五代史》的《安從進傳》可知，王、潘兩傳應是《舊五代史·安從進傳》的附傳。但輯本《舊五代史》的《安從進傳》祇録了《大典》散韻一條，殘闕不全，應補輯，同時還應將王、潘兩人傳附後。

第五，《大典》卷六八五〇、卷六八五一有二十四人的傳記採《舊五代史》而不採《新五代史》，原因何在？一是《新五代史》無此人傳記，計有十一人。由此可知，《舊史》有傳者，《新史》不一定也有傳。二是《新五代史》雖有此人傳記，但較《舊史》簡略，此種情況有十人。由此可知，《新史》有些傳記祇是對《舊史》作文字上的删簡、修飾而無新史料。在評價《新史》的史料價值或引用《新史》時，應注意此點。三是《舊五代史》爲此人立專傳，而《新史》作附傳，計一人。四是《舊史》作附傳，而《新史》僅附見者，計二人。

第六，《大典》此兩卷有十六人的傳記，採《新五代史》而不採《舊史》，或主要採《新史》而補以《舊史》。因爲我已經利用標準本對比過輯本《舊五代史》的全部傳記，可以分析其中的原因：一是《新五代史》此人傳記較《舊史》詳細，即歐陽脩補充了新史料，此爲《王環傳》。二是《新五代史》此人傳記雖較《舊史》詳細，但《舊史》仍有《新史》所無的内容，即以《舊史》補其闕。計有五傳，包括歐陽脩着力最多的《王彦章傳》。三是《新史》與《舊史》略同者，計三傳。四是《舊史》有傳且爲《新史》所據，但《新史》有歐陽脩史論者，計一傳。五是《舊史》有傳且比《新史》詳者，計二傳。六是《新史》有傳而輯本《舊史》無傳者，計四傳。其中《王仁裕傳》，輯本《舊史》雖"有"傳，採自《册府元龜》而非《大典》。但也不能由此推斷，《舊史》必無此四人傳記。

第七，此兩卷《大典》所收《舊史》王建及、王庭胤、王周、王令温四人的傳記，輯本《舊史》雖有傳，但並非採自《大典》此兩卷，而是分別採自《大典》卷一八一二九、卷一八一三一、卷一八一三二、卷一八一三三，它們的字韻及事目分別是"將/後唐將（二）""將/後晉將（二）""將/後漢將""將/後周將（二）"。其中的《王建及傳》，輯本《舊史》引《大典》卷一八一二九作李建及，與此相對應，比《大典》卷六八五〇多"本姓王"一句。這四例説明，《大典》有時會出現複文，即同一内容（此處是同一傳記）歸入不同的事目中。①《王建及（李建及）傳》，一取本姓，一取後唐王朝賜姓，更説明可能有不同來源，或《大典》編者做了加工。

《永樂大典》卷二七四〇崔/姓氏（八）相對而言比較簡單。此卷共收崔姓人物傳記三十五篇，其中唐人傳記十八篇，分別録自《舊唐書》《新唐書》《唐才子傳》等書；五代人物傳記六篇；符秦人物傳記一篇（録自唐末、五代人著作《桂苑叢談》）；宋人傳記十篇（均録自《宋史》）。

與《大典》卷六八五〇、卷六八五一不同，此卷《大

---

① 參見陳智超《論〈宋會要〉輯本的複文》，《陳智超自選集》，安徽大學出版社 2003 年版，第 483—484 頁。

典》編者所收五代人物崔棁、崔協、崔沂、崔貽孫、崔居
儉、崔廷勳的六篇傳記，祇注明引自《五代史》而沒有區
別是《舊史》還是《新史》。

第一，與分析《大典》卷六八五〇、卷六八五一相
同，仍然是將這六篇傳記和《新史》比對。結果是，崔棁
和崔居儉兩傳確爲《新史》，而且《大典》所録爲《新
史》全文。同卷《大典》所收的唐、宋人傳記，與所注出
處一一對比，也是全文。崔協、崔沂、崔貽孫、崔廷勳四
人，《新史》無傳，崔貽孫在《新史》中甚至沒有任何記
載，崔沂、崔廷勳也僅有一兩條記載。由此可以確定，這
四人傳記均爲《舊史》相關列傳，而且是全文。

第二，《大典》卷二七四〇所録《新史·崔棁傳》末，
以小注形式録"《新修五代史》"的"《崔棁傳》"兩段。
輯本《舊五代史》有《崔棁傳》，此兩段正是該傳的首尾
兩段。由此可知，《大典》編者所説的"新修五代史"，在
這裏其實是指《舊五代史》；而輯本《舊五代史》所收
《崔棁傳》，確實是《舊史》原本。但輯本《舊史》誤注
《崔棁傳》出處爲《大典》卷二七四〇，現存的卷二七
四〇祇有首尾兩段，和前述王建及、王廷胤、王周三人的
情況相似，輯本《舊史》的《崔棁傳》肯定另有出處，出
處待考。

第三，《新史·崔棁傳》內容爲《舊史·崔棁傳》所
無者僅爲天福五年（940）制樂事，而此段記事詳見輯本
《舊史》的《樂志》。可見《新史》此傳並沒有增添新内
容；《新史》無志，有時將相關内容載入有關人物傳記中。

第四，崔居儉在輯本《舊史》中雖無傳，但紀、傳、志中有關記載頗多。

第五，《大典》卷二七四〇編者在崔協、崔沂兩傳之後雖連帶録入該兩卷史論，但不能按上述《大典》卷六八五〇的例子，推斷崔協、崔沂兩傳必在該卷之末。因爲本卷《大典》所收《宋史·崔彥進傳》，也連帶録入該卷的史論，但查《宋史》卷二五九，《崔彥進傳》並不在卷末，而是在史論中首先提及崔彥進。又本卷所收《宋史·崔翰傳》，查《宋史》卷二六〇《崔翰傳》，傳在卷末，但《大典》並未連帶收入該卷史論。由此可知，《大典》凡例雖然規定了編纂的總原則，但因爲卷帙浩繁，在具體實施時，各卷編者會有差異。

第六，我們從《大典》卷二七四〇可以得到《舊五代史》列傳部分的四個標準本，即崔協、崔沂、崔貽孫、崔廷勛四傳，並可知《舊史》必有《崔梲傳》。

什麼是列傳標準本的基本特徵？《永樂大典》凡例中有兩條談到《大典》收録人物傳記的原則。一條説："古今姓氏，其出不一。……今以《元和姓纂》《姓氏辯證》諸書，詳著本末，隨字收載。以世次繫諸史列傳及碑志雜説，先儒議論附之。"另一條説："世家、列傳、表、志，則各從所重者收（如……《蕭何傳》入"蕭"字之類）。"現存的《大典》卷四八九，爲"終"字韻。如前所述，在"姓氏"事目中，先據《通志》等書説明"終"姓的來源。在收録"終"姓人物傳記時，祇有終軍一人。《大典》先收《漢書》的《終軍傳》，然後是南宋劉克莊《後村集》中兩句涉及終軍的詩，符合《大典》凡例的原則。

我們從現存的三卷《大典》中發掘出二十八個標準本。從卷二七四〇取得的是四篇崔姓人物傳記，而這一卷在《大典》中屬於“崔”字韻“姓氏”事目；從卷六八五〇、卷六八五一兩卷中取得的是二十四個人物的傳記，這兩卷在《大典》中屬於“王”字韻“姓氏”事目。根據《大典》凡例規定的原則，對照檢對三卷殘存《大典》的結果，我們可以概括出列傳標準本的第一個基本特徵是：某姓人物的傳記在《大典》中應收入該姓字韻（如周姓人物即在“周”字韻）的“姓氏”事目中。

標準本的第二個基本特徵是從内容方面概括出來的，用最簡單的話來説就是敘事有始有終。所謂“有始”，包括該人的姓氏、家世、籍貫、字號。有些人家世、籍貫不明，在一篇完整的傳記中也會用“不知何許人也”來表述。所謂“有終”，指該人的結局。有些人結局不明，也會用“不知所終”來表述。

根據上述列傳標準本的特徵去檢驗輯本《舊五代史》的全部列傳，可分爲四種情況。

第一種，完全符合兩項基本特徵，即在《大典》中收入該姓的字韻，並爲“姓氏”事目，且敘事有始有終。可以斷定，這些傳記符合《舊五代史》原本。它們共有二百九十一篇二百九十三人的傳記。如果再加上作爲標準本的二十八人的傳記，總共爲三百二十一人。

第二種，與上段所舉的二百九十一篇傳記不同，雖然符合第一項基本特徵，但不符合第二項基本特徵，即在

《大典》中收入該姓的字韻，並爲“姓氏”事目，但敘事並非“有始有終”。輯本《舊史》中屬於這種情況的傳記有八篇，既然它們録自《大典》“姓/姓氏事目”，因此可以確定原本《舊五代史》有此八人的傳記。但這八篇傳記都殘缺不全，需要補輯。

第三種，不符合第一項基本特徵，但符合第二項基本特徵，即在《大典》中並非收入該姓的字韻，但敘事有始有終，是一篇完整的人物傳記。也就是説，在《大典》的其他事目中，也收入了《舊五代史》的完整的人物傳記。什麽樣的事目纔有可能完整收入《舊五代史》的一篇完整的傳記呢？五代戰争頻仍，因此《舊五代史》中將領的傳記也較多，其中一部分收入《大典》“姓/姓氏事目”中，除此之外，很大一部分收入《大典》卷一八一二六至卷一八一三三“將”字韻相關各事目中。據《大典目録》，《大典》卷一八一二六至卷一八一三三共八卷，爲“將”字韻五代後梁將至後周將事目，卷一八一二五則爲“唐將（十七）”事目。輯本《舊史》從上述九卷中共輯出五代各朝將領傳記一百二十三篇。我一一檢閲了這一百二十三篇傳記，記事完整，有始有終，應是完整無闕的傳記。但在計算已知完整的人物傳記時，應扣除第一種中的土建及等四人。

《大典》卷六八五〇、卷六八五一（王/姓氏）也提供了“將”字韻能够完整收録《舊史》列傳的有力證據。卷六八五〇收録了《舊史》王建及、王令温兩傳全文，卷六八五一收録了王廷胤、王周兩傳全文，但現在輯本《舊史》此四傳所注《大典》出處不是卷六八五〇、卷六八五一而是"將"字韻。《王廷胤傳》注《大典》卷一八一三一,《王周傳》注卷一八一三三二,《王令温傳》注卷一八一三三,其事目分別是"將/後晋將(二)""將/後漢將""將/後周將(二)"。《王建及傳》注出自卷一八〇二九,爲"將/列國鄭衛燕楚將(一)",應是卷一八一二九"將/後唐將(二)"之誤。這四例説明,《舊史》列傳,由於《大典》可能同時收入不同的事目而出現複文;也説明,《大典》"將"字韻完整收録《舊史》列傳全文。可能會有人提出疑問,輯本《舊史》此四人列傳是否原本録自《大典》卷六八五〇、卷六八五一,而輯者誤注爲出自"將"字韻?《王建及傳》否定了這種可能。王建及在唐末爲李克用典義兒軍,賜姓李。《大典》卷六八五〇作《王建及傳》,而輯本《舊史》則作《李建及傳》,並比《大典》卷六八五〇多了"本姓王"一句。可見兩傳史源不同。

這樣,我們可以斷定,輯本《舊史》從《大典》"將"字韻所録一百一十八篇五代將領傳記,全都符合原本。

《大典》卷一九三〇四爲"后"字韻"五代后"事目,輯本《舊史》從中録出《唐武皇曹后》、《末帝劉后》兩傳及卷末史論一則(卷四九)。《大典》卷二九六九爲"人"字韻"夫人(二)"事目,輯本從中録出《唐武皇陳夫人傳》一篇(卷四九)。《大典》卷一二六六爲"妃"字韻"淑妃"等事目,輯本從中録出《周太祖楊淑妃傳》

一篇（卷一二一），曹后、劉后、楊淑妃《新五代史》雖有傳，但前兩傳較輯本《舊史》簡略。

《新五代史》有《家人傳》，因此《大典》卷八九八九"周"字韻設"周家人傳"事目。輯本《舊史》從該事目中輯出《周太祖柴后》、《張貴妃》、《董德妃》及《世宗劉后》、《前符后》五傳及史論一則（卷一二一）。此五人《新史》也有傳，除《世宗前符后》傳外，都較輯本《舊史》簡略。

《大典》卷六七六〇爲"王"字韻"宗室封王（二四）五代"事目，輯本《舊史》從該卷中輯出唐《李從益》，晋《石敬威》《石暉》《石重信》《石重乂》，漢《劉承訓》《劉承勳》《劉信》八傳，有始有終，且均較《新史》相關人物傳記詳細，應爲全傳。

《大典》卷一六四五〇爲"宦"字韻"宦官（五）"事目。輯本《舊史》從中録出《張承業》《張居翰》兩傳（卷七二）。此兩人《新史》均有傳，前者爲《舊史》之改寫，後者較《舊史》簡。

輯本《舊史》從"五代后""夫人""淑妃""周家人傳""宗室封王""宦官"五事目所録十九傳，應視爲符合原本。

此外，輯本《舊史》還有二十六篇完整的人物傳記，輯者所注出處均爲《大典》，但所注《大典》卷數，或有疑問，或明知其有誤而不能確定爲何誤。

例如輯本《舊史》卷二四有《仇殷傳》，所注出處爲《大典》卷一四八〇四。查《大典目録》，該卷爲"數/事韻（一）”。《大典目録》注某字韻事韻，表明以該字爲關鍵字的事目數量很多，每一事目涵蓋的範圍很小，所以不能在《目録》中一一列出事目的名稱。這樣的事目能否包含一篇完整的傳記呢？查輯本《舊史·仇殷傳》，開首有“明於象緯曆數”這樣牽涉“數”字的一句，該事目的名稱應是“曆數”或“象緯曆數”。全傳敘述仇殷所占屢中的事跡，並有始有終。輯者是否誤將《新史》當作《舊史》呢？查《新史》，無《仇殷傳》。故可認定它符合原本《舊史》。

又如輯本《舊史》卷九二《裴皞傳》，雖然簡短，但有始有終，是一篇完整的人物傳記。輯本所注出處爲《大典》卷五三〇五，“昭”字韻“春秋昭公（二三）”事目，肯定有誤。但此傳也不可能出自卷二八九三至二九〇〇“裴”字韻“姓氏”事目，因此八卷在修《四庫全書》時已佚。我們雖不能確定此卷出於《大典》何卷，但比對《新史》卷五七《裴皞傳》可知僅爲此傳的改寫，並對“中眷”一詞加以解釋，沒有增添任何新材料，但也不同於此傳，故可以認定輯本此傳符合原本《舊史》。

其他二十四篇傳記分屬於以上兩種情況，我也將《新史》相關記載與之一一比對，證明它們並非《新史》，因此都可以認定它們符合原本《舊史》。

輯本《舊史》還有四篇收入“外國列傳”的傳記，一爲《契丹傳》（輯本注《大典》出處爲卷四五五八天/應天，誤，應爲卷四三五八丹/契丹），一爲《吐蕃傳》（卷四二五七蕃/吐蕃），一爲《回鶻傳》（卷二一一九九鶻/回鶻），一爲《党項傳》（原注卷一八二八五“項/姓氏”，誤，應爲一八二八三項/項國）。後三傳與《新史》收入“《四夷附録》”的相應傳記，部分或大部相同。既然有部分不同，就不能斷言輯本《舊史》誤將《新史》作爲《舊史》。相反，另一種可能性更大，即《新史》此三傳大部抄自《舊史》。因爲這種純記事的傳記，歐陽脩改寫文字的餘地很小。

綜上所述，用標準本檢驗的第三種結果是，輯本《舊史》除姓/姓氏類型外，還有一百六十六篇傳記符合《舊五代史》原本。

我用列傳標準本的特徵檢驗輯本《舊史》列傳的第四種結果是：不符合標準本的兩項基本特征，即出處並非《大典》該姓字韻，敘事也非有始有終。但這種情況還需分爲兩類。

第一類，出處雖非《大典》該姓字韻，但確實出自《大典》的其他事目。

五代的后妃，在輯本《舊史》中，除上節所舉的唐武皇曹后等九人爲全傳外，還有十二人的傳記，輯本録自《大典》其他各事韻，但殘闕不全。她們是：梁太祖王皇后、太祖張皇后、末帝張德妃；唐莊宗劉太妃、劉皇后、韓淑妃、伊德妃，明宗夏皇后、曹皇后、魏皇后，閔帝孔皇后；漢高祖李皇后。此十二人，《新史》均有詳略不等的傳記。

五代各朝的宗室，輯本《舊史》在“將”字韻中收梁朱友寧、友倫、友裕，唐李嗣肱四人，“李”字韻中收唐李克讓、克脩、克恭、克寧四人，以及"王"字韻"宗室封王（五代）"事目中收唐李從益，晋石敬威、石暉、石重信、石重乂，漢劉承訓、劉承勳、劉信八人傳記，此十六人爲全傳。除此之外，還有三十三人的傳記，輯本録自《大典》其他各字韻，但殘闕不全。他們是：梁朱全昱、朱友諒、朱友能、朱友誨、朱友文、朱友珪、朱友璋、朱友雍、朱友徽、朱友孜十人；唐李存霸、李存美、李存禮、李存渥、李存乂、李存確、李存紀、李繼岌、李繼潼、李繼嵩、李繼蟾、李繼嶤、李從榮、李重吉、李重美十五人；晋石贇一人；漢的劉贇一人；周郭侗、郭信、柴宗誼、柴宗讓、柴熙謹、柴熙誨六人。

五代各朝宰相的傳記，輯本《舊史》除在對應該相的"姓/姓氏"事目中收録他們的全傳，以及馮道、張延朗兩個特例（因爲對應的馮姓及張姓的姓/姓氏事目，祇保留了兩人任相前的記載，故需再加上"相"字韻"五代相"事目兩人任相後的事跡）之外，還在"相"字韻"五代相"事目中收録了韋説、趙鳳、盧文紀、馬裔孫、景範五人的傳記，但這五傳都不完整，並非全傳。爲什麼《大典》"將"字韻可以收録《舊史》的全傳而"相"字韻不能呢？這是因爲某人何時爲將，界限不是很清晰的，而何時爲相，則有明確的起點，因此，《大典》"相"字韻所收的祇是某人爲相以後的記事，闕傳主任相以前的敘事。

除此之外，輯本《舊史》有一批傳記，録自《大典》的散韻，均殘闕不全。傳主分別是成汭、盧汝弼、安重誨、封舜卿、孔邈、馬郁、司空頲、馬縞、誠惠、馬紹宏、聶嶼、温韜、孔謙、馮玉、尹玉羽、孔崇弼、程遜、安從進、後贊、慕容彦超、于德辰、扈載、馬希範、王審知以及輯本《舊史》列入“外國列傳”的高麗、渤海靺鞨、黑水靺鞨、新羅、于闐、占城、牂牁蠻，均需補輯。

在《大典》卷六八五一王/姓氏事目中，收録了《新史》的《王弘贄傳》，但以《舊史·王弘贄傳》的末段作補充，可見《舊史》有《王弘贄傳》，需要補輯。

輯本《舊史》孟方立、孟遷兩人殘傳，雖然不是録自《大典》，但録自《通鑑考異》所引《舊史》孟方立及孟遷兩傳，也可以確定《舊史》原本確有此兩人傳記，亦需補輯。

第二類傳記出處雖並非《大典》，甚至未注出處，其中多數録自《册府元龜》。這一類的傳主計有時溥、李從璟、李從璨、淳于晏、聶文進、王仁裕、劉袞、王延鈞、王昶、王延羲、王延政、王建、孟知祥以及輯本《舊史》列入“外國列傳”的昆明部落，它們都有各自的根據，亦需補輯。這樣全書需補輯的共有九十八傳。

3. 志的標準本及其特徵

《樂志》和《五行志》是志的標準本，分別録自《永樂大典》卷二一六七八和卷八六一九。

（1）證輯本《樂志》爲標準本

輯本《舊五代史》各條之末絕大多數都注有出處。輯本卷一四四和卷一四五分別爲《樂志》上、下，在全志之末注出處爲《永樂大典》卷二一六七八。

《永樂大典》凡例曰：“正史、編年、綱目諸史，並於史字收載其名，並附作者姓氏、先儒序論。其各朝帝紀之類，則依次編入國號之下（如‘漢’字收‘漢高祖’，先《帝紀》，次《通鑑》，次《綱目》諸史），世家、列傳、表、志，則各從所重者收（如后、妃、諸王、公主收入后、妃、王、主字，《諸侯王表》入王字，《天文志》入天字，《蕭何傳》入蕭字之類）。”所謂“各從所重者收”，從志的方面來說，如志名爲兩字，即從關鍵之字，如《天文志》從“天”字，《五行志》從“行”字。單名的志，如《禮志》《樂志》就沒有這個問題，《樂志》就應收在“樂”字韻下。查《永樂大典目錄》“樂”字韻，從卷二一六六五至卷二一六九五爲“歷代樂”，其中卷二一六七八爲“五代樂”。按《永樂大典》凡例，《永樂大典》卷二一六七八收錄的應是《五代史·樂志》，由於《新五代史》並無《樂志》，所以祇能是《舊五代史》的《樂志》。但《永樂大典》卷二一六七八已不存，所以我們還要通過其他證據來證明。

證據一：《永樂大典目錄》卷二一六七九至卷二一六九二爲“宋樂”，按《永樂大典》凡例，《宋史·樂志》應全部收錄其中。但由於《永樂大典》卷二一六七九至卷二一六九二也不存，可以通過什麼方法來證明這個論斷呢？這可以從現存的《宋會要輯稿》中找到答案。清人徐松借修《全唐文》的機會，把《永樂大典》所引《宋會要》一併輯出。《宋會要》有樂類，類名與《永樂大典》“樂”字韻“宋樂”事目相同，與《宋史·樂志》同收入這一事目中。但《大典》編者在“宋樂”事目中是以《宋史・樂志》作爲正文，而把《宋會要》的樂類作爲注文。
先收録一段《宋史・樂志》，再録一段《宋會要》樂類作
爲注文。徐松雖然注意到了這一點，但具體抄録《宋會
要》樂類的書吏没有採取統一的體例，出現了四種不同的
抄録方式，以致《宋會要輯稿》中出現了《宋史・樂志》
的文字，極易被誤認，但它確實證明了《大典》卷二一六
七九至卷二一六九二收録了《宋史・樂志》全文。① 這是
第一個證據。

證據二：據輯本《舊五代史》卷七九《晋高祖紀五》
載，天福五年（940）八月"己亥，詳定院以先奉詔詳定
冬、正朝會禮節、樂章、二舞行列等事上之，事具《樂
志》"。如前所言，《晋高祖紀五》是已經證明符合原本
的，它是可以作爲證據的。又查輯本《舊五代史》卷一四
四《樂志上》，後晋天福"五年，始議重興二舞，詔曰：
'正、冬二節朝會舊儀，廢於離亂之時，興自和平之代。
將期備物，全繫用心；須議擇人，同爲定制。其正、冬朝
會禮節、樂章、二舞行列等事宜，差太常卿崔梲、御史中
丞竇貞固、刑部侍郎吕琦、禮部侍郎張允與太常寺官一一
詳定。禮從新意，道在舊章，庶知治世之和，漸見移風之
善。'其年秋，梲等具述制度上奏云（下略）"。《樂志》
所叙述事件的時間、人物、内容等要素與《晋高祖紀五》
相同，且較本紀更爲詳細，記録了《本紀》中詳定院所奉
詔書的内容和執行情况。

---

① 陳智超：《解開〈宋會要〉之謎》，社會科學文獻出版社 1995 年
版，第 175—180 頁。

證據三：據輯本《舊五代史》卷一一一《周太祖紀二》載，後周廣順元年（951）秋七月己丑，"太常卿邊蔚奏，議改郊廟舞名，事具《樂志》"。《周太祖本紀》就是本紀部分的標準本，當然可以作爲證據。查輯本《舊五代史》卷一四五《樂志下》所載："周廣順元年，太祖初即大位，惟新庶政，時太常卿邊蔚上疏請改舞名，其略云（下略）"可知兩者所述爲同一事件，《周太祖紀二》記録了此事的時間、人物、內容等，詳細內容則記録在《樂志》中。

證據四：據輯本《舊五代史》卷一一九《周世宗紀六》所載，後周顯德六年（959）春正月，"樞密使王朴詳定雅樂十二律旋相爲宮之法，並造律準，上之。詔尚書省集百官詳議，亦以爲可。語在《樂志》"。《周世宗紀》也是已經證明符合原本的。查輯本《舊五代史》卷一四五《樂志下》載，後周顯德六年"春正月，樞密使王朴奉詔詳定雅樂十二律旋相爲宮之法，並造律準，上之。其奏疏略曰（下略）"《本紀》中略説的事件在《樂志》中一一對應，《樂志》還收録了樞密使王朴的奏疏。

通過上述四條證據，我們可以確定：一是原本《舊五代史》有《樂志》；二是輯本《舊五代史·樂志》符合原本；三是輯本《舊五代史·樂志》可作爲標準本。

（2）證輯本《五行志》爲標準本

輯本《舊五代史》卷一四一爲《五行志》。卷末注出處爲《永樂大典》卷八六一九。查《永樂大典目録》，卷八六〇六至卷八六二三爲"行"字韻，事目爲"《前漢書‧五行志》”至“《元史‧五行志》”，“《五代史‧五行志》”也應在其中。但從《永樂大典目録》上看，卷八六一九爲《唐書‧五行志二》，卷八六二〇爲《宋史‧五行志》，其中並没有看到“《五代史‧五行志》”。這是爲什麽呢？答案衹有兩種可能：一是《永樂大典》中根本没有收録“《五代史‧五行志》”；二是由於《永樂大典目録》編者的失誤，没有將“《五代史‧五行志》”在目録中列出。究竟哪種可能是事實，還需要進一步證明。

證據一：《永樂大典》殘本卷二三四五引用了《五代史‧五行志》中的内容。《永樂大典目録》卷二三四五爲“烏”字韻，小注爲“事韻”。所謂“事韻”，如前所述，是指該卷包含了若干個以該字爲關鍵字的事目，這些事目所收的内容不多，因而事目數量較大，不能一一在《目録》中標明，所以用“事韻”來概括。[1] 翻檢《永樂大典》卷二三四五，可以找到“白烏”“赤烏”“烏集墳廬”“烏集林木”等八十幾個事目，其中“烏集林木”事目下云：“《五代史‧五行志》：‘周廣順三年六月，河北諸州旬日内無烏，既而聚澤潞之間山谷中，集于林木，壓樹枝皆折。是年，人疾疫死者甚衆。至顯德元年，河東劉崇爲周師所敗，伏屍流血，故先萌其兆。’”[2] 與輯本《舊五代史‧五行志》“蟲魚禽獸”一節所載文字完全相同。《永樂大典》殘本中關於這段内容已經標明出處爲《五代史‧五

---

[1] 陳智超：《論重新整理〈舊五代史〉輯本的必要與可能——〈舊五代史〉輯本及其點校本》，《陳智超自選集》，第 699 頁。

[2] 《永樂大典》卷一三〇八二，中華書局 1960 年版，第 14 頁。

行志》，由於《新五代史》没有《五行志》，所以祗能是《舊五代史·五行志》。

　　證據二：《永樂大典》殘本卷一三〇八二爲"動"字韻，小注爲"事韻"，查該卷有"動静""言動""無動""不動居士""物自動"等九十餘個事目，其中"物自動"事目云："《五代薛史·五行志》：'清泰末年，末帝先人墳側古佛刹中石像忽然摇動不已。觀者咸訝焉。'"這段引文與輯本《舊五代史·五行志》"草木石冰"一節後晋清泰條所載完全相同。《永樂大典》殘本已注明出自《五代薛史·五行志》。

　　證據三：司馬光的《資治通鑑》及其《考異》也引用了《舊五代史·五行志》。該書卷二八二《後晋紀三》高祖天福六年（941）九月辛酉條云："滑州言河决。"《考異》曰："《薛史·紀》載九月辛酉滑州河决而不載庚午濮州决；《高祖實録》載庚午濮州奏河决而不載辛酉滑州决。《五代會要》及《志》皆云：'天福六年九月决滑州，兖、濮州界皆爲水漂溺。'《史匡翰傳》亦云：'天福六年白馬河决。'按辛酉滑州河已决，則下流皆涸，濮州無庚午再决之理，蓋滑州河决，漂浸及濮州矣。"天福六年九月戊午朔，辛酉爲初四，庚午爲十三。這段考異所徵引的材料分别出自《薛史·紀》《高祖實録》《五代會要》《志》《史匡翰傳》，其中《薛史·紀》爲輯本《舊五代史》卷八〇《晋高祖紀六》，《史匡翰傳》爲輯本《舊五代史》卷八八《史匡翰傳》，都是已證實符合原本的。所以這裏的"志"祗能是《舊五代史》的《五行志》。查輯本《舊五代史·五行志》"水淹風雨"一節載，天福六年九月"河決於滑州……兗州、濮州界皆爲水所漂溺"，與司馬光《考異》所引内容相同。

通過上述三條證據，我們可以確定：一是原本《舊五代史》有《五行志》；二是輯本《舊五代史·五行志》符合原本；三是輯本《舊五代史·五行志》可作爲志的標準本；四是《永樂大典目録》卷八六二〇所注事目"《唐書·五行志二》"下漏列"《五代史·五行志》"。

（3）諸志標準本的特徵

什麼是志的標準本的特徵呢？第一，志末所注《大典》卷數，如志名爲單字，字韻即爲志名，事目爲五代加志名，如《樂志》即爲"樂"字韻"五代樂"事目；如志名爲兩字，則從所重者收，如《五行志》即爲"行"字韻"《五代史·五行志》"事目。第二，有完整的、可以概括梁、唐、晉、漢、周五朝的序言及内容。

根據上述兩個志的標準本的特徵去檢驗輯本《舊五代史》的其他八志，可分爲三種情況：一是《曆志》《選舉志》《職官志》，它們符合《舊五代史》原本；二是《禮志》《天文志》《食貨志》《刑法志》，它們所引爲《大典》散韻，殘闕不全，需要補輯；二是《地理志》，輯本《舊五代史》竟誤稱《郡縣志》，需要重輯。

（二）《册府元龜》的"條主"和"條前語"

從輯本《舊五代史》中找出《舊五代史》本紀、列傳和志作爲標準本，不但要同輯本《舊五代史》的其他本紀、列傳、志做比較，還要同《册府元龜》相關條文做比較。《册府》是保存五代史料最多的古籍，而它又不注明出處。我們就是要借助這些標準本去鑒別《册府》條文的出處，特別是要分辨出何者引自《舊五代史》的本紀、列傳和志，何者引自實錄。這必須通過大量、充分的實例來證明。這就要引入我的第二個新概念，就是"《册府元龜》的條主和條前語"。

1. 《册府元龜》的編纂宗旨

《册府元龜》有一千卷，分爲三十一部，一千一百零四門，實際字數約爲九百一十六萬。在《四庫全書》中是僅次於《佩文韻府》的第二部大書。

《册府元龜》雖然署名王欽若等編纂，但實際總主編是宋真宗。他從景德二年（1005）開始確定項目、調集編修人員，在修撰中不斷檢查，發現問題，及時發出指示；到最後歷時八年，於大中祥符六年（1013）完成，他都親力親爲，定名《册府元龜》。編修大臣呈進稿本，真宗每天審閱三卷，"遇事簡則從容省覽，事多或至夜漏二鼓乃終卷"。他對修這部大書的目的做過説明，是要使"君臣善迹，邦家美政，禮樂沿革，法令寬猛，官師論議，多士名行，靡不具載，用存典刑（同"型"）"；是要"垂爲典法"，盡"誠勸之理"。[①] 宋真宗這些指示，對《册府元龜》如何收録紀傳體史籍的傳記，包括《舊五代史》的傳記，有決定意義。其主要有以下兩點：第一，《册府元龜》必定對這些傳記進行删節。前已指出，一篇完整傳記的特

---

① 王應麟：《玉海》卷五四《藝文·承詔撰述·類書》"景德册府元龜"條，江蘇古籍出版社、上海書店 1987 年版，第 1032 頁。

徵之一，是"敘事有始有終"，"所謂'有終'，指該人的結局"。這些與傳主有密切關係的傳記要件，和勸誡、垂法無關，《册府元龜》必定要加以删削。第二，《册府元龜》既然要對傳記進行删節，在收錄傳記條文的時候，就需要對"條主"的情況作必要的交代。"條主"是我參考傳主的提法取的名字。《册府元龜》各門下的條是它的基本單位。條的編次可分爲三種形式：一爲編年體，一日一條；二爲傳記體，一人一條；三爲紀事本末體，一事一條。每條都有"條主"。編年體的條主一般爲君主，傳記體的條主一般爲傳主，紀事本末體因歷時多日、牽涉多人而難以確定單一的條主。

2. 五代各朝實録的編修情況

因爲我們要將《册府元龜》的條文同已驗證的輯本《舊史》列傳及實録相關條文做比較，所以就要了解五代各朝實録的編修情況。

五代各朝實録表

名稱	卷數	成書時間或起修時間	監修	修撰	《通鑑考異》引用情況	同條引用其他文獻
《梁太祖實録》	30	貞明中（915—921）		李琪、張袞、郗殷象，馮錫嘉	《通鑑》266/8674 開平元年（907）四月戊辰	《編遺録》《薛史》《唐餘録》《歐陽史》
《大梁編遺録》	30	貞明龍德間（915—923）		敬翔	《通鑑》266/8682 開平元年（907）六月	《薛史·梁紀》《十國紀年》

名稱	卷數	成書時間或起修時間	監修	修撰	《通鑑考異》引用情況	同條引用其他文獻
《唐懿祖紀年錄》	1	天成四年（929）十一月	趙鳳	張昭遠、呂咸休	《通鑑》237/7651 元和三年（808）六月	《德宗實錄》《舊·范希朝傳》《新唐書》
《唐獻祖紀年錄》	2	天成四年（929）十一月	趙鳳	張昭遠、呂咸休	《通鑑》251/8149 咸通十年（869）八月庚申	《彭門紀亂》
《唐太祖紀年錄》	17	天成四年（929）十一月	趙鳳	張昭遠、呂咸休	《通鑑》266/8678 開平元年（907）五月	《歐陽史》《莊宗列傳》《薛史》
《唐莊宗實錄》	30	天成四年（929）十一月	趙鳳	張昭遠、呂咸休	《通鑑》272/8898 同光元年（923）十月丁丑、己卯	《莊宗列傳》《薛史》
《唐明宗實錄》	30	清泰三年（936）二月	姚顗	張昭遠、李詳、吳承範、楊昭儉	《通鑑》274/8956 天成元年（926）三月壬戌	《莊宗實錄》《薛史·莊宗紀》《薛史·明宗紀》
《唐閔帝實錄》	3	顯德四年（957）正月起		張昭、尹拙、劉溫叟	《通鑑》279/9114 清泰元年（934）四月庚午	《晋高祖實錄》《漢高祖實錄》《南唐烈祖實錄》
《唐廢帝實錄》	17	顯德四年（957）正月起		張昭、尹拙、劉溫叟	《通鑑》279/9116 清泰元年（934）四月癸酉	《閔帝實錄》
《晋高祖實錄》	30	廣順元年（951）七月	竇貞固	賈緯、竇儼、王伸	《通鑑》280/9154 天福元年（936）十一月丁酉	《廢帝實錄》《薛史》《契丹册文》

名稱	卷數	成書時間或起修時間	監修	修撰	《通鑑考異》引用情況	同條引用其他文獻
《晋少帝實錄》	20	廣順元年（951）七月	竇貞固	賈緯、竇儼、王伸	《通鑑》286/9238 天福十二年（947）正月丁亥	《漢高祖實錄》《陷蕃記》《薛史·帝紀》《五代通錄》
《漢高祖實錄》	20	乾祐二年（949）十月	蘇逢吉	賈緯、王伸	《通鑑》266/8677 開平元年（907）五月	《莊宗列傳》《唐餘錄》《賈緯備史》《趙志忠虜庭雜紀》《新唐書》《編遺録》
《漢隱帝實錄》	15	顯德四年（957）正月起		張昭、尹拙、劉温叟	《通鑑》288/9396 乾祐元年（948）八月壬午	《薛史·周太祖紀》《周太祖實錄》
《周太祖實錄》	30	顯德五年（958）六月		張昭、尹拙、劉温叟	《通鑑》289/9434 乾祐三年（950）十一月己卯	《漢隱帝實錄》《薛史·隱帝紀》《薛史·周太祖紀》
《周世宗實錄》	40	建隆二年（961）八月	王溥	扈蒙	《通鑑》292/9542 顯德三年（956）二月癸巳	《湖湘故事》《廣本》《薛史·承襲傳》《馬氏行事紀》《十國紀年》

以上十五部《實錄》，共三百一十五卷，修於本朝者，計有梁修《梁太祖紀年録》和《大梁編遺録》，唐修《懿

祖》《獻祖》《太祖紀年録》及《唐莊宗實録》《唐明宗實録》，漢修《漢高祖實録》，周修《周太祖實録》，共九部。修於周朝者，有《唐閔帝實録》《唐廢帝實録》《晉高祖實録》《晉少帝實録》《漢隱帝實録》，共五部。修於宋初者爲《周世宗實録》。

必須注意，《實録》都是有傾向性的。同一件事，叙述時必然維護在位帝王的利益，或誇大功績，或爲其錯誤掩飾，甚至顛倒是非。《册府元龜》如收録《實録》或《舊五代史》本紀，一般都在帝王部或閏位部中；如收録《實録》附傳或《舊五代史》列傳，一般都在以該人爲條主的條文中，條前語則爲該條内容的背景；如收録《實録》或《舊五代史》的志，一般都在《帝王部》或《閏位部》以及對應的部，如《食貨志》在《邦計部》，《禮志》在《掌禮部》，《刑法志》在《刑法部》等。

3.《舊史》與《册府》文本比對結果舉例

下一步就是將輯本《舊史》已驗證的本紀、列傳與志同《册府》相關條文作比較，以確定何者確爲實録。比較是認識事物的重要手段，但必須遵循一定的規則：必須是同類事物，必須是全面的比較。否則會陷入認識的誤區，得到相反的"效果"。此外，還要檢查是否還有其他史源，如《五代會要》等。

（1）《唐莊宗紀》同光元年（923）夏四月己巳條

輯本《舊五代史》卷二九《唐莊宗紀三》是已經驗證符合《舊五代史》原本的。它的同光元年夏四月己巳條載莊宗即位制，與它對應的《册府》共有十一條：卷三四

《帝王部·崇祭祀門三》、卷五九《帝王部·興教化門》、卷六五《帝王部·發號令門》、卷八一《帝王部·慶賜門三》、卷九二《帝王部·赦宥門一一》、卷一〇三《帝王部·招諫門二》、卷一二八《帝王部·明賞門》、卷一四〇《帝王部·旌表門四》、卷一四七《帝王部·恤下門二》、卷一六六《帝王部·招懷門四》、卷四九一《邦計部·蠲復門三》。其中祇有卷九二《帝王部·赦宥門一一》所載爲全文，其餘都祇是片段。雖然這些片段也可以校證輯本《舊史》的《唐莊宗紀》，但全面的比較祇能用卷九二的《帝王部·赦宥門一一》。通過比較可以發現，《册府》卷九二遠比輯本《舊史·莊宗紀》詳細，應爲《實錄》。《舊史·莊宗紀》雖源出實錄，但删去了不少浮詞，保留了少數最重要的内容。

（2）《盧損傳》

輯本《舊五代史》卷一二八《盧損傳》，也是已經驗證符合《舊五代史》原本的。此傳可分爲六節：①家世及籍貫；②梁開平初舉進士，與同年任贊等相訴；③《册府元龜》用“附勢”一詞表述他與左丞李琪之關係；④唐明宗、末帝時，爲諫議大夫、御史中丞，條奏多爲士人嗤鄙，因誤詳赦書，失出罪人，停任；⑤晋天福中，轉秘書監，大失所望，拜章辭位，致仕；⑥晚年養生有方，享壽八十餘歲。《册府元龜》有關盧損者有十九條之多，其中十四條以盧損爲條主。關於第一節，盧損之家世及籍貫，《册府》條文完全没有記載，這是因爲在《舊史》列傳中必須交代的傳主的家世和籍貫，不屬於宋真宗所規定的

《册府》"用存典型"及"盡誠勸之理"的範疇。這也可以證明,《册府》不可能全部收録《舊史》列傳的内容。

關於第二節,盧損在梁開平初舉進士,與同年相詬等早年經歷,《册府》卷八一一《總録部·遊學門》、卷九三九同部《譏誚門》、卷九五四同部《寡學門》可與《舊史》本傳相校補,應採自《舊史》。

關於第三節,盧損與左丞李琪之關係,《册府》卷九四五《總録部·附勢門》與《舊史》本傳同,應採自《舊史》。

關於第四節,盧損在唐明宗及唐末帝時之任職、條奏及因失出罪人而停任,《册府》有多條記載,有些與《舊史》相差甚多,如《册府》卷五二一《憲官部·不稱門》和卷五二二《憲官部·譴讓門》有以盧損爲條主的兩條。卷五二一載:"末帝清泰中爲御史中丞(超按:此爲條前語,交代條文背景)。時有赦放繫囚。白文審者,延安之劇賊也,繫於臺囹圄久之,是日釋放。翌日,衆知之,大駭,乃重詳赦文,比不該放者。賴臺司復捕獲文審,損與知雜韋梲、本推御史魏遜皆停任。"卷五二二載:"末帝清泰三年爲御史中丞(超按:此爲條前語)。初,延州保安鎮將白文審,郡之劇賊。高行周作鎮時差人往替,不受代。屬前年春擾亂,文審專殺郡人趙思謙等十餘人,後經赦放罪。去年春,思謙弟思誨詣闕訴兄之冤,帝亦素知文審之兇惡,密令本道捕之下獄,遣殿中少監張仁願於鄜州置獄推鞫文審伏殺十平人罪,未盡疑,乃追赴京師,連坐者二十八人,繫臺獄。方按鞫,屬五月十二日御札:'自今年五月十二日已前，除五逆十惡、放火劫舍、持杖殺人外，並委長吏，如已得事情或未見贓驗，不在追窮枝蔓，以所招疾速斷遣。'損爲人輕易，即破械釋文審。後奏，帝大怒，復收文審誅之。堂帖勘臺公文云：'奉德音釋放，不得追領祗證。'中書詰云：'御札云"不在追窮枝蔓"，無"不得追領祗證"六字，擅添改敕語。'詔責授右贊善大夫，知雜御史韋梲責授太僕寺丞，侍御史魏遜責授太府寺主簿，王岳責授司農寺主簿。"輯本《舊史》本傳，關於此事，祗有"及末帝即位，用爲御史中丞。……有頃，誤詳赦書，失出罪人，停任"短短數語。他書亦無有關內容的記載。由此可知，《册府》此兩條均錄自《周世宗實錄》之《盧損傳》。由此亦可知，實錄之傳內容不一定比《舊史》之傳少。《册府》此兩條以及卷四七五《臺省部‧奏議門六》、卷四七六同上門、卷五〇三《邦計部‧屯田門》、卷六一三《刑法部‧定律令門五》、卷六三三《銓選部‧條制門五》、卷六四二《貢舉部‧條制門四》，再有非以盧損爲條主之卷一〇八《帝王部‧朝會門二》、卷三三五之《宰輔部‧不稱門》、卷九三九《總錄部‧譏誚門》均對應本傳之第四節，內容遠較《舊史》爲詳，且可在注中補本傳仕履之闕載。除《册府》外，輯本《舊史》已驗證之《唐莊宗》、《唐末帝》、《周太祖本紀》及《唐武皇貞簡曹后傳》《周盧文紀傳》，及《通鑑》有關記載，亦可補本傳仕履之闕。本書作注以補《舊史》本傳之闕及糾本傳之誤。

關於第五節，盧損在晋天福中拜章辭位並致仕一節，

《册府》無有關記載，情況同第一節。

關於第六節，盧損晚年養生有方，享高壽一節，《册府》卷七八四《總錄部·壽考門》及卷八三六同部《養生門》所載與盧損本傳同，應採自《舊史》，可互校文字之少許差異。

（3）石君立傳

石君立，後唐將，在晉（當時唐莊宗尚未建唐稱帝，時爲晉王）梁楊村砦之役中伏被俘，後被梁末帝處死。在《册府元龜》卷四一四《將帥部·赴援門》中，有兩條同記天祐十三年（916）石君立奉命赴晉陽解圍事。一條條主爲石君立之別名石嘉才，另一條條主爲石君立。後一條所載與已經驗證的輯本《舊五代史》之《石君立傳》全同，而前一條則與《舊史·石君立傳》多異，此條顯然源自《唐莊宗實錄》之《石嘉才（即石君立）傳》，兩者不同在於：

《實錄·石傳》	天祐十三年	梁將劉鄩遣別將王檀率衆五萬寇我晉陽	昭義李嗣昭遣嘉才率騎三百赴援
《舊史·石傳》	（無）	王檀逼晉陽	（李）嗣昭遣君立率五百騎自上黨
《實錄·石傳》		賊方至，營壘未成，城中有故將安金全率驍騎夜出薄之，賊衆大潰，俘斬而還。	
《舊史·石傳》	朝發暮至	王檀游軍扼汾橋，君立一戰敗之……是夜入城，與安金全等分出諸門擊殺於外。	

（續表）

《實録·石傳》	（無）		
《舊史·石傳》	遲明，梁軍敗走		

對比兩者，主要不同在於：①《實録·石傳》用石君立之別名嘉才，顯然不知嘉才即君立。②《實録·石傳》稱梁"寇我晋陽"，又稱梁軍爲"賊"，而《舊史·石傳》則稱梁軍"逼晋陽"。③《實録·石傳》稱晋陽解圍，主要因"城中故將"安金全夜出擊敵軍，石君立（嘉才）祇起聲援作用；而《舊史·石傳》則載石先敗梁軍於城外之汾橋，然後入城與安金全會合，分出諸門"殺敵於（城）外"，梁軍敗走。

這是我對《舊史·石傳》及《册府》有關石之全部材料進行了細緻的分析研究後的結果。

（4）李存進傳

李存進，原名孫重進，早年追隨李克用，唐昭宗景福年間（892—893）賜姓名李存進，爲義兒軍使。莊宗即位後，履立戰功。天祐十九年（梁龍德二年，922），在與鎮州王處球之戰中陣亡。《通鑑》卷二六九梁貞明元年（915）六月庚寅條《考異》，既引《莊宗實録》之《李存進傳》，亦引《舊史》之《李存進傳》，記晋王李存勗（唐莊宗）入魏州，因銀槍效節都驕横，以李存進爲天雄都指揮使以鎮壓之。《考異》云，《莊宗實録》云李爲"軍城使"，《實録·李傳》云"都部署"，《莊宗列傳》及《舊史·存進傳》皆云"天雄軍都巡按使"，《通鑑》從後者。循此綫索，我在《册府》中檢索到兩條條文，均以李存進爲條主，以魏州事爲内容，分別與《考異》所稱對應。《册府》卷四一八《將帥部·嚴整門》，稱李爲"天雄軍都部署"，應出自《莊宗實録·李傳》；卷三八七《將帥部·襃異門》則稱李爲"天雄軍巡按使"，應出自《舊史·李傳》，但此條對《舊史》節略較多，我們可以用已經驗證的《舊史》卷五三李傳與《莊宗實録·李傳》比對。兩者不同在於：

《實録·李傳》	爲泌州刺史。（超按：應爲沁州）	天祐十三年（超按：應爲十二），從定魏州，授天雄軍都部署。	時鄴初歸我，人情難貳，銀槍效節諸軍强桀難制，訛言竊議，搖扇群情。
《舊史·李傳》	授慈、沁二州刺史。	十二年，定魏博，授天雄軍都巡按使。	時魏人初附，有銀槍效節都，强傑難制，專謀騷動。
《實録·李傳》	存進沉厚果斷，犯令者梟首於市，强右豪斷暴掠人物者，必磔裂曝屍於路。鄴人視之，無不惕息，由是軍民靡然從化。		
《舊史·李傳》	存進沉厚果斷，犯令者梟首屍於市，諸軍無不惕息，靡然向風。		

通過這樣的對比，可知：第一，《實録》稱治所，作"魏州"，《舊史》稱軍號，作"魏博"。第二，《實録》稱"鄴人"，《舊史》稱"魏人"。"鄴都"之稱，始見於莊宗同光三年（925）。第三，《實録》作"初歸我"，《舊史》

作“初附”，《實録》表達的歸屬感更強。第四，關於李存進治魏的效果，《實録》所述更完整，可知《舊史》之誤。

因爲我通過標準本共確定輯本《舊史》有484篇傳記符合原本，用這些傳記與《册府》有關條文對比得出的結論是堅實可靠的。

（三）《舊史》及其他正史本紀的記時法

現在我們可以回過頭來論述輯本《舊史》的本紀，特別是我提出的第三個新概念：《舊史》及其他正史本紀的記時法。

《梁末帝本紀》是輯本《舊史》中已證明符合原本《舊史》的第一個本紀，翻開輯本《舊史》卷八《梁末帝紀上》，在乾化三年（913）二月末帝即位之後，有當年夏四月癸未、秋九月甲辰、貞明元年三月辛酉朔等條記事，根據此三條記事以及以後各條及各朝本紀的記時方法，可以歸納《舊史》本紀的記時法是：朝代—皇帝廟號—年號—四時（春夏秋冬）—月—朔—日。如已經驗證符合原本的輯本《舊史》卷四一的《唐明宗紀七》，記朝代爲“唐”，皇帝廟號爲“明宗”，年號爲“長興”。實際情況是天成五年（930）二月乙卯始改元長興。由此可知，凡年中改元者，該年按後改元之年號紀元。該卷有長興元年（930）春正月丙辰朔，夏四月甲午朔，十一月庚申朔記事，由此可知，四時之首月，在月前加四時。該月初一日如有記事，則在該日下加“朔”字。如輯本《舊史》本紀中記時有誤者，本書改正文，並在校記中説明原誤在何處，其根據則統一在凡例中説明。

（四）一篇完整傳記必須具備的要素

需要補輯的列傳，怎樣纔能做到盡可能完善並且有根有據呢？這就需要運用我提出的第四個新概念：一篇完整傳記必須具備的要素。現從輯本《舊史》中已驗證符合原本《舊史》的列傳中，選出不同時期的七篇，舉例如下：

1. 朱瑄（姓名）。宋州下邑人（籍貫）。父慶，里之豪右（家世）。一生主要事跡（事跡）。斬於汴橋下（結局）。錄自《永樂大典》卷二〇三三，朱/姓氏（七）。收入輯本《舊史》卷一三。

2. 劉捍（姓名）。開封人（籍貫）。父行仙，宣武軍大將（家世）。一生主要事跡（事跡）。爲李茂貞所害。開平四年贈太傅云云（結局）。捍便習賓贊，善於將迎云云（傳後之論）。錄自《大典》卷九〇九八，劉/姓氏（二六）。收入輯本《舊史》卷二〇。

3. 郭崇韜（姓名）。字安時（字號）。代州雁門人（籍貫）。父弘正（家世）。一生主要事跡（事跡）。魏王繼岌左右撾殺之（結局）。崇韜服勤盡節，佐佑王家云云（轉後之論）。錄自《大典》卷二二一六〇，郭/姓氏（五）。收入輯本《舊史》卷五七。

4. 史匡翰（姓名）。字元輔（字號）。雁內人（籍貫）。父建瑭（家世）。一生主要事跡（事跡）。遘疾而卒（結局）。子彥容（附見）。錄自大典卷一〇一八三，史/姓氏（一）。收入輯本《舊史》卷八八。

5. 蘇逢吉（姓名）。長安人（籍貫）。父悦（家世）。一生主要事跡（事跡）。自殺（結局）。錄自《大典》卷二三九二，蘇/姓氏（三）。收入輯本《舊史》卷一〇八。

6. 安叔千（姓名）。沙陀三部落之種也（族屬）。父懷盛（家世）。一生主要事跡（事跡）。卒年七十二（結局）。原注錄自《大典》卷一八一四四，將/宋將（七），誤，疑爲卷一八一三二，將/後周將（一）。收入輯本《舊史》卷一二三。

7. 李昇（姓名）。海州人（籍貫）。徐溫之養子也（家世）。一生主要事跡（事跡）。僭位凡七年卒（結局）。錄自《大典》卷一〇三九一，李/姓氏（三十六）。收入輯本《舊史》卷一三四《僭僞列傳一》。

從上述七例可以看出，姓名、籍貫或族屬、家世、事跡、結局五項，是一篇完整傳記的必具要素，因此也是我們補輯列傳時必須補全的。小名，字號，傳後之論及附見等則並非必具要素，有記載則補。

（五）破解《舊五代史》收錄人物列傳的四組密碼

怎樣才能無遺漏地錄出《舊五代史》原本確有的人物傳記清單呢？除了前述的運用“標準本”等概念外，還需要運用我提出的第五個新概念：破解《舊五代史》收錄人物列傳的四組密碼。

1. 從《通鑑》中破解前三組密碼

《通鑑》是編年體史書。歷史活動的主體是人，人們在一定的空間和時間内的活動構成了歷史。《通鑑》在正史中當然是從同是編年體的本紀中取材，但本紀究竟祇是一個綱；而要生動地呈現出歷史豐富多彩的圖畫，《通鑑》還需要從人物列傳中取材。那麽，《通鑑》從正史列傳

（包括《舊五代史》列傳）中取材時是否有些特殊的標誌呢？答案是肯定的，而且是三種，我稱之爲《通鑑》收錄人物列傳的三組密碼，並且已經破解了這些密碼。

第一、第二組密碼都是指明該人的籍貫，表現形式是"某某，某地人也"，例如"安重榮，朔州人也"；或者是"某地某人"，如"華陰趙瑩"。第三組密碼則是指明某人的家世，表現形式是"某人，某某之子（或孫或侄等）也"，如"趙光逢，隱之子也"。我查閱了《通鑑》的許多卷，凡是有上述三種標誌者，該人必定在《舊五代史》《新五代史》或《宋史》等書中有傳記，現舉兩卷爲例。文中所説的"輯本《舊史》有其傳"，除特別説明者外，都是經驗證符合《舊史》原本，因此可作爲證據者。

例1：《通鑑》卷二六八。該卷起自梁太祖乾化元年（911）三月至均王（末帝）乾化三年（913）十一月，現取太祖乾化元年、二年記事。①"景城馮道"，輯本《舊五代史》卷一二六有《馮道傳》。②"開封段明遠"，即段凝，輯本《舊史》卷七三有傳。③"劉去非、趙鳳皆幽州人也"，劉去非即王保義，輯本《舊史》卷一三三有傳；趙鳳，輯本《舊史》卷六七有傳，但由三條《永樂大典》散韻拼成，證明《舊史》確有其傳，但需儘量補全。④"張衍，宗奭之侄也"，輯本《舊史》卷二四有《張衍傳》，《新史》無其傳。⑤"賀德倫，河西胡人；袁象先，下邑人也"，輯本《舊史》卷二一、卷五九分別有此二人傳。⑥"符習，趙州人也"，輯本《舊史》卷五九有《符習傳》。⑦"李嚴，幽州人也"，輯本《舊史》卷七〇有

《李嚴傳》。⑧ "孟知祥，遷之弟子"，輯本《舊史》卷一三六有《孟知祥傳》，由三條《册府元龜》條文拼成，不能作確證。但其後之孟昶（知祥之子）及該卷史論均錄自《大典》卷一三一六一，孟/姓氏（五），已經驗證，可證《舊史》有孟知祥傳，需增輯。⑨ "馬仁裕，彭城人；周宗，漣水人也"，馬、周二人爲徐知誥之腹心。輯本《舊史》無兩人傳，馬令《南唐書》卷一一有兩人傳，陸游《南唐書·列傳》卷二、卷三亦有周、馬兩人傳。司馬光當然不可能取材此兩書，但他必定可以看到並利用許多宋初修《舊五代史》時不能看到的材料。⑩ "李嗣恩，本駱氏子也"，輯本《舊史》卷五二有《李嗣恩傳》，該卷末史論亦提到有李傳。⑪ "劉威幕客黃訥，蘇州人也"，輯本《舊史》無劉威及黃訥之任何記載，《新史》雖無此二人傳，但有關劉威記事六條，劉威爲與楊行密同起事之人，號"三十六英雄"。歐陽脩也可以看到並利用許多修《舊五代史》時不能看到的材料。⑫ "劉訓，永和人也"，輯本《舊史》卷六一有《劉訓傳》，《新史》無劉傳。

例2：《通鑑》卷二七五。記事起自唐明宗天成元年（926）四月，至次年六月止。① "李彦卿，存審之子"，李彦卿即符彦卿，入宋，《宋史》卷二五一有其傳。② "何福進、王全斌皆太原人也"，何福進，輯本《舊史》卷一二四有傳，《新史》無傳；王全斌入宋，《宋史》卷二五五有其傳。③ "平遙侯益"，侯益入宋，《宋史》卷二五四有傳。④ "李彦超，彦卿之兄也"，李彦超即符彦超，輯本《舊史》卷五六有其傳。⑤ "河間張昭遠"，張昭遠即張昭，入宋，《宋史》卷二六三有其傳。⑥"張延朗，開封人也"，輯本《舊史》卷六九有其傳，但由兩條《永樂大典》散韻拼成，證明《舊史》確有其傳，但需補輯。《新史》亦有其傳。⑦"貴平孫光憲"，《新史》卷六九《高繼沖傳》載：乾德元年，高繼沖朝於京師，孫光憲"拜黃州刺史，其後事具國史。"《宋史》卷四八三有其傳。⑧"萇從簡，陳州人也；王晏球本王氏子，畜于杜氏，故請復姓王"。輯本《舊史》卷九四、卷六四有此二人傳。⑨"李從溫，帝之侄也"。輯本《舊史》卷八八有其傳。⑩"李彥饒，彥超之弟也"，李彥饒即符彥饒，輯本《舊史》卷九一有其傳，傳中並有"父存審《唐書》有傳"及"事具《白奉進傳》"等語。白奉進，輯本《舊史》卷九五有傳，《新史》無白傳。⑪"北海韓叔嗣，汝陰進士李穀"，李穀入宋，《宋史》卷二六二有其傳。韓叔嗣爲韓熙載父，輯本《舊史》無其父子兩人記載，《新史》有熙載材料四條，提及其"爲北海將家子。明宗時南奔吳"。吳任臣《十國春秋》卷二八有《熙載傳》，言其父光嗣爲後唐平盧（青州）節度副使，軍中逐其帥符習，推光嗣爲留後，明宗即位，光嗣坐死，熙載懼罪南奔。並引徐鉉《昌黎韓公（熙載）墓銘》"考光嗣"。⑫"趙延壽，本劉邠之子也"，輯本《舊史》卷九八有《趙傳》，《新史》無其傳。⑬"崔協，邠之曾孫也"，輯本《舊史》卷五八有其傳，録自《大典》卷二七四〇，此卷現存。《新史》無其傳。⑭"平州人趙思溫"，此人爲契丹將，輯本《舊史》及《新史》均有此人材料，但無傳。⑮"文水武漳"，輯本《舊史》及《新史》均無此人記載，路振《九國志》卷七有其傳，“字巨川，太原文水人”，後入後蜀。⑯ “孟鵠，魏州人也”，輯本《舊史》卷六九有其傳，《新史》無其傳。

通過對《通鑑》上述兩卷的分析，可以證明《通鑑》的三組密碼確實可以作爲證明《舊五代史》有某人傳記的證據，其中有提及而《舊史》無傳者，不外入宋、入十國及爲契丹（遼）人三者，祇要注意是可以分辨的。

2. 從《舊史》本紀中破解第四組密碼

後來我又破解了第四組密碼，它就是：如果《舊五代史》本紀中記載了其人卒時及死因，在列傳部分一般會收錄該人的傳記。我的根據是：第一，《舊五代史》所以能在一年八個月的時間内完成，很重要的一個原因是可以大量取材於五代各朝的實録。《舊五代史》列傳占了全書一百五十卷中的七十七卷，收録人物傳記在七百篇以上，工作量很大。實録在記載某人死亡時，又都附載該人的傳記，是《舊五代史》傳記部分最主要、最方便的來源。第二，我覈對了已經驗證的《舊五代史》十四部本紀中除《梁太祖本紀》外的十三部，凡在本紀中記其卒時及死因者，除個别例外（如身份較低），一般都有傳記，並且已經驗證。因此，我又開出了一張自王班、盧匪躬至史侁、李崇共七十一人的增輯列傳名單，並在輯補《舊五代史》列傳時增輯。

3. 根據四組密碼開出增輯列傳清單

增輯列傳如何做到準確、有據？那就要回到我提出的第四個新概念：一篇完整傳記必需具備的要素。我們在增輯時一定採用確鑿的記載，來充實這些要素。

（六）《通鑑》無考異的條文意味着諸家有關記載史源相同

《通鑑》是本書引用最多的文獻之一。《通鑑》有關唐末、五代條文的考異固然是我們的依據，經過多方檢驗，證明《通鑑》無考異的條文並非無史源，而是各種史料來源相同，其中也包括《舊五代史》，所以本書也利用了這些條文。

以上就是本書的思路，我們就是按照這樣的思路完成了本書的工作。我要在這裏重申，本書的目的是要在輯本《舊五代史》的基礎上作出一個比它更接近原本、因而將取代它的新本。《輯補舊五代史》的出版，將經受歷史的檢驗，我對此充滿信心。

《輯補舊五代史》的編撰工作，大致經歷三個階段：

一、編撰初稿。全面清理、檢驗清輯本，對其中確屬《舊五代史》原本的、完整的各篇紀、傳、志，予以校證；對確屬《舊五代史》原本但殘闕不全的各篇紀、傳、志，予以補輯、校證；對清輯本漏輯的各篇列傳，予以增輯、校證。共有二十餘人參與初稿編撰工作，具體情況詳見各編末尾的署名。

二、復核修訂。全部書稿完成後，編纂委員會對其進行了嚴格審查，發現若干問題；出版社和相關專家在審稿過程中，也提出了不少中肯的建議；2015 年 8 月，中華書局出版修訂本《舊五代史》，對其相關成果，本書亦有必要予以吸收、回應。爲此，編委會組織全部編委和部分核心作者，對各篇書稿進行全面復核、修訂。共有十餘人參與此項工作，具體情況詳見各篇末尾的署名。其中未注明"復核者"的各篇，表示該篇的初稿編撰者和復核者爲同一人。

三、統稿出版。在全書出版前，由編委對各卷進行集中統稿，主要工作爲校訂正文、統一體例和表述、查漏補闕等。各編委統稿分工如下：

張龍：《梁本紀》10 卷（卷一至十），《唐本紀》24 卷（卷二十五至四十八），《晋本紀》11 卷（卷七十五至八十五），《漢本紀》5 卷（卷九十九至一百三），《周本紀》7 卷（卷一百一十四至一百二十）。

劉一：《唐列傳》5 卷（卷五十四至五十八），《周本紀》4 卷（卷一百一十至一百一十三），《周列傳》11 卷（卷一百二十一至一百三十一），《承襲》及《僭僞列傳》5 卷（卷一百三十二至一百三十六）。

郭玉春：《梁列傳》14 卷（卷十一至二十四），《唐列傳》11 卷（卷六十四至七十四）。

張弩：《唐列傳》10 卷（卷四十九至五十三，卷五十九至六十三），《晋列傳》13 卷（卷八十六至九十八），《漢列傳》6 卷（卷一百四至一百九），《外國列傳》2 卷（卷一百三十七至一百三十八）。

鄭慶寰等：志 12 卷（卷一百三十九至一百五十）。

以上三個階段的工作，均由陳智超總其成，並負責各編紀、傳、志的最終審定。《導言》《凡例》的撰寫，《主要參考文獻》《目錄》《附錄》的審定，亦由陳智超負責。編撰助理張龍、劉一，做了大量的統籌、協調工作。

在本書完稿之際，我要感謝所有參與及支持本書工作的機構和人員。

我衷心感謝編纂團隊的所有成員，他們中除了個別成員有特殊原因而不得不中途停止外，都努力投入本書的工作，完成他們擔負的任務。我還支持他們在本書總的要求下，百花齊放，保持個人的風格。

我衷心感謝巴蜀書社一直支持此項工作，並密切溝通，特別是侯安國總編輯、周田青主任、王雷編輯。

我衷心感謝《今注本二十四史》的執行總編纂賴長揚先生，多年以來他一直關心、支持本書的工作。但深爲遺憾的是，他未能親眼看見本書的出版便辭世。

我衷心感謝曾慶瑛教授，她在身體欠佳的情況下全力支持此項工作，這是團隊成員有目共睹的。還有許多是團隊成員不知道的，就是她對這項工作提出過許多建議，做了許多具體工作。她是項目名符其實的"不管部長"，但她堅持不讓我在本書中提及她，但我要尊重事實，這次我衹好違背她的囑託了。

二〇一七年二月初稿，二〇一九年七月改定

例　言

　　一、今注本《舊五代史》嚴格遵照執行今注本二十四史編輯委員會制定的《〈今注本二十四史〉編纂手册》(2017) 所提出的各項要求，本校注例言是對《〈今注本二十四史〉編纂凡例》的補充規定。

　　二、今注本《舊五代史》以陳智超《輯補舊五代史》(巴蜀書社 2021 年版) 爲底本，並在此基礎上進行校注。部分注文參考引用今注本《新五代史》(中國社會科學出版社 2020 年版)。

　　三、今注本《舊五代史》正文與《輯補舊五代史》正文保持一致，《輯補舊五代史》校勘記内容保持不變，與今注注文合併。爲方便操作，必要時拆分校勘記。

　　四、重要的書籍名稱在今注中簡稱如下：

　　凡引及《輯本舊五代史》原文者（包括影庫本、殿本、劉本、中華本等），今注本《舊五代史》作"輯本舊史"。若單獨引用 2015 年出版中華書局點校修訂本則簡稱"中華書局本"。

《宋本册府元龜》，中華書局 1989 年版，今注本作"《宋本册府》"。

《册府元龜》，中華書局 1960 年影印明本，今注本作"明本《册府》"。

《五代會要》，上海古籍出版社 2006 年版，今注本作"《會要》"。

《資治通鑑》，中華書局 1956 年版，今注本作"《通鑑》"。

《太平御覽》，中華書局 1960 年版，今注本作"《御覽》"。

《續資治通鑑長編》，中華書局 2004 年版，今注本作"《長編》"。

陳尚君《舊五代史新輯會證》，復旦大學出版社 2005 年版，今注本作"《新輯會證》"。

《永樂大典》，今注本注文作"《大典》"。

五、注文以卷爲單位，編碼的位置一律標於標點符號之後的右上角，采用 [1][2][3]……標示。對應當加注者，在每卷的第一次出現時出注。此後如在該卷中再次出現，不再出注。如在别卷出現，則另行出注。

六、注釋的範圍包括冷僻的字音、字義、詞義，成語典故；人名、地名、職官、年號；有爭議或原作記述有歧義的史實。注釋由概括部、説明部、羅列部、校勘部組成。概括部一般爲"人名""地名""職官名""年號"等。儘量以逗號爲一單位出注。

（一）人名。人名有《紀》《傳》者，注明某書某卷有《紀》《傳》（如《新唐書》《舊唐書》《舊五代史》《新五代史》，以及碑刻）。無傳者，儘可能注明籍貫、官職、大致生平事跡，事見某書某卷。本書僅此一見者，予以注明。如：

唐僖宗：人名。即李儇。唐朝第十八位皇帝，873年至888年在位。紀見《舊唐書》卷一九下、《新唐書》卷九。

張策：人名。河西敦煌（今甘肅敦煌市）人。後梁宰相。傳見本書卷一八、《新五代史》卷三五。

黃鄴：人名。曹州冤句（今山東菏澤市）人。黃巢堂弟，爲黃巢部將。事見本書卷一、卷一二、卷二五。

師遂：人名。即劉師遂。幽州文安（今河北文安縣）人。劉審交之父。本書僅此一見。

（二）地名。地名、山名、水名，注明位於今某地、某山、某水，或大體方位。説法不一者，摘其要者列舉。如須説明沿革方可解讀者，則簡述其沿革。今地名及行政區劃，以2017年中國地圖出版社《中華人民共和國行政區劃簡册》爲準。今地名中的"某某省（自治區）"之"省（自治區）"字，若不産生歧義則一律不用。地名如未書州、縣、關隘、山水者，則需注明州名、縣名、關隘名、山名、水名等。如：

陝州：州名。治所在今河南三門峽市陝州區。

鎮國軍：方鎮名。後梁改保義軍爲鎮國軍，後唐復舊。治所在陝州（今河南三門峽市陝州區）。

漠谷：地名。一作"幕谷"。位於今陝西乾縣西北。

石門關：關隘名。位於今寧夏固原市原州區。

淠（pài）河：水名。流經今安徽壽縣、長豐縣一帶，注入淮河。

（三）封爵中的地名，如"晋王"之"晋"、"建平郡公"之"建平"，不出注。

（四）官名、官署名、職官制度，需出注説明品秩、職掌範圍，須敘述沿革等方能理解原文文義者，則説明沿革變化、上下級關係、廢置時間等。官品參照新、舊《唐書》，《五代會要》等記載。使職、檢校官等一律不注官品。如：

行營招討使：官名。唐始置。戰時任命，兵罷則省。常以大臣、將帥或地方軍政長官兼任。掌招撫討伐等事務。

中書侍郎：官名。中書省副長官。唐後期三省長官漸爲榮銜，中書、門下侍郎却因參議朝政而職位漸重，常用爲以"同三品"或"同平章事"任宰相者的本官。正三品。

（五）年號。需注明年號屬何帝以及相應的公元紀年。注文中若具體到某一年，公元紀年須標阿拉伯數字，不必加"公元""年"等字。如：

乾化：五代後梁太祖朱温年號（911—912）。

（六）生僻字，如：

堞（dié）：城墙上如齒狀的矮墙。

（七）引用古籍一般標書名、卷次、篇名，不標作者。書目信息詳見“主要參考文獻”。卷次數字一律使用中文。

（八）引用今人學術成果時，以卷爲單位，首次引用時須標明著者（編者、譯者）姓名、書名（篇名）、出版社（期刊名）、出版年（出刊日期）。同卷之後的引用，祇需標明著者（編者、譯者）姓名、書名（篇名）即可。

主要參考文獻

一、古籍

漢‧司馬遷：《史記》，中華書局 1959 年版。

漢‧班固：《漢書》，中華書局 1962 年版。

晋‧陳壽：《三國志》，中華書局 1959 年版。

南朝宋‧范曄撰，唐‧李賢等注：《後漢書》，中華書局 1965 年版。

北齊‧魏收：《魏書》，中華書局 1974 年版。

南朝梁‧沈約：《宋書》，中華書局 1974 年版。

唐‧房玄齡等：《晋書》，中華書局 1974 年版。

唐‧李延壽：《北史》，中華書局 1974 年版。

後晋‧劉昫等：《舊唐書》，中華書局 1975 年版。

宋‧歐陽脩、宋祁：《新唐書》，中華書局 1975 年版。

宋‧薛居正等：《舊五代史》，中華書局 2015 年版。

宋‧歐陽脩撰，宋‧徐無黨注：《新五代史》，中華書局 2015

年版。

元·脫脫等：《宋史》，中華書局 1977 年版。

元·脫脫等：《遼史》，中華書局 1974 年版。

唐·李林甫等撰，陳仲夫點校：《唐六典》，中華書局 1992
　　年版。

唐·馬總、宋·佚名撰，周征松點校：《通歷》，山西人民出版
　　社 1992 年版。

五代·王仁裕撰，陳尚君輯校：《玉堂閒話》，傅璇琮、徐海榮、
　　徐吉軍主編《五代史書彙編》，杭州出版社 2004 年版。

宋·洪邁撰，孔凡禮點校：《容齋隨筆》，中華書局 2005 年版。

宋·李昉等編：《太平廣記》，中華書局 1961 年版。

宋·李昉等編：《太平御覽》，中華書局 1960 年版。

宋·李燾：《續資治通鑑長編》，中華書局 2004 年版。

宋·馬令、宋·陸游撰，濮小南、胡阿祥點校：《南唐書》，南
　　京出版社 2010 年版。

宋·路振撰，吳在慶、吳嘉騏校點：《九國志》，傅璇琮、徐海
　　榮、徐吉軍主編《五代史書彙編》，杭州出版社 2004 年版。

宋·錢儼撰，李最欣校點：《吳越備史》，傅璇琮、徐海榮、徐
　　吉軍主編《五代史書彙編》，杭州出版社 2004 年版。

宋·錢易撰，黃壽成點校：《南部新書》，中華書局 2002 年版。

宋·司馬光編著，元·胡三省音注：《資治通鑑》，中華書局
　　1956 年版。

宋·宋敏求：《長安志》，國家圖書館出版社 2012 年版。

宋·孫逢吉：《職官分紀》，中華書局 1988 年版。

五代·孫光憲撰，賈二強點校：《北夢瑣言》，中華書局 2002
　　年版。

宋·陶岳撰，顧薇薇校點：《五代史補》，傅璇琮、徐海榮、徐吉軍主編《五代史書彙編》，杭州出版社 2004 年版。

宋·王溥：《唐會要》，上海古籍出版社 1991 年版。

宋·王溥：《五代會要》，上海古籍出版社 2006 年版。

宋·王欽若等編纂，周勛初等校訂：《册府元龜（校訂本）》，鳳凰出版社 2006 年版。

宋·王象之：《輿地紀勝》，中華書局 1992 年版。

宋·王應麟著，傅林祥點校：《通鑑地理通釋》，中華書局 2013 年版。

宋·王應麟：《玉海》，江蘇古籍出版社、上海書店 1987 年版。

宋·王禹偁撰，顧薇薇校點：《五代史闕文》，傅璇琮、徐海榮、徐吉軍主編《五代史書彙編》，杭州出版社 2004 年版。

宋·葉隆禮撰，賈敬顏、林榮貴點校：《契丹國志》，中華書局 2014 年版。

宋·葉夢得撰，宋·宇文紹奕考異，侯忠義點校：《石林燕語》，中華書局 1984 年版。

宋·尹洙撰，羅筱玉校點：《五代春秋》，傅璇琮、徐海榮、徐吉軍主編《五代史書彙編》，杭州出版社 2004 年版。

宋·樂史撰，王文楚等點校：《太平寰宇記》，中華書局 2007 年版。

宋·祝穆撰，宋·祝洙增訂，施和金點校：《方輿勝覽》，中華書局 2003 年版。

宋·曾鞏撰，王瑞來校證：《隆平集校證》，中華書局 2012 年版。

元·辛文房撰，傅璇琮主編：《唐才子傳校箋》，中華書局 1987 年版。

清·顧祖禹撰，賀次君、施和金點校：《讀史方輿紀要》，中華書局 2005 年版。

清·錢大昕著，方詩銘、周殿傑校點：《廿二史考異》，上海古籍出版社 2004 年版。

清·阮元校刻：《十三經注疏（清嘉慶刊本）》，中華書局 2009 年版。

清·王昶輯：《金石萃編》，上海古籍出版社 2020 年版。

清·王鳴盛撰，黃曙輝點校：《十七史商榷》，上海古籍出版社 2013 年版。

清·吳任臣撰，徐敏霞、周瑩點校：《十國春秋》，中華書局 1983 年版。

清·徐松輯，劉琳等校點：《宋會要輯稿》，上海古籍出版社 2014 年版。

清·趙翼著，王樹民校證：《廿二史劄記校證》，中華書局 2013 年版。

陳尚君輯纂：《舊五代史新輯會證》，復旦大學出版社 2005 年版。

賈敬顏：《五代宋金元人邊疆行記十三種疏證稿》，中華書局 2004 年版。

王文才、王炎校箋：《蜀檮杌校箋》，巴蜀書社 1999 年版。

［朝］鄭麟趾等著，孫曉主編：《高麗史》（標點校勘本），西南師範大學出版社、人民出版社 2014 年版。

二、學術專著

白玉冬：《九姓達靼遊牧王國史研究（8—11 世紀）》，中國社會科學出版社 2017 年版。

畢德廣：《奚族文化研究》，科學出版社 2016 年版。

卞孝萱、鄭學檬：《五代史話》，北京出版社 1985 年版。

才讓：《吐蕃史稿》，人民出版社 2010 年版。

岑仲勉：《突厥集史》，中華書局 2004 年版。

陳長安主編：《隋唐五代墓誌匯編（洛陽卷）》，天津古籍出版社 1991 年版。

陳序經：《匈奴史稿》，中國人民大學出版社 2007 年版。

戴欽祥等：《中國古代服飾》，商務印書館 1998 年版。

［日］渡邊信一郎：《天空の玉座：中國古代帝國の朝政と儀禮》，柏書房 1996 年版。

杜文玉：《南唐史略》，陝西人民教育出版社 2001 年版。

杜文玉：《五代十國制度研究》，人民出版社 2006 年版。

杜文玉：《五代十國經濟史》，學苑出版社 2011 年版。

段連勤：《丁零、高車與鐵勒》，廣西師範大學出版社 2006 年版。

段連勤：《隋唐時期的薛延陀》，三秦出版社 1988 年版。

馮漢驥：《前蜀王建墓發掘報告》，文物出版社 2002 年版。

龔延明：《中國歷代職官別名大辭典》，上海辭書出版社 2006 年版。

郭聲波：《中國行政區劃通史（唐代卷）》，復旦大學出版社 2017 年版。

郭武雄：《五代史輯本證補》，臺灣商務印書館 1976 年版。

郭武雄：《五代史料探源》，臺灣商務印書館 1987 年版。

黃一農：《制天命而用：星占、術數與中國古代社會》，四川人民出版社 2018 年版。

金瀅坤：《中國科舉制度通史（隋唐五代卷）》，上海人民出版社 2015 年版。

［日］金子修一著，肖聖中、吳思思、王曹傑譯：《古代中國與皇帝祭祀》，復旦大學出版社 2017 年版。

李大龍：《都護制度研究》，黑龍江教育出版社 2003 年版。

李桂芝：《遼金簡史》，福建人民出版社 1996 年版。

李全德：《唐宋變革期樞密院研究》，國家圖書館出版社 2009 年版。

李曉杰：《中華行政區劃通史（五代十國卷）》，復旦大學出版社 2017 年版。

林劍鳴、吳永琪主編：《秦漢文化史大辭典》，漢語大詞典出版社 2002 年版。

劉次沅：《諸史天象記錄考證》，中華書局 2015 年版。

劉後濱：《唐代中書門下體制研究——公文形態·政務運行與制度變遷》，齊魯書社 2004 年版。

劉浦江：《松漠之間：遼金契丹女真史研究》，中華書局 2008 年版。

劉一：《邵晉涵研究》，花木蘭文化事業有限公司 2019 年版。

馬一虹：《靺鞨、渤海與周邊國家、部族關係史研究》，中國社會科學出版社 2011 年版。

邱志誠：《國家、身體、社會：宋代身體史研究》，科學出版社 2018 年版。

榮新江：《歸義軍史研究：唐宋時代敦煌歷史考索》，上海古籍出版社 2015 年版。

沈從文：《中國古代服飾研究》，上海書店出版社 2005 年版。

孫進己、孫泓：《契丹民族史》，廣西師範大學出版社 2010 年版。

湯開建：《党項西夏史探微》，商務印書館 2013 年版。

田餘慶：《拓跋史探（修訂本）》，生活·讀書·新知三聯書店 2011 年版。

［日］尾崎康著，［日］喬秀岩、王鏗編譯：《正史宋元版之研

究》，中華書局 2018 年版。

吳玉貴：《突厥汗國與隋唐關係史研究》，中國社會科學出版社 2007 年版。

辛德勇：《古代交通與地理文獻研究》，商務印書館 2018 年版。

徐振韜主編：《中國古代天文學詞典》，中國科學技術出版社 2013 年版。

閻步克：《服周之冕：〈周禮〉六冕禮制的興衰變異》，中華書局 2009 年版。

顏品忠等主編：《中華文化制度辭典》，中國國際廣播出版社 1998 年版。

楊鴻年：《隋唐宮廷建築考》，陝西人民出版社 1992 年版。

楊軍：《高句麗民族與國家的形成和演變》，中國社會科學出版社 2006 年版。

楊蕤：《回鶻時代：10—13 世紀陸上絲綢之路貿易研究》，中國社會科學出版社 2015 年版。

楊若薇：《契丹王朝政治軍事制度研究》，中國社會科學出版社 1991 年版。

余蔚：《中國行政區劃通史（遼金卷）》，復旦大學出版社 2012 年版。

張廣達、榮新江：《于闐史叢考（增訂本）》，中國人民大學出版社 2008 年版。

張久和：《原蒙古人的歷史：室韋—達怛研究》，高等教育出版社 1998 年版。

張培瑜：《三千五百年曆日天象》，大象出版社 1997 年版。

張文昌：《制禮以教天下：唐宋禮書與國家社會》，臺大出版中心 2012 年版。

趙冬梅：《文武之間：北宋武選官研究》，北京大學出版社 2010

年版。

趙貞：《唐宋天文星占與帝王政治》，北京師範大學出版社 2016
　　年版。

鄭學檬：《五代十國史研究》，上海人民出版社 1991 年版。

周偉洲：《吐谷渾資料輯録》，商務印書館 2017 年版。

朱和平：《中國服飾史稿》，中州古籍出版社 2001 年版。

朱玉龍：《五代十國方鎮年表》，中華書局 2005 年版。

《北京圖書館藏中國歷代石刻拓本匯編》，中州古籍出版社 1989
　　年版。

《洛陽出土歷代墓誌輯繩》，中國社會科學出版社 1991 年版。

《山西省考古學會論文集（二）》，山西人民出版社 1994 年版。

三、學術論文

畢德廣：《唐代奚族居地的變遷》，《中國歷史地理論叢》2014
　　年第 1 期。

畢德廣：《遼代奚境變遷考論》，《中國歷史地理論叢》2014 年
　　第 3 期。

蔡家藝：《沙陀族歷史雜探》，《民族研究》2001 年第 1 期。

陳俊達：《〈新五代史〉校正一則》，《黑河學院學報》2016 年第
　　6 期。

陳曉偉：《捺鉢與行國政治中心論——遼初“四樓”問題真相發
　　覆》，《歷史研究》2016 年第 6 期。

陳垣：《舊五代史輯本引書卷數多誤例》，《陳垣學術論文集
　　（第二集）》，中華書局 1982 年版。

陳垣：《舊五代史輯本發覆》，《陳垣學術論文集（第二集）》，
　　中華書局 1982 年版。

陳智超、張龍：《輯補〈舊五代史·梁太祖本紀〉導言》，《史

學集刊》2013 年第 5 期。

陳智超、鄭慶寰:《〈舊五代史〉諸志標準本的論證》,《江西社會科學》2012 年第 8 期。

崔世平:《唐五代時期的凶肆與喪葬行業組織考論》,《暨南史學(第八輯)》,廣西師範大學出版社 2013 年版。

鄺又銘(鄧廣銘):《遼史兵衛志"御帳親軍""大首領部族軍"兩事目考源辨誤》,《北京大學學報》1956 年第 2 期。

杜凱月:《野蠻與文明:金國牽羊獻俘禮管窺》,《地方文化研究》2020 年第 2 期。

杜文玉:《唐五代的助禮錢與諸司禮錢》,《陝西師範大學學報》2004 年第 2 期。

杜文玉:《五代起居制度的變化及其特點》,《陝西師範大學學報》2005 年第 3 期。

杜文玉:《晚唐五代都指揮使考》,《學術界》1995 年第 1 期。

杜文玉、王鳳翔:《唐宋時期牢城使考述》,《陝西師範大學學報》2006 年第 2 期。

樊文禮:《沙陀的族源及其早期歷史》,《民族研究》1999 年第 6 期。

馮永謙:《遼史地理志考補——上京道、東京道失載之州軍》,《社會科學戰綫》1998 年第 4 期。

龔延明:《高麗國初與唐宋官制之比較——關於唐宋官制對高麗官制影響研究之一》,《韓國研究(第一輯)》,杭州大學出版社 1994 年版。

何天明:《唐代單于大都護府探討》,《北方文物》2001 年第 2 期。

侯旭東:《從朝宿之舍到商鋪——漢代郡國邸與六朝邸店考論》,《清華大學學報》2011 年第 5 期。

黃純艷：《宋代水上信仰的神靈體系及其新變》，《史學集刊》
2016 年第 6 期。

黃曉巍：《宋代賑貸初探》，《中國經濟史研究》2014 年第 3 期。

黃曉巍：《唐大明宮入閣考》，《唐史論叢》2021 年第 2 期。

金雷：《喎末新考》，《西藏研究》2007 年第 4 期。

金霞：《論兩漢魏晉南北朝時期祥瑞災異事務的管理》，《山東師
範大學學報》2009 年第 2 期。

〔日〕津田左右吉著，王國維譯：《遼代烏古敵烈考》，《觀堂譯
稿》（下），《王國維遺書》（十四），上海古籍書店 1983
年版。

鞠賀：《遼朝惕隱研究》，《西北民族大學學報》2019 年第 1 期。

來可泓：《五代十國牙兵制度初探》，《學術月刊》1995 年第
11 期。

黎國韜：《唐五代參軍戲演出形態轉變考》，《民族藝術》2008
年第 4 期。

李全德：《通進銀臺司與宋代的文書運行》，《中國史研究》2008
年第 2 期。

李樹輝：《突厥原居地“金山”考辨》，《中國邊疆史地研究》
2009 年第 3 期。

李永康：《康縣境內的八處縣治》，《康縣文史（第四輯）》，甘
肅文化出版社 2018 年版。

林鵠：《遼世宗朝史事考》，《中華文史論叢》2012 年第 4 期。

林鵠：《遼穆宗草原本位政策辨——兼評宋太祖“先南後北”戰
略》，《中國史研究》2016 年第 1 期。

劉安志：《唐五代押牙（衙）考略》，《魏晉南北朝隋唐史資料
（第十六輯）》，武漢大學出版社 1998 年版。

劉復生：《“雲南八國”辨析——兼談北宋與大理國的關係》，

《四川大學學報》2002 年第 6 期。

劉凱:《九錫淵源考辨》,《中國史研究》2018 年第 1 期。

劉茂真:《南漢時邕州未改誠州》,《廣西地方志》1997 年第
1 期。

劉起釪:《〈洪範〉這篇統治大法的形成過程》,氏著《古史續
辨》,中國社會科學出版社 1991 年版。

劉喆:《五代十國時期藩鎮制的變化及特點》,《唐史論叢(第
二十一輯)》,三秦出版社 2015 年版。

魯明:《點校本〈新五代史〉修訂本初稿芻議》,《中國典籍與
文化》2019 年第 2 期。

羅火金:《五代時期盧價墓誌考》,《中國歷史文物》2009 年第
2 期。

羅亮:《草妖或祥瑞:"枯樹再生"與前蜀建國》,《中國史研
究》2021 年第 1 期。

馬小紅:《簡析五代的立法狀況》,《上海師範大學學報》2008
年第 2 期。

墨默:《鄜畤所在考》,《延安大學學報》1984 年第 2 期。

錢宗武、楊飛:《蜀岡得名新解》,《揚州大學學報》2006 年第
3 期。

邱靖嘉:《遼太宗朝的"皇太子"名號問題——兼論遼代政治文
化的特徵》,《歷史研究》2010 年第 6 期。

蘇乾英:《〈舊五代史·党項傳〉族性蕃名考》,《復旦學報》
1985 年第 1 期。

孫方圓:《兵道尚詭:試說宋代的軍用蠟丸》,《軍事歷史》2018
年第 2 期。

孫正軍:《中古良吏書寫的兩種模式》,《歷史研究》2014 年第
3 期。

譚蟬雪：《襤褸探析》，《敦煌研究》2006 年第 3 期。

譚其驤：《〈遼史〉訂補三種》，《長水集（上）》，人民出版社 1987 年版。

唐雯：《〈新五代史〉宋元本溯源》，《文史》2017 年第 2 期。

唐長孺：《唐代的內諸司使及其演變》，《山居存稿》，中華書局 1989 年版。

王春陽、周國林：《“騶虞”考》，《古籍整理研究學刊》2014 年第 1 期。

王靜、李青分：《鐵勒拔野古部研究》，《內蒙古大學學報》2016 年第 2 期。

王凱：《20 世紀 80 年代以來奚族研究綜述》，《東北史地》2011 年第 1 期。

王麗娟：《奚族文獻史料探究》，《宋史研究論叢（第十七輯）》，河北大學出版社 2015 年版。

王銘：《五代文書〈安審琦請射田莊宣頭〉探微》，《浙江大學學報》2010 年第 6 期。

王素：《唐五代的禁衛軍獄》，《中華文史論叢》1986 年第 2 輯。

王孫盈政：《再論唐代的宣徽使》，《中華文史論叢》2018 年第 3 期。

王軼英：《中國古代排陣使述論》，《西北大學學報》2010 年第 6 期。

王永平：《論唐代宣徽使》，《中國史研究》1995 年第 1 期。

吳麗娛：《試論晚唐五代的客將、客司與客省》，《中國史研究》2002 年第 4 期。

吳麗娛、趙晶：《唐五代格、敕編纂之演變再探》，《中華文史論叢》2015 年第 2 期。

謝元魯：《隋唐五代的特殊貴族——二王三恪》，《中國史研究》1994 年第 2 期。

徐三見：《江瀆、淮瀆封號考》，《社會科學戰綫》1989 年第
　　2 期。

嚴國榮、劉昌安：《"騻虞"考辨》，《西北大學學報》2004 年第
　　6 期。

閆建飛：《唐後期五代宋初知州制的實施過程》，《文史》2019
　　年第 1 期。

楊富學：《僕固部的興起及其與突厥、回鶻的關係》，《西域研
　　究》2000 年第 3 期。

楊連民、馬曉雪：《"歸寧父母"與"歸寧"制度考略》，《聊城
　　大學學報》2003 年第 6 期。

楊曙明：《秦漢雍時考》，《西安財經大學學報》2021 年第 3 期。

楊智：《參軍戲探源》，《社科縱橫》1991 年第 6 期。

揚之水：《幡與牙旗》，《中國歷史文物》2002 年第 1 期。

袁本海：《沙陀的形成及其與北方民族關係探究》，博士學位論
　　文，中央民族大學，2010 年。

袁剛：《延英奏對制度初探》，《北京大學學報》1989 年第 5 期。

曾育榮：《五代宋初侍衛親軍制度三題》，張其凡、李裕民主編
　　《徐規教授九十華誕紀念文集》，浙江大學出版社 2009
　　年版。

曾昭燏、張彬：《南唐二陵發掘簡略報告》，《文物參考資料》
　　1951 年第 7 期。

詹堅固：《試論蜑名變遷與蜑民族屬》，《民族研究》2012 年第
　　1 期。

張方：《鐵勒同羅部的盛衰和遷徙》，《河南教育學院學報》2006
　　年第 1 期。

趙雨樂：《從武德司到皇城司——唐宋政治變革的個案研究》，
　　《唐研究（第六卷）》，北京大學出版社 2000 年版。

鄭慶寰：《輯本〈舊五代史·地理志〉所收"十道"內容辨析》，

《唐史論叢（第二十三輯）》，三秦出版社 2016 年版。

周慶彰：《後梁遙改汶州考》，《歷史地理（第二十六輯）》，上
　　海人民出版社 2012 年版。

朱東根：《唐參軍戲蒼鶻角色考論》，《戲曲藝術》2003 年第
　　3 期。

朱玉龍：《舊五代史考證》，《安徽史學》1989 年第 2 期。

舊五代史　卷一

梁書一

太祖紀第一^[1]

　　[1]《輯本舊史》之案語：“《薛史》本紀，《永樂大典》所載俱全，獨《梁太祖紀》原帙已佚，其散見於各韻者，僅得六十八條，參以《通鑑考異》《通鑑注》所徵引者，又得二十一條，本末不具，未能綴輯成篇。考《册府元龜・閏位部》所録朱梁事蹟，皆本之《薛史》原文，首尾頗詳，按條採掇，尚可彙萃。謹依前人取《魏澹書》《高氏小史》補《北魏書》闕篇之例，採《册府元龜》梁太祖事，編年繫日，次第編排，以補其闕，庶幾畧還《薛史》之舊。仍于各條下注明原書卷第，以備參核焉。”完整之《梁太祖本紀》，應收入乾隆修《四庫全書》時已缺失之《大典》卷六五九九、卷六六〇〇“梁”字韻“五代後梁太祖”事目中。《輯本舊史》之案語所云“《册府元龜・閏位部》所録朱梁事蹟，皆本之《薛史》原文”，以偏概全，不確。

　　有關朱温之稱呼，不同史籍記載不同，尤其是《資治通鑑》。《通鑑》在朱温所處的不同歷史階段，分別稱之爲朱温、朱全忠、梁王、魏王、帝等。據正史本紀體例，本書《梁本紀》一律稱朱温爲“帝”。

太祖神武元聖孝皇帝，姓朱氏，諱晃，本名溫，[1]宋州碭山人。[2]其先舜司徒虎之後，高祖媯州府君黯追尊爲宣元皇帝，廟號蕭祖，陵號興極；祖妣高平縣君范氏追謚宣僖皇后。曾祖宣惠王茂琳追尊爲光獻皇帝，廟號敬祖，陵號永安；祖妣秦國夫人楊氏追謚光孝皇后。祖武元王信追尊爲昭武皇帝，廟號憲祖，陵號光天；祖妣吳國夫人劉氏追謚昭懿皇后。皇考文明王父誠追尊爲文穆皇帝，廟號烈祖，陵號咸寧。[3]世皆微賤，誠粗通《五經》大義，以教授爲業。[4]帝即誠之第三子，母曰文惠王皇后。[5]以唐大中六年歲在壬申十月二十一日夜，生於碭山縣午溝里。是夕，所居廬舍之上有赤氣上騰，里人望之，皆驚奔而來，曰：“朱家火發矣。”及至，則廬舍儼然。既而鄰人以誕孩告，衆咸異之。[6]帝昆仲三人，俱未冠而孤，母携養寄於蕭縣人劉崇之家。帝既壯，不事生業，以雄勇自負，里人多厭之。崇以其慵惰，每加譴杖。唯崇母自幼憐之，親爲櫛髮，嘗誡家人曰：“朱三非常人也，汝輩當善待之。”家人問其故，答曰：“我嘗見其熟寐之次，化爲一赤蛇。”然衆亦未之信也。[7]帝山庭月角，舜目堯眉，驚鳳之姿自然也。[8]

[1]太祖神武元聖孝皇帝，姓朱氏，諱晃，本名溫：《輯本舊史》原注錄自《大典》卷八六八七，爲“騰”字韻，與本條内容無關，所注《大典》卷數誤。《宋本册府》卷一八二《閏位部·氏號門》作“太祖神武元聖孝皇帝，姓朱氏”；《宋本册府》卷一八七《閏位部·勳業門五》作“梁太祖神武元聖孝皇帝”；《通曆》卷一二梁太祖條作“太祖皇帝諱晃，本名溫”。

〔2〕宋州：州名。治所在今河南商丘市睢陽區。 碭（dàng）山：縣名。治所在今安徽碭山縣。 宋州碭山人：《通曆》卷一二梁太祖條。《宋本册府》卷一八二、卷一八七同，《新五代史》卷一《梁太祖紀上》作：“宋州碭山午溝里人也。”

〔3〕司徒：官名。周始設。掌土地、人民、教化等。東漢以後爲三公之一。唐以後多爲加官。正一品。 虎：人名。即朱虎。相傳爲舜的大臣。事見《尚書·舜典》。 媯（guī）州：州名。治所在今河北懷來縣。 府君：太守尊稱。 黯：人名。即朱黯。朱温高祖。本書僅此一見。 高平縣君：命婦封號。唐朝對五品外官之母或妻封縣君。 茂琳：人名。即朱茂琳。朱温曾祖。本書僅此一見。 信：人名。即朱信。朱温祖父。本書僅此一見。 誠：人名。即朱誠。朱温父親。事見本書本卷。 “其先舜司徒虎之後”至“陵號咸寧”：《宋本册府》卷一八二《閏位部·氏號門》、卷一八九《閏位部·奉先門》。《輯本舊史》卷三五《唐明宗紀一》、卷七五《晋高祖紀一》等，有關追尊先祖詳細列出謚號、廟號、陵號名稱者基本位於本紀起首，故補此條。《舊五代史考異》：“案《五代會要》：梁肅祖宣元皇帝諱黯，舜司徒虎四十二代孫，開平元年七月，追尊宣元皇帝，廟號肅祖，葬興極陵。敬祖光獻皇帝諱茂琳，宣元皇帝長子，母曰宣僖皇后范氏，開平元年七月，追尊光獻皇帝，廟號敬祖，葬永安陵。憲祖昭武皇帝諱信，光獻皇帝長子，母曰光孝皇后楊氏，開平元年七月，追尊昭武皇帝，廟號憲祖，葬光天陵。烈祖文穆皇帝諱誠，昭武皇帝長子，母曰昭懿皇后劉氏，開平元年七月，追尊文穆皇帝，廟號烈祖，葬咸寧陵。”見《會要》卷一追謚皇帝條。《通曆》卷一二爲節文：“祖信，父誠。”

〔4〕五經：儒家《詩》《書》《禮》《易》《春秋》五部經典。泛指儒家經典。 世皆微賤，誠粗通五經大義，以教授爲業：《通曆》卷一二。《新五代史》卷一：“其父誠以五經教授鄉里。”

〔5〕文惠王皇后：朱温母親。傳見本書卷一三。 帝即誠之第三子，母曰文惠王皇后：《宋本册府》卷一八二。《新五代史》卷

一："（誠）生三子，曰全昱、存、溫。"

[6]大中：唐宣宗李忱年號（847—859），懿宗李漼沿用不改（859—860）。 "以唐大中六年"至"衆咸異之"：《大典》卷八六八七"騰"字韻。中華書局本沿《輯本舊史》注録自《大典》卷一六〇一九"旱"字韻，與内容無關，誤。但條中有"赤氣上騰"之語，而本段第一條輯者注出自《大典》卷八六八七"騰"字韻"事韻"，應係輯者將本條大典出處誤植於前，故改。亦見《宋本册府》卷一八二《閏位部·誕生門》、卷二〇三《閏位部·徵應門》、《通曆》卷一二。"既而鄰人以誕孩告"，中華書局本有校勘記："'而'，原作'人'，據《册府》卷一八二、卷二〇三、《通曆》卷一二改。"今據改。又，"誕孩告"，《通曆》卷一二作"誕娩告"。在此條下，有《輯本舊史》之案語："以上亦見《册府元龜》卷一百八十二。以此推之，知《册府元龜》引五代事蹟多本《薛史》。"此乃以偏概全，不足據。《册府》每條均需甄别。

[7]蕭縣：縣名。治所在今安徽蕭縣。 劉崇：人名。蕭縣（今安徽蕭縣）人。事見本書本卷、卷一一。 "帝昆仲三人"至"然衆亦未之信也"：原注録自《大典》卷五九四九"蛇"字韻"事韻三"，應爲"赤蛇"事目。亦見《宋本册府》卷二〇三《閏位部·徵應門》。"帝昆仲三人"，中華書局本沿《輯本舊史》作"昆仲三人"，並有校勘記："句上《册府》卷二〇三有'帝'字。"今據《册府》補。《通鑑》卷二五四廣明元年（880）十二月壬辰條胡注引五代史爲節文："溫兇悍無賴，崇患太祖惰惰不作業，數笞責之。獨崇母憐之，時時自爲櫛沐，戒家人曰：'朱三非常人也，宜善遇之。'"《宋本册府》卷二〇三《閏位部·徵應門》："未冠而孤，母王氏携養寄於蕭縣人劉崇之家。帝既壯，不事生業，以雄勇自負。"

[8]山庭：鼻子。 月角：人的右額，在天庭的右邊。 帝山庭月角，舜目堯眉，驚鳳之姿自然也：《宋本册府》卷一九〇《閏位部·姿表門》。《輯本舊史》創業諸帝本紀中多有記載帝王容貌

之内容，如卷二七《唐莊宗紀一》、卷四六《唐末帝紀上》、卷九九《漢高祖紀上》、卷一一〇《周太祖紀一》。亦見《宋本冊府》卷四四《帝王部·奇表門》，故補。

　　唐僖宗乾符中，關東薦饑，群賊嘯聚。[1]黄巢因之起於曹、濮，饑民願附者凡數萬。[2]帝乃辭崇家，與仲兄存俱入巢軍，以力戰屢捷，得補爲隊長。[3]

　　[1]唐僖宗：即李儇。唐朝第十八位皇帝，873 年至 888 年在位。紀見《舊唐書》卷一九下、《新唐書》卷九。　乾符：唐僖宗李儇年號（874—879）。　關東：指潼關、函谷關以東地區。　薦饑：連年饑荒。

　　[2]黄巢：人名。曹州冤句（今山東曹縣）人。唐末農民起義領袖。傳見《舊唐書》卷二〇〇下、《新唐書》卷二二五下。　曹：州名。治所在今山東曹縣。　濮：州名。治所在今山東鄄城縣。

　　[3]存：人名。即朱存，朱温的兄長。傳見《新五代史》卷一三。　“唐僖宗乾符中”至“得補爲隊長”：《宋本冊府》卷一八七《閏位部·勳業門五》。《新五代史》卷一《梁太祖紀上》載：“唐僖宗乾符四年，黄巢起曹、濮，存、温亡入賊中。巢攻嶺南，存戰死。”

　　廣明元年十二月甲申，黄巢陷長安，遣帝領兵屯于東渭橋。[1]是時，夏州節度使諸葛爽率所部屯於櫟陽，巢命帝招諭爽，爽遂降於巢。[2]

　　[1]廣明：唐僖宗李儇年號（880—881）。　東渭橋：橋名。

位於今西安市灞河入渭口東側。

[2]夏州：州名。治所今陝西靖邊縣。　節度使：官名。唐時在重要地區所設掌握一州或數州軍事、民事、財政的長官。　諸葛爽：人名。青州博昌（今山東博興縣）人。唐末軍閥，後爲河陽節度使。傳見《舊唐書》卷一八二、《新唐書》卷一八七。　櫟陽：縣名。治所在今陝西省西安市臨潼區櫟陽鎮。　"廣明元年十二月甲申"至"爽遂降於巢"：《宋本册府》卷一八七《閏位部·勳業門五》。《通鑑》卷二五四廣明元年（880）十二月壬辰條："諸葛爽以代北行營兵屯櫟陽，黃巢將碭山朱温屯東渭橋，巢使温誘説之，爽遂降於巢。"

中和元年二月，黃巢以帝爲東南面行營都虞候，將兵攻鄧州；[1]三月，辛亥，陷之，執刺史趙戒，因戍鄧州以扼荆、襄。[2]

[1]中和：唐僖宗李儇年號（881—885）。　東南面行營都虞候：官名。唐末、五代時期出征軍隊的高級統率官。　鄧州：州名。治所在今河南鄧州市。

[2]刺史：官名。漢武帝始置。州一級行政長官。總掌考覈官吏、勸課農桑、地方教化等事。唐中期以後，節度使、觀察使轄州而設，刺史爲其屬官，職任漸輕。從三品至正四品下。　趙戒：人名。籍貫不詳。本書僅此一見。　荆：州名。治所在今湖北荆州市。　襄：州名。治所在今湖北襄陽市。　"中和元年二月"至"因戍鄧州以扼荆、襄"：《通鑑》卷二五四中和元年（881）二月及三月辛亥條。《宋本册府》卷一八七《閏位部·勳業門五》作："巢以帝爲東南面行營先鋒使，令攻南陽，下之。"《册府》原繫於"中和二年"，然其下有完整中和二年記事。

六月，帝歸長安，巢親勞於灞上。[1]

[1]灞上：地名。位於今陝西西安市東北。 六月，帝歸長安，
巢親勞於灞上：《宋本冊府》卷一八七《閏位部·勳業門五》。

七月，巢遣帝西拒邠、岐、鄜、夏之師於興平，所
至皆立功。[1]

[1]邠：州名。治所在今陝西彬縣。 岐：唐州名。治雍縣
（今陝西鳳翔縣）。唐中後期稱鳳翔府，五代因之。此爲舊稱。
鄜：州名。治所在今陝西富縣。 興平：縣名。治所在今陝西興平
市。 “七月”至“所至皆立功”：《宋本冊府》卷一八七《閏位
部·勳業門五》。《通曆》卷一二：“中和元年，西拒邠、岐、鄜、
夏之師於興平，所嚮皆立功。”

二年二月，巢以帝爲同州防禦使，使自攻取。[1]帝
乃自丹州南行以擊左馮翊，拔之，遂據其郡。[2]時河中
節度使王重榮屯兵數萬，糾合諸侯，以圖興復。[3]帝時
與之鄰封，屢爲重榮所敗，遂請濟師于巢。表章十上，
爲僞軍使孟楷所蔽，不達。又聞巢軍勢蹙，諸校離心，
帝知其必敗。[4]

[1]同州：州名。治所在今陝西大荔縣。 防禦使：官名。唐
代始置，設有都防禦使、州防禦使兩種。常由刺史或觀察使兼任，
實際上爲唐代後期州或方鎮的軍政長官。 同州防禦使：《通鑑》
卷二五五中和二年（882）八月條同，卷二五四中和二年正月條作
“同州刺史”。

[2]丹州：州名。治所在今陜西宜川縣。　左馮（píng）翊：地名。西漢太初元年（前 104）改左內史置。因在京兆尹之左（東），故稱。治長安縣（今陜西西安市西北）。三國魏改置馮翊郡，移治臨晉（今陜西大荔縣）。隋唐改同州爲馮翊郡，後又改回同州。此左馮翊當指同州。"左馮翊"，《輯本舊史》之影庫本粘籤："左馮翊，原本缺'翊'字，今據《通鑑》增入。"檢《通鑑》此處未見。然，《通鑑》卷二六三天復二年（901）二月條《考異》引《編遺録》亦見有"左馮"之稱。

[3]河中：方鎮名。治所在河中府（今山西永濟市西南蒲州鎮）。　王重榮：人名。太原祁（今山西祁縣）人，一説河中人。唐末藩鎮將領。傳見《舊唐書》卷一八二、《新唐書》卷一八七。

糾合諸侯：中華書局本有校勘記："'合'，原作'兵'，據《册府》卷一八七改。"

[4]軍使：官名。掌領本軍軍務，或兼理地方政務。《新唐書》卷五〇《兵志》："唐初，兵之戍邊者，大曰軍，小曰守捉，曰城，曰鎮……武德至天寶以前邊防之制，其軍、城、鎮、守捉皆有使。"

孟楷：人名。籍貫不詳。唐末黃巢起義軍將領。事見《舊唐書》卷二〇〇下、《新唐書》卷二二五下。　爲僞軍使孟楷所蔽：中華書局本有校勘記："'軍使'，原作'左軍使'，據《册府》卷一八七改。"《新五代史》卷一《梁太祖紀上》載："溫數爲河中王重榮所敗，屢請益兵於巢，巢中尉孟楷抑而不通。溫客謝瞳説溫曰：'黃家起於草莽，幸唐衰亂，直投其隙而取之爾，非有功德興王之業也，此豈足與共成事哉！今天子在蜀，諸鎮之兵日集，以謀興復，是唐德未厭於人也。且將軍力戰於外，而庸人制之於内，此章邯所以背秦而歸楚也。'溫以爲然。"　"二年二月"至"帝知其必敗"：《宋本册府》卷一八七《閏位部・勳業門五》。

九月，帝遂與左右定計，斬僞監軍使嚴實，舉郡降於重榮。[1]重榮即日飛章上奏，時僖宗在蜀，覽表而喜曰：“是天賜予也。”乃詔授帝左金吾衛大將軍，充河中行營副招討使，[2]仍賜名全忠。自是帥所部與河中兵士偕行，所向無不克捷。[3]

　　[1]嚴實：人名。黃巢軍將領。本書僅此一見。　斬偽監軍使嚴實：《輯本舊史》之影庫本粘籤：“原本作‘嚴貴’，考《歐陽史》及《通鑑》俱作嚴實，疑原本傳寫之訛，今改正。”見《新五代史》卷一《梁太祖紀上》及《通鑑》卷二五五中和二年（882）九月丙戌條。　舉郡降於重榮：《舊五代史考異》：“案《舊唐書·僖宗紀》：‘八月庚子，賊同州防禦使朱溫殺其監軍嚴實，與大將胡真、謝瞳等來降。’《薛史》作九月，與《舊唐書》異。考《新唐書》：‘九月丙戌，黃巢將朱溫以同州降。’《通鑑》亦作‘九月丙戌，朱溫殺其監軍嚴實，舉州降’。皆與《薛史》同。是朱溫之降，實在九月，《舊唐書》誤。”見《舊唐書》卷一九下《僖宗紀》、《新唐書》卷九《僖宗紀》、《通鑑》卷二五五。

　　[2]左金吾衛大將軍：官名。原爲左候衛，唐高宗龍朔二年（662），採用漢執金吾舊名，改稱左金吾衛，設大將軍、將軍及長史、諸曹參軍，與其他各衛相同。以後又增設上將軍，掌宮中及京城日夜巡查警戒，隨從皇帝出行。正三品。　副招討使：官名。爲招討使副將，多以大臣、將帥或地方軍政長官兼任，掌管鎮壓起義、抗禦外敵、討伐叛亂等事。　乃詔授帝左金吾衛大將軍，充河中行營副招討使：《舊五代史考異》：“案《歐陽史》云：王鐸承制拜溫左金吾衛大將軍、河中行營招討副使。《薛史》以爲僖宗詔授，與《歐陽史》異。考《舊唐書》：王鐸承制拜溫爲華州刺史、潼關防禦、鎮國軍等使。《通鑑》作王鐸承制以溫爲同華節度使。是王鐸承制所拜之官，非如《歐陽史》所載也，至謝瞳奉表行在，乃詔授金吾衛大將軍、河中行營招討副使耳。當以《薛史》爲得其

實。"《舊五代史考異》所引之"王鐸承制拜溫左金吾衛大將軍",中華書局本有校勘記:"'左'字原闕,據《新五代史》卷一《梁本紀》補。"又見《舊唐書》卷一九下《僖宗紀》、《通鑑》卷二五五。《舊五代史考異》所謂之《薛史》,實乃《册府》。

[3]仍賜名全忠:《舊五代史考異》:"案:是書及《舊唐書》《通鑑》皆作僖宗賜名,惟《鑑戒録》云:朱太祖統四鎮,除中令日,名溫。與崔相國連搆大事,崔每奏太祖忠赤,委之關東,國無患矣。昭宗遽敕太祖改名全忠,議者謂'全'字,人王也,又在'中心',甚不可也,上方悔焉。其説與諸史異,蓋傳聞之不同爾。"《舊五代史考異》所引之"委之關東,國無患矣",中華書局本有校勘記:"原作'遷之關無患矣',據《鑑戒録》卷二改。殿本《考證》作'遷之關東國無患矣。'" "九月"至"所向無不克捷":《宋本册府》卷一八七《閏位部·勳業門五》。《通曆》卷一二梁太祖條爲節文。《通鑑》卷二五五載:"黃巢所署同州防禦使朱溫屢請益兵以扞河中,知右軍事孟楷抑之,不報。溫見巢兵勢日蹙,知其將亡,親將胡真、謝瞳勸溫歸國;九月,丙戌,溫殺其監軍嚴實,舉州降王重榮。溫以舅事重榮(胡注:溫母王氏,以與重榮同姓,故以舅事重榮)。王鐸承制以溫爲同華節度使,使瞳奉表詣行在。瞳,福州人也……(十月)以朱溫爲右金吾大將軍、河中行營招討副使,賜名全忠。"

三年三月,僖宗制授帝宣武軍節度使,依前充河中行營副招討使,仍令候收復京闕,即得赴鎮。[1]

[1]制授:唐朝任命三品以下五品以上的官職稱爲"制授"。《新唐書》卷四六《百官志一》:"五品以上,以名上而聽制授;六品以下,量資而任之。" 宣武軍:方鎮名。治所在汴州(今河南開封市)。時爲朱溫的根據地。 "三年三月"至"即得赴鎮":

《宋本册府》卷一八七《閏位部・勳業門五》，又見《通鑑》卷二五五中和三年（883）三月己丑條。《舊五代史考異》："案《舊唐書》：中和三年五月，以檢校尚書右僕射、華州刺史、潼關防禦等使朱温檢校司空、兼汴州刺史，充宣武節度觀察等使，仍賜名全忠。據《薛史》則全忠授宣武節度在三月，非五月也；由河中行營招討副使遷授，非由潼關防禦等使也；賜名全忠在二年九月，亦非三年五月也。《通鑑》所敘年月、官爵、名號，皆以《薛史》爲據。"見《舊唐書》卷二〇上《昭宗紀》，《舊五代史考異》所云《薛史》，實爲《册府》。《新五代史》卷一《梁太祖紀上》："中和三年三月，拜全忠汴州刺史、宣武軍節度使。"

四月，巢軍自藍關南走，帝與諸侯之師俱收長安，乃率部下一旅之衆，仗節東下。[1]

[1]藍關：地名。即藍田關。位於今陝西藍田縣。 仗節：手執符節。大臣出使或大將出師，皇帝授予符節，作爲憑證及權力的象徵。 "四月"至"仗節東下"：《宋本册府》卷一八七《閏位部・勳業門五》。《新五代史》卷一《梁太祖紀上》："四月，諸鎮兵破巢，復京師，巢走藍田。"

七月丁卯，入於梁苑，是時帝年三十有二。[1]時蔡州刺史秦宗權與黃巢餘孽合從肆虐，共圍陳州，久之，僖宗乃命帝爲東北面都招討使。[2]時汴、宋連年阻饑，公私俱困，帑廩皆虛，外爲大敵所攻，内則驕軍難制，交鋒接戰，日甚一日。[3]人皆危之，惟帝鋭氣益振。是歲十二月，帝領兵於鹿邑，與巢衆相遇，縱兵擊之，斬首二千餘級，乃引兵入亳州，因是兼有譙郡之地。[4]

［1］梁苑：地名。西漢梁孝王在大梁所建的東苑。代指大梁（今河南開封市）。

［2］蔡州：州名。治所在今河南汝南縣。　秦宗權：人名。許州（今河南許昌市）人。唐末軍閥。傳見《舊唐書》卷二〇〇下、《新唐書》卷二二五下。　陳州：州名。治所在今河南淮陽縣。東北面都招討使：官名。不常置，爲一路或數路地區統兵官。掌招撫討伐等事務。兵罷則省。

［3］汴：州名。治所在今河南開封市。　阻饑：饑荒。　帑（tǎng）廩：國庫與糧倉。

［4］鹿邑：縣名。治所在今河南鹿邑縣。　亳州：州名。治所在今安徽亳州市。　譙郡：地名。位於今安徽亳州市。　“七月丁卯”至“因是兼有譙郡之地”：《宋本冊府》卷一八七《閏位部·勳業門五》。亦見《通鑑》卷二五五中和三年（883）六月、七月丁卯、十二月諸條。《新五代史》卷一《梁太祖紀上》作：“七月丁卯，全忠歸於宣武。是歲，黃巢出藍田關，陷蔡州，節度使秦宗權叛附於巢，遂圍陳州。徐州時溥爲東南面行營兵馬都統，會東諸鎮兵以救陳。陳州刺史趙犨亦乞兵於全忠。溥雖爲都統而不親兵。”《通曆》卷一二爲節文。

四年春，帝與許州田從異下諸軍同收瓦子寨，殺賊數萬衆。是時，陳州四面，賊寨相望，驅虜編氓，殺以充食，號爲“舂磨寨”。帝分兵翦撲，大小凡四十戰。[1]

［1］許州：州名。治所在今河南許昌市。　田從異：人名。籍貫不詳。唐末將領。事見本書本卷、卷二五。　瓦子寨：地名。位於陳州。今地不詳。瓦子寨，《舊五代史考異》：“原本作‘瓦于寨’，考《通鑑注》，黃巢撤民居以爲寨屋，謂之瓦子寨，則‘于’字形近刊訛耳，今改正。”查《冊府》本作“瓦子寨”。　“四年

春"至"大小凡四十戰":《宋本冊府》卷一八七《閏位部·勳業門五》。亦見《通鑑》卷二五五繫於中和四年（884）三月。

四月丁巳，收西華寨，賊將黃鄴單騎奔陳。帝乘勝追之，鼓噪而進。會黃巢遁去，遂入陳州，刺史趙犫迎於馬前。[1]俄聞巢黨尚在陳北故陽壘，帝遂逕歸大梁。是時，河東節度使李克用奉僖宗詔，統騎軍數千同謀破賊，與帝合勢於中牟北邀擊之，賊眾大敗於王滿渡，多束手來降。[2]時賊將霍存、葛從周、張歸厚、張歸霸皆匍匐於馬前，[3]悉宥而納之，遂逐殘寇，東至於冤句。[4]

[1]西華寨：地名。今地不詳。　黃鄴：人名。曹州冤句（山東曹縣）人。黃巢堂弟，爲黃巢部將。事見本書本卷、卷一二、卷二五。　趙犫（chōu）：人名。陳州宛丘（今河南淮陽縣）人。唐末將領，鎮守陳州，抵禦了黃巢起義軍。傳見《新唐書》卷一八九。

[2]故陽壘：地名。位於陳州北部。今地不詳。　河東：方鎮名。治所在太原（今山西太原市西南晉源鎮）。　李克用：人名。沙陀部人，生於神武川新城（一說是今山西朔州市朔城區之梵王寺村，一說是今山西應縣縣城，一說在今山西懷仁縣之日中城）。唐末軍閥，五代後唐太祖。紀見本書卷二五至卷二六、《新五代史》卷四。　中牟：縣名。治所在今河南中牟縣。　王滿渡：汴河渡口。位於今河南中牟縣。"王滿渡"，《輯本舊史》之影庫本粘籤："原本作'王蒲'，今據《通鑑》改正。"見《通鑑》卷二五五中和四年（884）五月戊辰條。該條胡注："按《舊書·帝紀》，王滿渡乃汴河所經津濟之地。"五代王滿渡數見，無王蒲渡，乃形近而誤。

[3]霍存：人名。洺州曲周（今河北曲周縣東北）人。唐末、

五代將領。傳見本書卷二一、《新五代史》卷二一。　葛從周：人名。濮州鄄城（今山東鄄城縣）人。唐末、五代將領。傳見本書卷一六、《新五代史》卷二一。　張歸厚：人名。清河（今河北清河縣）人。唐末、五代將領。傳見本書卷一六。　張歸霸：人名。清河（今河北清河縣）人。唐末、五代將領。傳見本書卷一六、《新五代史》卷二二。

[4]冤句：縣名。治所在今山東曹縣。　"四月丁巳"至"東至於冤句"：《宋本册府》卷一八七《閏位部・勳業門五》。《通曆》卷一二稍簡。《新五代史》卷一《梁太祖紀上》作："全忠乃自將救釐，率諸鎮兵擊敗巢將黄鄴、尚讓等。釐以全忠爲德，始附屬焉。是時，河東李克用下兵太行，度河，出洛陽，與東兵會擊巢。巢已敗去，全忠及克用追敗之于酅城。巢走中牟，又敗之于王滿。巢走封丘，又大敗之。巢挺身東走，至泰山狼虎谷，爲時溥追兵所殺。"亦見《通鑑》卷二五五中和四年四月癸巳、五月癸亥、丙寅、戊辰、己巳、辛未諸條。

　　五月甲戌，帝與晉軍振旅歸汴，館克用於上源驛。[1]既而備犒宴之禮，克用乘醉任氣，帝不平之。是夜，命甲士圍而攻之。會大雨雷電，克用因得於電光中踰垣遁去，惟殺其部下數百人而已。[2]

[1]上源驛：地名。位於今河南開封市。
[2]命甲士圍而攻之：《舊五代史考異》："案：自'五月甲戌'至此，又見《通鑑考異》所引《薛史・梁紀》，與《册府元龜》所引符合。"見《通鑑》卷二五五中和四年（884）五月甲戌條《考異》引薛居正《五代史・梁太祖紀》，至"是夜，命甲士圍而攻之"止，《册府》與之全同。《新五代史》卷四《唐莊宗紀上》："（李克用）過汴州，休軍封禪寺，朱全忠饗克用於上源驛。夜，

酒罷，克用醉臥，伏兵發，火起，侍者郭景銖滅燭，匿克用牀下，以水醒面而告以難。會天大雨滅火，克用得從者薛鐵山、賀回鶻等，隨電光，縋尉氏門出還軍中。”　“五月甲戌”至“惟殺其部下數百人而已”：《宋本册府》卷一八七《閏位部·勳業門五》。

六月，陳人感解圍之惠，爲帝建生祠堂於其郡。[1]

[1]六月，陳人感解圍之惠，爲帝建生祠堂於其郡：《宋本册府》卷一八七《閏位部·勳業門五》。

七月，遂與陳人共攻蔡賊於溵水，[1]殺數千人。[2]

[1]溵水：河流名。自汝水別出，東北流經西華、商水二縣，至周口市西北入潁水（今沙河）。

[2]七月，遂與陳人共攻蔡賊於溵水，殺數千人：《宋本册府》卷一八七《閏位部·勳業門五》。《通鑑》卷二五六中和四年（884）六月：“蔡州節度使秦宗權縱兵四出，侵噬鄰道；天平節度使朱瑄，有衆三萬，從父弟瑾，勇冠軍中。宣武節度使朱全忠爲宗權所攻，勢甚窘，求救於瑄，瑄遣瑾將兵救之，敗宗權於合鄉。”七月：“朱全忠擊秦宗權，敗宗權於溵水。”

九月己未，僖宗就加帝檢校司徒、同平章事，[1]封沛郡侯，食邑千户。[2]

[1]檢校司徒：官名。爲散官或加官，以示恩寵，無實際執掌。同平章事：官名。“同中書門下平章事”的簡稱。唐高宗以後，凡實際任宰相之職者，常在其本官後加同平章事的職銜。後成爲宰

相專稱。後晉天福五年（940），升中書門下平章事爲正二品。

[2]食邑：即封地、封邑。食邑之名，蓋取受封者不之國，僅食其租稅之意。 "九月己未"至"食邑千户"：《宋本册府》卷一八七《閏位部·勳業門五》。《新五代史》卷一《梁太祖紀上》同，《通鑑》卷二五六中和四年（884）九月己未條作"加朱全忠同平章事"。

是歲，黄巢雖没，而蔡州秦宗權繼爲巨蘗，有衆數萬，攻陷鄰郡，殺掠吏民，屠害之酷，更甚巢賊，帝患之。[1]

[1]"是歲"至"帝患之"：《宋本册府》卷一八七《閏位部·勳業門五》。亦見《通鑑》卷二五六中和四年（884）歲末條。《通曆》卷一二略簡。

光啓元年春，蔡賊掠亳、潁二郡，[1]帝帥師以救之，遂東至於焦夷，[2]敗賊衆數千，生擒賊將殷鐵林，梟首以徇于軍而還。[3]

[1]光啓：唐僖宗李儇年號（885—888）。 潁：州名。治所在今安徽阜陽市。

[2]焦夷：縣名。治所在今安徽亳州市東南城父鄉。

[3]殷鐵林：人名。籍貫不詳。唐末將領。事見本書本卷、卷二一。 "光啓元年春"至"梟首以徇于軍而還"：《宋本册府》卷一八七《閏位部·勳業門五》。《通鑑》卷二五六光啓元年（885）正月條稍簡，作："秦宗權寇潁、亳，朱全忠敗之於焦夷。" "梟首以徇于軍而還"，中華書局本沿《輯本舊史》未録"于軍"

之“于”字，“徇”作“狗”。

　　三月，僖宗自蜀還長安，改元光啓。[1]

　　[1]三月，僖宗自蜀還長安，改元光啓：《宋本册府》卷一八七《閏位部·勳業門五》。《通鑑》卷二五六光啓元年（885）條：“三月丁卯，至京師。己巳，赦天下，改元。”

　　四月戊辰，就加帝檢校太保，增食邑千五百户。[1]

　　[1]四月戊辰，就加帝檢校太保，增食邑千五百户：《宋本册府》卷一八七《閏位部·勳業門五》。

　　十月癸丑，秦宗權敗帝于八角。[1]

　　[1]八角：地名。即八角鎮。位於今河南開封市西南八角店。十月癸丑，秦宗權敗帝于八角：《通鑑》卷二五六光啓元年（885）十月癸丑條。

　　十二月，癸酉，合戰，朱玫、李昌符大敗，各走還本鎮，潰軍所過焚掠。[1]李克用進逼京城，乙亥夜，田令孜奉天子自開遠門出幸鳳翔。[2]

　　[1]朱玫：人名。邠州（今陝西彬縣）人。唐末軍閥。傳見《舊唐書》卷一七五、《新唐書》卷二二四下。　李昌符：人名。籍貫不詳。唐末軍閥，接替其兄李昌言任鳳翔軍節度使。事見《舊唐書》卷一九下、《通鑑》卷二五六。

[2]田令孜：人名。本姓陳。蜀人。唐末宦官。傳見《舊唐書》卷一八四、《新唐書》卷二〇八。 開遠門：城門名。位於今陝西西安市。 鳳翔：方鎮名。治所在鳳翔府（今陝西鳳翔縣）。"十二月"至"田令孜奉天子自開遠門出幸鳳翔"：《通鑑》卷二五六光啓元年（885）十二月癸酉、乙亥條。《宋本册府》卷一八七《閏位部·勳業門五》作："十二月，河中、太原之師逼長安，觀軍容使田令孜奉僖宗出幸鳳翔。"

二年春，蔡賊益熾。時唐室微弱，諸道州兵不爲王室所用，故宗權得以縱毒，連陷汝、洛、懷、孟、唐、鄧、許、鄭，[1]圜幅數千里，殆絶人煙，惟宋、亳、滑、穎僅能閉壘而已。帝累出兵與之交戰，然或勝或負，人甚危之。[2]

[1]汝：州名。治所在今河南汝州市。 洛：府名。指河南府（今河南洛陽市）。 懷：州名。治所在今河南沁陽市。 孟：州名。治所在今河南孟州市。 唐：州名。治所在今河南泌陽縣。鄭：州名。治所在今河南鄭州市。
[2]滑：州名。治所在今河南滑縣。 "二年春"至"人甚危之"：《宋本册府》卷一八七《閏位部·勳業門五》。

三月庚辰，僖宗降制就封帝爲沛郡王。[1]丙申，車駕至興元。[2]

[1]三月庚辰，僖宗降制就封帝爲沛郡王：《宋本册府》卷一八七《閏位部·勳業門五》。《舊五代史考異》："案《舊唐書》：光啓元年三月，以汴州刺史朱全忠爲沛郡王，充蔡州西北面行營都

統。據《薛史》則元年惟增食邑，至二年三月乃進封爲王也，與《舊唐書》異。《歐陽史》從《薛史》。”見《舊唐書》卷一九下《僖宗紀》、《新五代史》卷一《梁太祖紀上》光啓二年（886）三月條。《舊五代史考異》中所云《薛史》實爲《册府》。

[2]興元：府名。治所在今陝西漢中市。 丙申，車駕至興元：《通鑑》卷二五六繫於三月丙申（十七日）條。《宋本册府》卷一八七作：“是月，僖宗移幸興元。”

　　五月，嗣襄王熅僭即帝位於長安，[1]改元爲建貞。遣使賫僞詔至汴，帝命焚之於庭。未幾，襄王果敗。[2]

[1]襄王熅（yūn）：即李熅。唐肅宗曾孫，受封襄王。朱玫擁之稱帝，改元建貞，兩個月後各路節度使攻入長安，李熅被廢爲庶人，後爲王重榮所殺。傳見《舊唐書》卷一七五。

[2]“五月”至“襄王果敗”：《宋本册府》卷一八七《閏位部·勳業門五》。《通鑑》卷二五六光啓二年（886）五月戊戌條《考異》云：“《編遺錄》：‘二年，春正月壬午，唐室有襄王之亂，僖宗駐蹕梁、洋，襄王遂下僞命以檢校太傅，令邸吏左環賫所授僞官告一通。左環至，具事以聞。上怒，切責環，將加其罪，久乃赦之，遂令焚毀於庭。’按正月，朱玫未立襄王。《編遺錄》亦誤也。今從薛居正《五代史·梁紀》。”

　　七月，蔡人逼許州，節度使鹿晏弘使來求救，帝遣葛從周等率師赴援。師未至而城陷，晏弘爲蔡賊所害。[1]

[1]七月：《通鑑》卷二五六光啓二年（886）七月條作：“秦

宗權陷許州，殺節度使鹿晏弘。”《新唐書》卷九下《僖宗紀》繫於九月。　許州：中華書局本有校勘記：“原作‘司州’，據《册府》（宋本）卷一八七、《舊唐書》卷一九下《僖宗紀》、《新唐書》卷九《僖宗紀》、《通鑑》卷二五六改。按《通鑑》卷二五六胡注：‘中和四年，晏弘據許州，至是敗亡。’”　鹿晏弘：人名。籍貫不詳。唐末軍閥。事見《舊唐書》卷一九下。“鹿晏弘”，中華書局本有校勘記：“原作‘鹿宴弘’，據本書卷一三六《王建傳》、《册府》（宋本）卷一八七、《新五代史》卷四〇《韓建傳》、《舊唐書》卷一九下《僖宗紀》、《新唐書》卷九《僖宗紀》、《通鑑》卷二五四改。本卷下一處同。”本卷下文無鹿晏弘。　“七月”至“晏弘爲蔡賊所害”：《宋本册府》卷一八七《閏位部·勳業門五》。

　　十一月，滑州節度使安師儒以怠於軍政，[1]爲部下所殺。[2]帝聞之，乃遣朱珍、李唐賓襲而取之，由是遂有滑臺之地。[3]

　　[1]安師儒：人名。籍貫不詳。唐末軍閥。事見本書本卷、卷一三、卷一九。
　　[2]爲部下所殺：此句後，《舊五代史考異》：“案《舊唐書》云：十月壬子朔，滑州軍亂，逐其帥安師儒，推衙將張驍主留後軍務，師儒奔汴，朱全忠殺之。《新唐書》云：十月，朱全忠陷滑州，執義成軍節度使安師儒。《歐陽史》從《舊唐書》作奔汴，《通鑑》從《新唐書》作被擄，據《薛史》則師儒自爲部下所殺，與新、舊《唐書》異。又新、舊《唐書》俱作十月，而《薛史》作十一月，《通鑑》仍從《薛史》。”見《舊唐書》卷一九下《僖宗紀》、《新唐書》卷九《僖宗紀》、《通鑑》卷二五六光啓二年（886）十一月條。
　　[3]朱珍：人名。徐州豐縣（今江蘇豐縣）人，朱溫部將。傳

見本書卷一九、《新五代史》卷二一。　李唐賓：人名。陝州（河南三門峽市）人。朱溫部將。傳見本書卷二一、《新五代史》卷二一。《册府》誤"李唐賓"爲"李唐實"。　滑臺：地名。位於今河南滑縣。　由是遂有滑臺之地：此句後，《舊五代史考異》："案《舊唐書》云：朝廷以汴帥朱全忠兼領義成軍節度使。據《薛史·胡真傳》云：真以奇兵襲取滑州，乃署爲滑州節度留後。蓋全忠雖嘗兼領義成，而不之鎮，故署其將胡真爲留後。"見《舊唐書》卷一九下《僖宗紀》、《輯本舊史》卷一六《胡真傳》。《舊五代史考異》所引"蓋全忠雖嘗兼領義成，而不之鎮，故署其將胡真爲留後"，中華書局本有校勘記："孔本作'是全忠未嘗兼領義成軍也。《歐陽史》亦作胡真爲留後'。"見《新五代史》卷一《梁太祖紀上》。關于此月記事諸家記載不同。《新五代史》卷一："義成軍亂，逐其節度使安師儒，推牙將張驍爲留後，師儒來奔，殺之。遣朱珍、李唐賓陷滑州，以胡真爲留後。"繫於三月之後，十二月之前。《通鑑》卷二五六光啓二年十一月條較詳："義成節度使安師儒委政於兩廂都虞候夏侯晏、杜標，二人驕恣，軍中忿之；小校張驍潛出，聚衆二千攻州城，師儒斬晏、標首諭之，軍中稍息。天平節度使朱瑄謀取滑州，遣濮州刺史朱裕將兵誘張驍，殺之。朱全忠先遣其將朱珍、李唐賓襲滑州，入境，遇大雪，珍等一夕馳至壁下，百梯並升，遂克之，虜師儒以歸。"　"十一月"至"由是遂有滑臺之地"：《宋本册府》卷一八七《閏位部·勳業門五》。

十二月，僖宗降制就加帝檢校太傅，改封吳興郡王，食邑三千户。[1]

[1] "十二月"至"食邑三千户"：《宋本册府》卷一八七《閏位部·勳業門五》。《新五代史》卷一《梁太祖紀上》作："十二月，徙封吳興郡王。"

是歲，鄭州爲蔡賊所陷，刺史李璠單騎來奔，帝宥而納之，以爲行軍司馬。[1]宗權既得鄭，益驕，帝遣裨將邐於金隄驛，與賊相遇，因擊之，賊衆大敗，追至武陽橋，斬首千餘級。[2]帝每與蔡人戰於四郊，既以少擊衆，常出奇以制之，但患師少，未快其旨。宗權又以己衆十倍於帝，恥於頻敗，乃誓衆堅決以攻夷門。[3]既而獲蔡之諜者，備知其事，遂謀濟師焉。[4]

[1]李璠（fán）：人名。籍貫不詳。唐末將領。事見本書本卷。　行軍司馬：官名。出征將領及節度使的屬官。掌軍籍符伍、號令印信，是藩鎮重要的軍政官員。

[2]金隄驛：地名。今地不詳。　武陽橋：橋名。今地不詳。中華書局本有校勘記：“《册府》卷一八七同，《册府》卷一八七下文及本卷下文作‘陽武橋’。按《通鑑》卷二五七胡注：‘陽武橋在鄭州陽武縣，縣在汴州西北九十里。’”見《通鑑》卷二五七光啓三年（887）五月辛巳條胡注。

[3]夷門：地名。原指戰國魏都大梁城東門，故址在今河南開封城内東北隅。夷門位於夷山，夷山因山勢平夷而得名，故門亦以山爲名。此處代指開封。

[4]“是歲”至“遂謀濟師焉”：《宋本册府》卷一八七《閏位部·勳業門五》。《通鑑》卷二五六光啓三年二月條：“秦宗權自以兵力十倍於朱全忠，而數爲所敗，恥之，欲悉力以攻汴州。”

三年春二月乙巳，使朱珍募兵於東道，懼蔡人暴其麥，期以夏首回歸。[1]珍既至淄、棣，[2]旬日之内，應募者萬餘人。又潛襲青州，[3]獲馬千匹，鎧甲稱是，乃鼓行而歸。[4]

[1]"三年春二月乙巳"至"期以夏首回歸":《通鑑》卷二五六光啓三年（887）二月條胡注引薛居正《五代史》。《宋本册府》卷一八七《閏位部·勳業門五》作："承制以朱珍爲淄州刺史，俾募兵於東道，且慮蔡人暴其麥苗，期以夏首回歸。"中華書局本沿《輯本舊史》從《册府》文字，《輯本舊史》之案語："案：自'募兵於東道'至此，亦見《通鑑注》，與《册府元龜》同。"但《通鑑注》文字與《册府》並不完全相同，《輯本舊史》案語不確。

[2]淄：州名。治所在今山東淄博市淄川區。　棣：州名。治所在今山東惠民縣。

[3]青州：州名。治所在今山東青州市。

[4]"珍既至淄、棣"至"乃鼓行而歸":《宋本册府》卷一八七。《新五代史》卷一《梁太祖紀上》作："自黃巢死，秦宗權稱帝，陷陝、洛、懷、孟、唐、許、汝、鄭州，遣其將秦賢、盧瑭、張晊攻汴。賢軍板橋、晊軍北郊、瑭軍萬勝，環汴爲三十六柵。王顧兵少，不敢出。乃遣朱珍募兵於東方，而求救於兗、鄆。"

四月辛亥，達於夷門。帝喜曰："吾事濟矣。"是時，賊將張晊屯於北郊，秦賢屯於板橋，各有衆數萬，樹柵相連二十餘里，其勢甚盛。[1]帝謂諸將曰："此賊方今息師蓄鋭，以俟其時必來攻我。況宗權度我兵少，又未知珍來，謂吾畏懼，止於堅守而已。今出不意，不如先擊之。"乃親引兵攻秦賢寨，將士踴躍爭先，賊果不備，連拔四寨，斬首萬餘級，時賊衆以爲神助。庚午，[2]賊將盧瑭領萬餘人於圃田北萬勝戍夾汴水爲營，[3]跨河爲梁，以扼運路。[4]帝擇精鋭以襲之。是日，昏霧四合，兵及賊壘方覺，遂突入掩殺，赴水死者甚衆，盧瑭自投於河。河南諸賊連敗，不敢復駐，皆併在張晊寨。自是蔡寇皆懷震讋，往往軍中自相驚亂。帝旋師休息，大行犒賞，繇是軍士各懷憤激，每遇敵無不奮勇。[5]

[1]張晊：人名。籍貫不詳。秦宗權部將。事見本書本卷、卷一六。　秦賢：人名。籍貫不詳。秦宗權部將。事見本書本卷、卷一六。　板橋：地名。位於開封城西。　秦賢屯於板橋：中華書局本有校勘記：“‘板橋’，原作‘版橋’，據《通鑑》卷二五七、《新五代史》卷一《梁本紀》、《新唐書》卷二二五下《秦宗權傳》、《武經總要後集》卷一一改。按《通鑑》胡注：‘據《舊五代史》，板橋在汴州城西。’”見《通鑑》卷二五七光啓三年（887）四月辛亥條胡注。

[2]庚午：《舊五代史考異》：“案《通鑑考異》云：長曆四月甲辰朔，無庚午，《薛史》誤。今考《舊唐書》，光啓三年四月正作甲辰朔，以日數計之，庚午乃四月二十七日也。此非《薛史》之誤，乃《通鑑考異》之誤耳。”見《通鑑》卷二五七光啓三年四月條《考異》。

[3]盧瑭：人名。籍貫不詳。秦宗權部將。事見本書本卷、卷一六。　圃田：地名。位於今鄭州、開封之間。　萬勝：地名。位於今河南中牟縣北二十四里萬勝村。

[4]以扼運路：《舊五代史考異》：“案《通鑑注》引《薛史·梁紀》曰：‘盧瑭於圃田北夾汴水爲梁，以扼運路。’視《册府元龜》所引稍有删節。”《舊五代史考異》所引“盧瑭於圃田北夾汴水爲梁”，中華書局本有校勘記：“‘水’字原闕，據《通鑑》卷二五七胡注引《薛史·梁紀》補。”見《通鑑》卷二五七光啓三年四月庚午條胡注。

[5]“四月辛亥”至“每遇敵無不奮勇”：《宋本册府》卷一八七《閏位部·勳業門五》。

五月丙子，出酸棗門，自卯至未，短兵相接，賊衆大敗，追斬二十餘里，僵仆相枕。宗權耻敗，益縱其虐，乃自鄭州親領突將數人，逕入張晊寨。[1] 其日晚，大星殞於賊壘，有聲如雷。[2] 辛巳，兗、鄆、滑軍士皆來赴援，乃陳兵於汴水之上，旌旗器甲甚盛。蔡人望之，不敢出寨。翌日，分布諸軍，齊攻賊寨，自寅至申，斬首二萬餘級。會夜收軍，獲牛馬、輜重、生口、器甲不可勝計。是夜，宗權、晊遁去，遲明追之，至陽武橋而還。宗權至鄭州，乃盡焚其廬舍，屠其郡人而去。始蔡人分兵寇陝、洛、孟、懷、許、汝，皆先據之，因是敗也，賊衆恐懼，咸棄之而遁。帝乃慎選將佐，俾完緝壁壘，爲戰守之備，於是遠近流亡復歸者衆矣。[3] 是時，揚州節度使高駢爲裨將畢師鐸所害，[4] 復有孫儒、楊行密互相攻伐，[5] 朝廷不能制。[6]

[1]酸棗門：城門名。位於今河南開封市。 僵仆相枕：中華書局本有校勘記："'相'，原作'就'，據彭校、《册府》卷一八七改。" "五月丙子"至"逕入張晊寨"：《宋本册府》卷一八七《閏位部·勳業門五》。《通鑑》卷二五七光啓三年（887）五月丙子條："朱全忠出擊張晊，大破之。秦宗權聞之，自鄭州引精兵會之。"

[2]大星殞：大的流星在經過地球大氣層時沒有完全燒毀的部分掉在地面上的叫作殞星。古代星占學多將其與重要人物的死亡相關聯。 其日晚，大星殞於賊壘，有聲如雷：《輯本舊史》注出處爲《大典》卷三二七一，中華書局本有校勘記："檢《永樂大典目錄》，卷三二七一爲'軍'字韻'事韻一'，與本則內容不符，恐有誤記。疑出自卷三二二二'隕'字韻。"或可出自"雷"（卷二

七一九至二七二一）或“星”（卷七八七五）字韻。亦見《宋本册府》卷一八七。

[3]兗：州名。治所在今山東濟寧市兗州區。　鄆：州名。治所在今山東東平縣。　陝：州名。治所在今河南三門峽市陝州區。

[4]揚州：州名。治所在今江蘇揚州市。　高駢：人名。幽州（今北京市）人。唐末軍閥。傳見《舊唐書》卷一八二、《新唐書》卷二二四下。　畢師鐸：人名。曹州冤句（今山東曹縣）人。唐末將領。傳見《舊唐書》卷一八二。

[5]孫儒：人名。河南府（今河南洛陽市）人。唐末軍閥。傳見《新唐書》卷一八八。　楊行密：人名。廬州合淝（今安徽合肥市）人。唐末軍閥，五代十國南吳政權奠基人，後被追尊爲吳國太祖。傳見《新唐書》卷一八八、本書卷一三四、《新五代史》卷六一。

[6]“辛巳”至“朝廷不能制”：《宋本册府》卷一八七。《新五代史》卷一《梁太祖紀上》所載甚詳：“五月，兗州朱瑾、鄆州朱宣來赴援。王置酒軍中，中席，王陽起如廁，以輕兵出北門襲晊，而樂聲不輟。晊不意兵之至也，兗、鄆之兵又從而合擊，遂大敗之，斬首二萬餘級。宗權與晊夜走，過鄭，屠其城而去。宗權至蔡，復遣張晊攻汴。王聞晊復來，登封禪寺後岡，望晊兵過，遣朱珍躡之，戒曰：‘晊見吾兵必止。望其止，當速返，毋與之鬬也。’已而晊見珍在後，果止。珍即馳還。王令珍引兵蔽大林，而自率精騎出其東，伏大冢間。晊止而食，食畢，拔旗幟，馳擊珍。珍兵小却，王引伏兵橫出，斷晊軍爲三而擊之。晊大敗，脫身走。宗權怒，斬晊。而河陽、陝、洛之兵爲宗權守者，聞蔡精兵皆已殲於汴，因各潰去。故諸葛爽將李罕之取河陽、張全義取洛陽以來附。”《通鑑》卷二五七光啓三年（887）五月丙子、辛巳條，事同文異。

八月，[1]乃就加帝檢校太尉、兼領淮南節度使。[2]

[1]八月：二字中華書局本沿《輯本舊史》無，但《通鑑》卷二五七光啓三年（887）閏十一月條《考異》引薛居正《五代史‧梁太祖紀》云朝廷就加帝兼領淮南節度，在八月，據補。《通鑑》從《實錄》繫於閏十一月。本條後原有《舊五代史考異》：“案《舊唐書》：光啓三年十一月，楊行密遣使求援於朱全忠，制授全忠檢校太尉、侍中、兼揚州大都督府長史，充淮南節度觀察等使、行營兵馬都統。《歐陽史》作十二月，《通鑑》作閏十一月，據《薛史》則全忠兼領淮南自在九月以前，與諸書異。又《薛史》下文作閏十二月，而《通鑑》作閏十一月，亦有互異。”其中，“光啓三年十一月”，中華書局本有校勘記：“‘光啓’，原作‘光化’，據殿本《考證》、《舊唐書》卷一九下《僖宗紀》改。按光啓爲唐僖宗年號，光化爲唐昭宗年號。”“而《通鑑》作閏十一月”，中華書局本有校勘記：“‘閏十一月’，原作‘閏十二月’，據劉本、孔本、彭本、殿本考證、《舊五代史考異》卷一、《通鑑》卷二五七考異改。按《通鑑》本文作十二月。”《通鑑》本文實作閏（十一）月。“充淮南節度觀察等使”，中華書局本有校勘記：“‘等’字原闕，據《舊唐書》卷一九下《僖宗紀》補。”

[2]檢校太尉：官名。爲散官或加官，以示恩寵加此官，無實際執掌。太尉，與司徒、司空並爲三公。 淮南：方鎮名。治所在揚州（今江蘇揚州市）。 八月，乃就加帝檢校太尉，兼領淮南節度使：《宋本册府》卷一八七《閏位部‧勳業門五》。

九月，亳州禆將謝殷逐刺史宋衮，[1]自據其郡，帝親領軍屯於太清宮，遣霍存討平之。[2]帝之禦蔡寇也，鄆州朱瑄、兗州朱瑾皆領兵來援。[3]及宗權既敗，帝以瑄、瑾宗人也，又有力於己，皆厚禮以歸之。瑄、瑾以帝軍士勇悍，私心愛之，乃密於曹、濮界上懸金帛以誘之，帝軍利其貨而赴者甚衆，帝乃移檄以讓之。自朱瑄來詞不遜，乃命朱珍侵曹伐濮，以懲其姦。未幾，珍拔曹州，執刺史丘弘禮以獻，遂移兵圍濮州。兗、鄆之釁，自茲而始矣。[4]

[1]裨將：官名。即副將的統稱，相對主將而言。亦稱裨將軍。謝殷：人名。籍貫不詳。唐末將領。事見《新唐書》卷九、《通鑑》卷二五七、本書本卷。　宋袞：人名。籍貫不詳。唐末官員。事見《新唐書》卷九、《通鑑》卷二五七、本書本卷。

[2]太清宮：宮觀名。主神爲老子。此處太清宮位於亳州（今安徽亳州市）。　"九月"至"遣霍存討平之"：《宋本册府》卷一八七《閏位部·勳業門五》。《舊五代史考異》："案《新唐書》云：光啓三年六月壬戌，亳州將謝殷逐其刺史宋袞。八月壬寅，謝殷伏誅。《通鑑》從《新唐書》，《薛史》作九月，與《新唐書》異。"見《新唐書》卷九《僖宗紀》，《通鑑》卷二五七光啓三年（887）六月壬戌條。《舊五代史考異》所云《薛史》實爲《册府》卷一八七。

[3]朱瑄：人名。一作朱宣。宋州下邑（今河南夏邑縣）人。唐末軍閥，後爲天平軍節度使。傳見《舊唐書》卷一八二、《新唐書》卷一八八、本書卷一三、《新五代史》卷四二。　鄆州朱瑄：《舊五代史考異》："案《歐陽史》作朱宣，《薛史》前後皆作'瑄'，《舊唐書》《通鑑》並同《薛史》。"《輯本舊史》之影庫本粘籤："朱瑄，《歐陽史》作朱宣。曾三異云：流俗本'宣'傍加'玉'，非也。今考《舊唐書》及《通鑑》皆作'瑄'，蓋朱瑾、朱瑄兄弟命名皆從'玉'，今仍從《薛史》原文，加案聲明。"見《舊唐書》卷一九下《僖宗紀》、《新五代史》卷一《梁太祖紀上》、《通鑑》卷二五七光啓三年八月條。　朱瑾：人名。宋州下邑（今河南夏邑縣）人。朱瑄之弟。唐末、五代將領。傳見《舊唐書》卷一八二、本書卷一三、《新五代史》卷四二。

[4]朱瑄來詞不遜：《舊五代史考異》：“案《通鑑考異》引高若拙《後史補》曰：梁太祖皇帝到梁園，深有大志，然兵力不足，常欲外掠，又虞四境之難，每有鬱然之狀。時有薦敬秀才於門下，乃白梁祖曰：‘明公方欲圖大事，輕重必爲四境所侵，但令麾下將士詐爲叛者而逃，即明公奏於主上及告四鄰，以自襲叛徒爲名。’梁祖曰：‘天降奇人，以佐於吾。’初從其議，一出而致衆十倍。今案高若拙所紀，深得敬翔與梁祖陰謀情狀。《薛史》止據《梁實錄》原辭，未及改正。《歐史》作移檄充、鄆，誣其誘汴亡卒以東，亦未詳考。”其中，“輕重必爲四境所侵”，中華書局本有校勘記：“‘輕’，原作‘輻’，據孔本、《通鑑》卷二五七《考異》引高若拙《後史補》改。”見《新五代史》卷九《僖宗紀》、《通鑑》卷二五七光啓三年八月條《考異》。《舊五代史考異》所云《薛史》實爲《册府》。　丘弘禮：人名。籍貫不詳。事見本書本卷、卷一六、《通鑑》卷二五七。“丘弘禮”，《册府》原作“丘禮”，乃避宋太祖父趙弘殷諱删，《輯本舊史》卷一六《葛從周傳》及《新五代史》卷二一《朱珍傳》皆作“丘弘禮”。《通鑑》卷二五七光啓三年八月壬子條亦作“丘弘禮”。今據以回改，下文不再出注。“帝之禦蔡寇也”至“自兹而始矣”：《宋本册府》卷一八七《閏位部·勳業門五》。

十月，僖宗命水部郎中王贊撰紀功碑以賜帝。[1]是月，帝親帥騎數千，巡師於濮上，因破朱瑄援師於范縣。丁未，攻陷濮州，刺史朱裕單騎奔鄆。[2]尋爲鄆人所敗，踰月乃還。[3]

[1]水部郎中：官名。尚書省工部水部司長官。掌水利等政令。從五品上。　王贊：人名。籍貫不詳。唐昭宗朝官兵部侍郎。事見《舊唐書》卷二〇下。　十月，僖宗命水部郎中王贊撰紀功碑以賜

帝：《宋本册府》卷一八七《閏位部·勳業門五》。《新五代史》卷
一《梁太祖紀上》作："十月，天子使來，賜王紀功碑。"

[2]帝親帥騎數千：中華書局本沿《輯本舊史》原作"帝親騎
數千"，並有校勘記："殿本、劉本作'帝親帥騎數千'。影庫本粘
籤：'帝親騎數千，以文義求之，"親"字上疑脱"帥"字，今無別
本可校，姑仍其舊，附識於此。'"但未補。今據補。　范縣：縣
名。治所在今河南范縣。　朱裕：人名。籍貫不詳。事見本書
本卷。

[3]"是月"至"踰月乃還"：《宋本册府》卷一八七《閏位
部·勳業門五》。《通鑑》卷二五七光啓三年（887）九月辛卯、十
月丁未條載此戰過程，稱"朱全忠逆擊（朱瑄弟）罕於范，擒斬
之"，今據殿本、劉本補。

閏十一月甲寅，帝請行軍司馬李璠權知淮南留
後，[1]乃遣大將郭言領兵援送以赴揚州。[2]李璠、郭言行
至淮上，爲徐戎所扼，不克進而迴。帝怒，遂謀
伐徐。[3]

[1]行軍司馬：《輯本舊史》原作"行營司馬"，中華書局本有
校勘記："'行軍司馬'原作'行營司馬'，據本書卷一三四《楊行
密傳》、《册府》卷一八七、《新五代史》卷一《梁本紀》、《通鑑》
卷二五七及本卷下文改。"　權：官員任用類別之一。與"攝"相
近，是一種暫時的委任。唐、五代時，知、判、兼等類的任用，往
往冠以"權"字，稱爲權知、權判、權兼，以表示其爲暫任。　留
後：官名。唐、五代節度使多以子弟或親信爲留後，以代行節度使
職務，亦有軍士、叛將自立爲留後者。掌一州或數州軍政。

[2]郭言：人名。太原（今山西太原市）人。唐末將領。傳見
本書卷二一。　"閏十一月甲寅"至"乃遣大將郭言領兵援送以

赴揚州”：《宋本册府》卷一八七《閏位部·勳業門五》，《册府》原繫此事於“閏月甲寅”，在十二月條後，即以爲閏十二月甲寅。中華書局本沿《輯本舊史》亦從《册府》。《通鑑》卷二五七光啓三年（887）十二月癸巳條《考異》云：“《長曆》，閏十一月庚子朔，十二月己巳朔。新、舊《唐書·紀》閏月無事，不見。《新唐書·紀》十二月癸巳在此月，是亦以十一月爲閏。《妖亂志》有後十一月。《十國紀年》亦閏十一月，惟薛居正《五代史·梁紀》十二月後有閏月。”光啓三年十二月己巳朔，是月無甲寅；閏十一月庚子朔，甲寅爲十五。是知《册府》與《薛史·梁紀》同誤，故改。“閏月”爲“閏十一月”，故將此條移於十二月條前。

　　[3]徐：州名。治所在今江蘇徐州市。　“李璠、郭言行至淮上”至“帝怒，遂謀伐徐”：《宋本册府》卷一八七《閏位部·勳業門五》。中華書局本沿《輯本舊史》繫於文德元年（888）正月，據《通鑑》卷二五七光啓三年閏十一月條改。《舊五代史考異》：“案《歐陽史》云：璠之揚州，行密不納。據《通鑑》云：李璠至泗州，時溥以兵襲之，郭言力戰得免而還。是李璠未嘗得至揚州也，當以《薛史》爲實録。”見《新五代史》卷一《梁太祖紀上》文德元年正月條追述，《通鑑》卷二五七光啓三年閏十一月條。《舊五代史考異》所云《薛史》實爲《册府》卷一八七。

　　十二月，僖宗遣使賜帝鐵券，[1]又命翰林承旨劉崇望撰德政碑以賜帝。[2]

　　[1]鐵券：皇帝頒賜給功臣的鐵制詔令文書，功臣本人及後世如有犯罪，以此券爲證，即可推念其功而予以赦減。
　　[2]翰林承旨：官名。唐玄宗時設翰林院，翰林學士承旨爲翰林學士之首，簡稱翰林承旨。掌拜免將相、號令征伐等詔令的起草。　劉崇望：人名。洛陽（今河南洛陽市）人。唐末大臣。傳見

《舊唐書》卷一七九、《新唐書》卷九〇。　十二月，僖宗遣使賜帝鐵券，又命翰林承旨劉崇望撰德政碑以賜帝：《宋本册府》卷一八七《閏位部·勳業門五》。

文德元年正月，帝率師東赴淮海，行次宋州，聞楊行密已拔揚州，遂還。[1]癸亥，[2]僖宗制以帝爲蔡州四面行營都統，由是諸鎮之師皆受帝之制度。[3]

[1]文德：唐僖宗李儇年號（888）。　淮海：地名。指揚州。
“文德元年正月”至“遂還”：《宋本册府》卷一八七《閏位部·勳業門五》。

[2]癸亥：《册府》卷一八七繫其事於“二月丙戌”，《輯本舊史》同。《通鑑》卷二五七文德元年（888）正月癸亥條《考異》引《新唐書·紀》及《編遺録》指出，《薛史》誤以受詔之日（二月丙戌）爲制命之日（正月癸亥），據改。《舊五代史考異》：“案《新唐書》：正月癸亥，朱全忠爲蔡州四面行營都統。《舊唐書》作五月，與《薛史》異。《通鑑》從《新唐書》。”見《舊唐書》卷二〇上《昭宗紀》、《新唐書》卷九《僖宗紀》、《通鑑》卷二五七文德元年正月癸亥條。《新五代史》卷一《梁太祖紀上》文德元年正月條作：“天子因以王爲蔡州四面行營都統。”

[3]行營都統：官名。唐末設置，作爲各道出征兵士的統帥。
“癸亥”至“由是諸鎮之師皆受帝之制度”：《宋本册府》卷一八七《閏位部·勳業門五》。

二月，帝奏以楊行密爲淮南留後。[1]

[1]二月，帝奏以楊行密爲淮南留後：《通鑑》卷二五七文德元年（888）二月條。

三月庚子，昭宗即位。[1]是月，蔡人石瑶領萬衆以剽陳、亳，帝遣朱珍率精騎數千擒瑶以獻。[2]

[1]昭宗：即唐昭宗李曄，888 年至 904 年在位。紀見《舊唐書》卷二〇上、《新唐書》卷一〇。　三月庚子，昭宗即位：《宋本册府》卷一八七《閏位部·勳業門五》。

[2]石瑶：人名。事見本書本卷。　是月，蔡人石瑶領萬衆以剽陳、亳，帝遣朱珍精騎數千擒瑶以獻：《宋本册府》卷一八七《閏位部·勳業門五》。《通鑑》卷二五七文德元年（888）正月癸亥條云："蔡將石瑶將萬餘人寇陳、亳，朱全忠遣朱珍、葛從周將數千騎擊擒之。"

四月戊辰，魏博樂彥禎失律，其子從訓出奔相州，使來乞師。[1]帝遣朱珍領上軍濟河，連收黎陽、臨河二邑。[2]既而魏軍推小校羅弘信爲帥。弘信既立，遣使送款於汴，帝優而納之，遂命班師。[3]是月，河南尹張全義襲李罕之於河陽，克之。[4]罕之單騎出奔，因乞師於太原，李克用爲發萬騎以援之。罕之遂收其餘衆，與晋軍合勢，急攻河陽。[5]全義危急，遣使求救於汴，帝遣丁會、牛存節、葛從周領兵赴之，大戰於温縣，晋人與罕之俱敗。[6]於是河橋解圍，全義歸於洛陽，因以丁會爲河陽留後。[7]

[1]魏博：方鎮名。治所在魏州貴鄉縣（今河北大名縣）。樂彥禎：人名。又作樂彥貞、樂彥真。魏州（今河北大名縣）人，唐末軍閥。傳見《舊唐書》卷一八一、《新唐書》卷二一〇。　從訓：人名。即樂從訓。樂彥禎之子，唐末軍閥。傳見《舊唐書》卷

一八一、《新唐書》卷二一〇。　相州：州名。治所在今河南安陽市。

[2]黎陽：縣名。治所在今河南浚縣。　臨河：縣名。治所在今河南浚縣東北。

[3]羅弘信：人名。魏州貴鄉（今河北大名縣）人。唐末軍閥。傳見《舊唐書》卷一八一、《新唐書》卷二一〇。　“四月戊辰”至“遂命班師”：《宋本册府》卷一八七《閏位部·勳業門五》。《新五代史》卷一《梁太祖紀上》略簡，《通鑑》卷二五七文德元年（888）三月、四月諸條載之頗詳。《通鑑》卷二五七文德元年三月條《考異》：“《薛史》紀、傳皆云太祖遣朱珍等救從訓，獨從周傳云從太祖，恐誤也。”

[4]河南尹：官名。唐開元元年（713）改洛州爲河南府，治所在今河南洛陽市，河南府尹總其政務。從三品。　張全義：人名。濮州臨濮（今山東鄄城縣）人。唐末將領，後降於諸葛爽。傳見本書卷六三、《新五代史》卷四五。　李罕之：人名。陳州項城（今河南沈丘縣）人。唐末軍閥，後依附於諸葛爽。傳見《新唐書》卷一八七、本書卷一五、《新五代史》卷四二。

[5]太原：府名。治所在今山西太原市。　河陽：縣名。治所在今河南孟州市。

[6]丁會：人名。壽州壽春（今安徽壽縣）人。唐末、五代將領。傳見本書卷五九、《新五代史》卷四四。　牛存節：人名。青州博昌（今山東博興縣）人。唐末、五代將領。傳見本書卷二二、《新五代史》卷二二。　温縣：縣名。治所在今河南温縣。

[7]河橋：橋名。位於今河南孟州市西南、洛陽市孟津區東北黄河上。　全義歸於洛陽：中華書局本有校勘記：“‘洛陽’，原作‘河陽’，據《册府》（宋本）卷一八七改。按本卷上文記全義爲河南尹，本書卷六三《張全義傳》敘其事作‘梁祖以丁會守河陽，全義復爲河南尹’。”又，明本作“河陽”，張全義爲河南尹，當歸於洛陽，明本《册府》誤。　“是月”至“因以丁會爲河陽留

後"：《宋本册府》卷一八七《閏位部·勳業門五》。《通鑑》卷二
五七文德元年三月、四月諸條記載更詳。

　　五月己亥，昭宗制以帝檢校侍中，增食邑三千户。
戊辰，詔改帝鄉曰衣錦鄉，里曰沛王里。[1]是月，帝以
兼有洛、孟之地，無西顧之患，將大整師徒，畢力誅
蔡。會蔡人趙德諲舉漢南之地以歸於朝廷，且遣使送款
於帝，仍誓戮力同討宗權。[2]帝表其事，朝廷因以德諲
爲蔡州四面副都統，又以河陽、保義、義昌三節度爲帝
行軍司馬，兼糧料應接使。[3]至是，帝領諸侯之師會德
諲以伐蔡，敗蔡賊於汝水之上，遂薄其城。五日之内，
樹二十八寨以環之，蓋象列宿之數也。[4]時帝親臨矢石，
一日，飛矢中其左腋，血漬單衣，顧謂左右曰：
"勿洩。"[5]

　　[1]詔改帝鄉曰衣錦鄉：中華書局本有校勘記："原作'詔改帝
鄉錦衣'，據《册府》卷一八七改。"
　　[2]趙德諲（yīn）：人名。蔡州（今河南汝南縣）人。唐末軍
閥。傳見《新唐書》卷一八六。　會蔡人趙德諲舉漢南之地以歸於
朝廷：此句後有《舊五代史考異》："案《新唐書·昭宗紀》：五月
壬寅，趙德諲以襄州降。《舊唐書》及《通鑑》皆作五月，與《薛
史》同。《歐陽史》敘其事於三月以前，疑有舛誤。"見《舊唐書》
卷二〇上《昭宗紀》、《新唐書》卷一〇《昭宗紀》、《新五代史》
卷一《梁太祖紀上》、《通鑑》卷二五七文德元年（888）五月條。
　　[3]副都統：官名。掌轄下兵馬戰事之軍事副官。爲臨時性軍
事副統帥，事畢即罷。　保義：方鎮名。即横海軍。治所在陝州
（今河南三門峽市陝州區）。　義昌：方鎮名。治所在滄州（今河

北滄縣舊州鎮）。 糧料應接使：官名。唐末、五代轉運使的一種。於戰時設置，或由軍中將領充任，或以地方文臣充任，負責軍需物資的籌集、調運、供給。"兼糧料應接使"，中華書局本有校勘記："'使'字原闕，據彭校、《册府》卷一八七補。" "五月己亥"至"兼糧料應接使"：《宋本册府》卷一八七《閏位部·勳業門五》。《通鑑》卷二五七文德元年五月壬寅條略同。

[4]汝水：河流名。即汝河。淮河支流，位於今河南境内。敗蔡賊於汝水之上：中華書局本有校勘記："'敗蔡'二字原闕，據《册府》卷一八七補。" 遂薄其城："薄"，《册府》作"傅"，誤。《通鑑》卷二五七文德元年五月條略同。 "至是"至"蓋象列宿之數也"：《大典》卷一五一二〇"寨"字韻"事韻"，應爲"二十八寨"事目。亦見《册府》卷一八七。

[5]時帝親臨矢石，一日，飛矢中其左腋，血漬單衣，顧謂左右曰："勿洩"：原注録自《大典》卷二〇七一二"易"字韻，誤。中華書局本有校勘記："檢《永樂大典目録》，卷二〇七一二爲'易'字韻'易書一百五十六'，與本則内容不符，恐有誤記。疑出自卷二〇五五三'腋'字韻。"更可能出自卷一〇一九三或一〇一九四"矢"字韻"飛矢"事目。亦見《宋本册府》卷一八七《閏位部·勳業門五》。

八月戊辰，帝拔蔡州南城。[1]

[1]八月戊辰，帝拔蔡州南城：《通鑑》卷二五七文德元年（888）八月條。

九月，以糧運不繼，遂班師。是時，帝知宗權殘蘖不足爲患，遂移兵以伐徐。[1]

[1]"九月"至"帝知宗權孽不足爲患,遂移兵以伐徐":《宋本册府》卷一八七《閏位部·勳業門五》。《通鑑》卷二五七文德元年(888)作:"九月,朱全忠以饋運不繼,且秦宗權殘破不足憂,引兵還。丙申,遣朱珍將兵五千送楚州刺史劉瓚之官。""殘孽"之"孽"字,《輯本舊史》作"孼",中華書局本從之,兹從《册府》。

十月,先遣朱珍領兵與時溥戰於吳康鎮,[1]徐人大敗,連收豐、蕭二邑,溥携散騎馳入彭門。[2]帝命分兵以攻宿州,刺史張友携符印以降。既而徐人閉壁堅守,遂命龐師古屯兵守之而還。[3]是月,蔡賊孫儒攻陷揚州,自稱淮南節度使。[4]

[1]時溥:人名。徐州彭城(今江蘇徐州市)人。唐末地方武裝割據勢力首領之一,平定了黃巢之亂,後割據徐州。傳見《舊唐書》卷一八二、《新唐書》卷一八八。 吳康鎮:古鎮名。位於今江蘇豐縣南。

[2]豐:縣名。治所在今江蘇豐縣。 蕭:縣名。治所在今安徽蕭縣。 彭門:指徐州。

[3]宿州:州名。治所在今安徽宿州市。 張友:人名。籍貫不詳。本書僅此一見。 龐師古:人名。曹州(今山東曹縣)人。唐末將領。傳見本書卷二一、《新五代史》卷二一。

[4]"十月"至"自稱淮南節度使":《宋本册府》卷一八七《閏位部·勳業門五》。《通鑑》卷二五七文德元年(888)十一月條略同:"時溥自將步騎七萬屯吳康鎮,朱珍與戰,大破之。朱全忠又遣別將攻宿州,刺史張友降之。"該條胡注引《薛史》曰:"朱珍攻豐,下之。時溥以全師會戰豐南吳康里。"《新五代史》卷一《梁太祖紀上》作:"珍戰于吳康,大敗之,取其豐、蕭二縣。遂攻

宿州，下之。"

龍紀元年正月，龐師古攻下宿遷縣，進軍於呂梁。[1]時溥領軍二萬，晨壓師古之軍而陣，師古促戰，敗之，斬首二千餘級，溥復入於彭門。[2]

[1]龍紀：唐昭宗李曄年號（889）。 宿遷：縣名。唐代宗寶應元年（762），爲避代宗李豫之諱，改宿豫縣爲宿遷縣。治所在今江蘇宿遷市。 呂梁：古鎮名。位於今江蘇徐州市東南。
[2]"龍紀元年正月"至"溥復入於彭門"：《宋本冊府》卷一八七《閏位部·勳業門五》。《通鑑》卷二五八龍紀元年（889）正月條載："汴將龐師古拔宿遷，軍于呂梁。時溥逆戰，大敗，還保彭城。"

二月，蔡將申叢遣使來告，縛秦宗權於帳下，折其足而囚之矣。帝即日承制以叢爲淮西留後。[1]未幾，叢復爲都將郭璠所殺。[2]帝以璠爲淮西留後。[3]是月，璠執宗權來獻，帝遣行軍司馬李璠、牙校朱克讓檻進於長安。既至，昭宗御延喜樓受俘，即斬宗權於獨柳樹下。蔡州平。昭宗詔加帝食實封一百戶，賜莊宅各一區。[4]

[1]申叢：人名。籍貫不詳。事見本書本卷、卷二〇。 淮西：方鎮名。治所在蔡州（今河南汝南縣）。
[2]郭璠：人名。籍貫不詳。事見本書本卷。 "二月"至"叢復爲都將郭璠所殺"：《宋本冊府》卷一八七《閏位部·勳業門五》。《通曆》卷一二爲節文。縛秦宗權一事，《舊五代史考異》："案《舊唐書》：文德元年十二月甲子朔，蔡州牙將申叢執秦宗權。

《新唐書》作十一月辛酉，與《舊唐書》月日互異。《薛史》作龍紀元年二月，蓋即其遣使來告之月而書之也。《歐陽史》作正月，誤。"見《舊唐書》卷二〇上《昭宗紀》、《新唐書》卷一〇《昭宗紀》、《新五代史》卷一《梁太祖紀上》。對《舊五代史考異》所引之"文德元年十二月甲子朔"，中華書局本有校勘記："'十二月'，原作'十一月'，據殿本《考證》、《舊唐書》卷二〇上《昭宗紀》改。""《新唐書》作十一月辛酉"，中華書局本有校勘記："'十一月'，原作'十二月'，據殿本《考證》、《新唐書》卷一〇《昭宗紀》改。"《通鑑》卷二五八龍紀元年（889）正月壬子條《考異》："新、舊《紀》《五代紀》《傳》皆云郭璠殺申叢。"申叢縛秦宗權事《通鑑》繫於文德元年（888）十二月。"郭璠殺申叢"，《通鑑》繫於龍紀元年正月壬子條。朱全忠送秦宗權至京師受斬一事，《通鑑》繫於龍紀元年二月條。《通鑑》卷二五八龍紀元年正月壬子條《考異》又引薛居正《舊五代史》："初，申叢縛宗權，折足而囚之，雖納款於太祖，欲自獻於長安以邀旌鉞。及姦謀不就，乃欲復奉宗權以接取其柄，爲其將郭璠所殺，繫宗權送於太祖，即以璠爲留後。太祖遣都統判官韋震奏事，且疏時溥之罪，願委討伐，仍請降滄、兗二帥之命。"

［3］帝以璠爲淮西留後：《通鑑》卷二五七龍紀元年正月壬子條。

［4］牙校：低級武職。　朱克讓：人名。籍貫不詳。事見本書本卷。　延喜樓：唐長安皇城東面偏北門樓。　"是月"至"賜莊宅各一區"：《宋本册府》卷一八七《閏位部·勳業門五》。《通曆》卷一二爲節文。

　　三月，又加帝檢校太尉兼中書令，進封東平王，賞平蔡之功也。[1]

〔1〕中書令：官名。漢代始置。隋、唐前期爲中書省長官，屬宰相之職；唐後期多爲授予元勳大臣的虚銜。正二品。　"三月"至"賞平蔡之功"也：《宋本册府》卷一八七《閏位部·勳業門五》。《通曆》卷一二較簡。《舊五代史考異》："案《舊唐書》：四月壬戌朔，以宣武淮南等節度副大使、知節度事、管内營田觀察處置等使、開府儀同三司、檢校太傅、兼侍中、揚州大都督府長史、汴州刺史、充蔡州四面行營都統、上柱國、沛郡王、食邑四千户朱全忠爲檢校太尉、中書令，進封東平王，仍賜賞軍錢十萬貫。《薛史》及《歐陽史》俱作三月，與《舊唐書》異。"見《舊唐書》卷二〇上《昭宗紀》、《新五代史》卷一《梁太祖紀上》。《通鑑》卷二五八龍紀元年（889）三月條略同，"東平王"作"東平郡王"，且無"檢校太尉"。

六月，李克用遣李罕之、李存孝軍拔磁、洺二州，[1]攝洺州刺史孟遷求援于帝，帝假道於魏博，羅弘信不許，帝乃遣大將王虔裕將精甲數百，間道入邢州共守。[2]

〔1〕李存孝：人名。本名安敬思。代州飛狐（今河北淶源縣）人。唐末李克用養子、部將。傳見本書卷五三、《新五代史》卷三六。　磁：州名。治所在今河北磁縣。　洺：州名。治所在今河北邯鄲市永年區。

〔2〕孟遷：人名。邢州（今河北邢臺市）人。唐末將領。傳見《新唐書》卷一八七。　王虔裕：人名。琅琊臨沂（今山東臨沂市）人。唐末將領。傳見本書卷二一、《新五代史》卷二三。　邢州：州名。治所在今河北邢臺市。　"六月"至"間道入邢州共守"：《通鑑》卷二五八龍紀元年（889）六月條。

七月，帝如蕭縣，未至，（朱）珍出迎。命武士執之，責以專殺而誅之。諸將霍存等數十人叩頭爲之請，帝怒，以牀擲之，乃退。丁未，至蕭縣，以龐師古代珍爲都指揮使。[1]

[1]都指揮使：官名。唐末、五代行軍統兵主帥。參見杜文玉《晚唐五代都指揮使考》，《學術界》1995年第1期。 "七月"至"以龐師古代珍爲都指揮使"：《通鑑》卷二五八龍紀元年（889）七月條。

八月丙子，帝進攻時溥壁，會大雨，引兵還。[1]

[1]八月丙子，帝進攻時溥壁，會大雨，引兵還：《通鑑》卷二五八龍紀元年（889）八月丙子條。

大順元年正月戊子朔，改元。李克用急攻邢州，孟遷食竭力盡，執王虔裕及汴兵以降。[1]

[1]大順：唐昭宗李曄年號（890—891）。 "大順元年正月戊子朔"至"執王虔裕及汴兵以降"：《通鑑》卷二五八大順元年（890）正月戊子條。該條《考異》引《（唐）太祖紀年録》及《薛史·（唐）太祖紀》，皆曰："大順元年，李存孝攻邢州急，邢帥孟遷以邢、洺、磁三州歸于我，執朱温之將王虔裕等三百人以獻。"

四月丙辰，宿州小將張筠逐刺史張紹光，擁衆以朋時溥。[1]帝率親軍討之，殺千餘人，筠遂堅守。時溥出兵暴碭山縣，帝遣朱友裕以兵襲之，敗徐軍三千餘衆，獲沙陁援軍石君和等三十人，[2]斬於宿州城下。[3]

[1]張筠：人名。海州（今江蘇連雲港市海州區）人。唐末軍閥。傳見本書卷九〇、《新五代史》卷四七。　張紹光：人名。籍貫不詳。本書僅此一見。

[2]朱友裕：人名。朱温長子。傳見本書卷一二。　沙陁：部族名。即沙陀。原意爲沙漠。沙陀部源出西突厥。隋文帝開皇二年（582），突厥汗國分裂爲東、西突厥。處月部爲西突厥所屬部落，朱邪是處月的別部。唐初，處月部居於金莎山（今尼赤金山）之南，蒲類海（今新疆巴里坤湖）之東，其境内有大磧（今古爾班通古特沙漠），因稱沙陀突厥。唐中期時西突厥、處月部均已衰落，朱邪部遂自號沙陀，其首領以朱邪爲姓。事見《新唐書》卷二一八《沙陀列傳》、本書卷二五、《新五代史》卷四末歐陽修考證。參見樊文禮《沙陀的族源及其早期歷史》，《民族研究》1999 年第 6 期。

石君和：人名。沙陀部人。時溥部將。事見本書本卷、卷二一、卷二五。

[3]“四月丙辰”至“斬於宿州城下”：《宋本册府》卷一八七《閏位部·勳業門五》。“時溥出兵”前原有“乙卯”二字，乙卯爲三月晦日，故删。《通鑑》卷二五八大順元年（890）四月條略同，無“沙陁援軍”四字。“獲沙陁援軍石君和等三十人”，中華書局本有校勘記：“‘三十’，《册府》卷一八七同，本書卷二一《霍存傳》、《新五代史》卷二一《霍存傳》、《册府》卷三四六作‘五十’。”見明本《册府》卷三四六《將帥部·佐命門》。

　　五月，昭義都將馮霸殺沙陁所署節度使李克恭來降。[1]帝請以河陽節度使朱崇節爲潞州留後。[2]以帝爲南面招討使。[3]

　　[1]昭義：方鎮名。又稱澤潞。治所在潞州（今山西長治市）。
　都將：官名。唐、五代時節度使屬將。　馮霸：人名。籍貫不
詳。唐末軍閥。事見本書本卷、卷二五、卷五〇、卷五三。　李克
恭：人名。沙陀部人。李克用之弟。唐末將領。傳見本書卷五〇、
《新五代史》卷一四。　五月，昭義都將馮霸殺沙陁所署節度使李
克恭來降：《宋本冊府》卷一八七《閏位部・勳業門五》。《冊府》
原繫於八月甲寅，中華書局本沿《輯本舊史》繫於八月甲寅，今據
《輯本舊史》卷五〇《李克恭傳》、《通鑑》卷二五八大順元年
（890）五月庚子條《考異》改。
　　[2]朱崇節：人名。籍貫不詳。五代後梁官員。事見本書本卷、
卷八一。　潞州：州名。治所在今山西長治市。　帝請以河陽節度
使朱崇節爲潞州留後：《通鑑》卷二五八大順元年五月庚子條《考
異》及七月條胡注引《五代史・梁太祖紀》。又見《宋本冊府》卷
一八七。《舊五代史考異》：“案《舊唐書》：五月，潞州軍亂，殺其
帥李克恭。七月，朱全忠遣大將葛從周率千騎入潞州。《薛史》統
作八月，蓋據入潞之月而追言之也。”見《舊唐書》卷二〇上《昭
宗紀》大順元年五月丙午、七月乙酉條。
　　[3]以帝爲南面招討使：《通鑑》卷二五八大順元年五月條。

　　六月辛酉，淮南孫儒遣使修好於帝，帝表其事，請
以淮南節度授于儒焉。辛未，昭宗命帝爲宣義軍節度
使，充河東東面行營招討使，時朝廷宰臣張濬將兵討太
原故也。[1]

　　[1]宣義軍：方鎮名。治所在滑州（今河南滑縣）。　張濬：
人名。河間（今河北河間市）人。唐僖宗時任户部侍郎、同中書門
下平章事，唐昭宗時爲尚書右僕射。後爲朱温所殺。傳見《舊唐
書》卷一七九、《新唐書》卷一八五。　“六月辛酉”至“時朝廷

宰臣張濬將兵討太原故也”：《宋本册府》卷一八七《閏位部·勳業門五》。《舊五代史考異》：“案《舊唐書》：五月，以宣武軍節度使朱全忠爲太原東南面招討使。《歐陽史》從《舊唐書》作東南面，《通鑑》作南面，與《舊唐書》異。考《新唐書》云：五月，以朱全忠爲南面招討使。六月辛未，朱全忠爲河東東面行營招討使。蓋先爲南面招討使，後改東面也。又六月，全忠兼領宣義軍，新、舊《唐書》皆不載，《通鑑》用《薛史》。”見《舊唐書》卷二〇上《昭宗紀》、《新五代史》卷一《梁太祖紀上》大順元年（890）五月條、《通鑑》卷二五八大順元年六月辛未條。

八月戊辰，李克用自率蕃漢步騎數萬以圍潞州，帝遣葛從周率驍勇之士，夜中銜枚犯圍而入於潞。[1]

[1]銜枚：古代行軍時，常令士兵橫銜枚於口中，以防喧嘩或叫喊。枚，形如筷子，兩端有帶，可繫於頸上。　“八月戊辰”至“夜中銜枚犯圍而入於潞”：《宋本册府》卷一八七《閏位部·勳業門五》。

九月壬寅，帝至河陽，遣都將李讜引軍趨澤、潞，行至馬牢川，爲晉人所敗。[1]帝又遣朱友裕、張全義率精兵至澤州北以爲應援。既而崇節、從周棄潞來歸。戊申，帝廷責諸將敗軍之罪，斬李重胤以徇，遂班師焉。[2]

[1]李讜：人名。河中臨晋（今山西臨猗縣）人。五代後梁將領。傳見本書卷一九。　澤：州名。治所在今山西澤州縣。　馬牢川：地名。位於今山西晋城市南二十里。

[2]李重胤：人名。宋州下邑（今河南夏邑縣）人。唐末將領。傳見本書卷一九。　　"九月壬寅"至"遂班師焉"：《通鑑》二五八大順元年（890）九月戊申條《考異》引薛居正《五代史·梁太祖紀》，又見同卷大順元年七月條《考異》引薛居正《五代史·梁太祖紀》，但"帝"作"上"，"李重胤"作"李重裔"。《宋本冊府》卷一八七《閏位部·勳業門五》基本相同。惟"斬李重胤以徇"，《冊府》作"斬李讜、李重裔以徇"。《輯本舊史》此處據《冊府》，"澤州"，中華書局本有校勘記："原作'渾州'，據《冊府》（宋本）卷一八七、《通鑑》卷二五八《考異》引《薛史》改。"又《舊五代史考異》："案：自'九月壬寅'至此，又見《通鑑考異》，與《冊府元龜》同。"兩者並非全同。

　　十月乙酉，帝自河陽赴滑臺。時奉詔將討太原，先遣使假道於魏，魏人不從。先是，帝遣行人雷鄴告糴于魏，既而爲牙軍所殺。羅弘信懼，故不敢從命，遂通好於太原。[1]

　　[1]雷鄴：人名。籍貫不詳。本書僅此一見。　　"十月乙酉"至"遂通好於太原"：《宋本冊府》卷一八七《閏位部·勳業門五》。討魏一事《通鑑》卷二五八大順元年（890）十月乙酉條稍詳。

　　十二月辛丑，丁會、葛從周擊魏，渡河，取黎陽、臨河，龐師古、霍存下淇門、衛縣，帝自以大軍繼之。[1]

　　[1]淇門：地名。位於今河南浚縣。是衛河與淇河的交匯處。

衛縣：縣名。治所在今河南淇縣。 "十二月辛丑"至"帝自以大軍繼之"：《通鑑》卷二五八大順元年（890）十二月辛丑條。《宋本册府》卷一八七《閏位部·勳業門五》略同，云："十二月辛丑，帝遣丁會、葛從周率衆渡河取黎陽、臨河，又令龐師古、霍存下淇門、衛縣，帝徐以大軍繼其後。"

二年春正月，羅弘信軍於内黄。丙辰，帝擊之，五戰皆捷，至永定橋，斬首萬餘級。弘信懼，遣使厚幣請和。帝命止焚掠，歸其俘，還軍河上。魏博自是服於汴。[1]

[1]内黄：縣名。治所在今河南内黄縣。 永定橋：橋名。位於今河南内黄縣西南衛河北。 "二年春正月"至"魏博自是服於汴"：《通鑑》卷二五八大順二年（891）正月條。《宋本册府》卷一八七《閏位部·勳業門五》略同，云："二年春正月，魏軍屯於内黄。丙辰，帝與之接戰，自内黄至永定橋，魏軍五敗，斬首萬餘級。羅弘信懼，遣使持厚幣請和。帝命止其焚掠而歸其俘，弘信由是感悦而聽命焉，乃收軍屯於河上。"

八月己丑，帝遣丁會急攻宿州，刺史張筠堅守其壁，會乃率衆於州東築堰，壅汴水以浸其城。[1]

[1]汴水：水名。隋開通濟渠，因自滎陽至開封一段即原來的汴水，故唐、宋人遂將出自河至入淮之通濟渠東段全流統稱爲汴水或汴渠。 "八月己丑"至"壅汴水以浸其城"：《宋本册府》卷一八七《閏位部·勳業門五》。

十月壬午，筠遂降，宿州平。[1]

[1]十月壬午，筠遂降，宿州平：《宋本册府》卷一八七《閏位部·勳業門五》。《舊五代史考異》：“案：《舊唐書》作十一月，汴軍陷宿州，與《薛史》異。《歐陽史》及《新唐書》《通鑑》俱從《薛史》作十月。”見《舊唐書》卷二〇上《昭宗紀》、《新唐書》卷一〇《昭宗紀》、《新五代史》卷一《梁太祖紀上》、《通鑑》卷二五八大順二年（891）十月壬午條。

十一月丁未，曹州裨將郭紹賓殺刺史郭饒，舉郡來降。[1]乙丑，徐將劉知俊率衆二千來降，自是徐軍不振。[2]

[1]郭紹賓：人名。籍貫不詳。唐末將領。事見本書本卷、卷九、卷一六、卷二一。 郭饒：人名。籍貫不詳。本書僅此一見。
十一月丁未，曹州裨將郭紹賓殺刺史郭饒，舉郡來降：《宋本册府》卷一八七《閏位部·勳業門五》。《舊五代史考異》：“案《新唐書》：十一月己未，曹州將郭銖殺其刺史郭詞，叛附於全忠。《通鑑》從《新唐書》，與《薛史》異。《歐陽史》仍從《薛史》。”見《新唐書》卷一〇《昭宗紀》、《新五代史》卷一《梁太祖紀上》、《通鑑》卷二五八大順二年（891）十一月條。《通鑑》卷二五八從《新唐書》，“曹州裨將郭紹賓”作“曹州都將郭銖”，“郭饒”作“郭詞”。

[2]劉知俊：人名。徐州沛縣（今江蘇沛縣）人。唐末、五代將領。先後隸時溥、朱温、李茂貞、王建。傳見本書卷一三、《新五代史》卷四四。 乙丑，徐將劉知俊率衆二千來降，自是徐軍不振：《宋本册府》卷一八七《閏位部·勳業門五》。“乙丑”，《册府》作“是月”，據《通鑑》卷二五八大順二年十一月乙丑條改。

　　十二月，兗州朱瑾領軍三萬寇單父，[1]帝遣丁會領大軍襲之，敗於金鄉界，殺二萬餘衆，瑾單馬遁去。[2]

　　[1]單父：縣名。治所在今山東單縣。　兗州朱瑾領軍三萬寇單父：《通鑑》卷二五八大順二年（891）十一月條、十二月乙酉條，然文字略異。其中，“兗州朱瑾”，《通鑑》作“泰寧節度使朱瑾”，“單父”，《通鑑》作“單州”。

　　[2]金鄉：縣名。治所在今山東金鄉縣。　帝遣丁會領大軍襲之，敗於金鄉界：中華書局本有校勘記：“‘襲之，敗於金鄉界’，《册府》卷一八七同，殿本作‘襲敗之於金鄉界’。”“丁會”後《通鑑》有“張歸霸”。　“十二月”至“瑾單馬遁去”：《宋本册府》卷一八七《閏位部·勳業門五》。

　　景福元年正月，遣丁會於兗州界徙其民數千户於許州。[1]

　　[1]景福：唐昭宗李曄年號（892—893）。　景福元年正月，遣丁會於兗州界徙其民數千户於許州：《宋本册府》卷一八七《閏位部·勳業門五》。

　　二月戊寅，帝親征鄆，先遣朱友裕屯軍於斗門。甲申，次衞南，有飛鳥止於峻堞之上，鳴噪甚厲，副使李璠曰：“將有不如意之事。”[1]是夜，鄆州朱瑄率步騎萬人襲朱友裕於斗門，友裕拔軍南去。乙酉，帝晨救斗門，不知友裕之退，前至斗門者皆爲鄆人所殺。帝追襲鄆人至瓠河，不及，遂頓兵於村落間。[2]時朱瑄尚在濮州。丁亥，遇朱瑄率兵將歸於鄆，遂來衝擊。帝策馬南馳，爲賊所追甚急，前有浚溝，躍馬而過，張歸厚援稍力戰於其後，乃免。時李璠與都將數人皆爲鄆軍所殺。[3]帝奏貶河陽節度使趙克裕。[4]

　　[1]斗門：地名。位於今河南濮陽市東南。　衛：州名。治所在今河南衛輝市。　堞（dié）：城墙上如齒狀的矮墙。
　　[2]瓠河：地名。位於今山東鄄城縣。　遂頓兵於村落間：中華書局本有校勘記："'領'，《册府》卷一八七同，殿本作'頓'。《舊五代史考異》卷一：'案"領"字考文義應是"頓"字之譌，今改。'"但未改，今改。
　　[3]前有浚溝：中華書局本有校勘記："'有'，原作'後'，據彭校、《册府》卷一八七改。"　"二月戊寅"至"時李璠與都將數人皆爲鄆軍所殺"：《宋本册府》卷一八七《閏位部·勳業門五》。《通鑑》卷二五九景福元年（892）二月戊寅、甲申、乙酉、丁亥條略同。
　　[4]趙克裕：人名。河陽（今河南孟州市）人。唐末軍閥。傳見本書卷一五。　帝奏貶河陽節度使趙克裕：《通鑑》卷二五九景福元年二月丁亥條。

　　五月丙午，遣朱克讓率衆暴兗、鄆之麥。[1]

　　[1]五月丙午，遣朱克讓率衆暴兗、鄆之麥：《宋本册府》卷一八七《閏位部·勳業門五》。

　　十一月，時溥濠州刺史張璲、泗州刺史張諫以州附于帝。[1]乙未，遣朱友裕率兵攻濮州，下之，擒刺史邵儒以獻，濮州平。遂命移軍伐徐州。[2]

[1]濠州：州名。治所在今安徽鳳陽縣。　張璲：人名。籍貫不詳。唐末官員。事見《新唐書》卷一〇。　泗州：州名。治所在今江蘇泗洪縣東南。　張諫：人名。唐末官員。事見《新唐書》卷一〇、卷一八八。　十一月，時溥濠州刺史張璲、泗州刺史張諫以州附于帝：《通鑑》卷二五九景福元年（892）十一月條。

[2]邵儒：人名。籍貫不詳。唐末官員。事見本書本卷、卷一六。“邵儒”，《通鑑》作“邵倫”。　“乙未”至“遂命移軍伐徐州”：《宋本册府》卷一八七《閏位部·勳業門五》，但無“乙未”，《通鑑》卷二五九景福元年十一月乙未條略同，據該條補。《通曆》卷一二爲節文。

二年二月，時溥求救於朱瑾，帝遣其將霍存將騎兵三千軍曹州以備之。瑾將兵二萬救徐州，存引兵赴之，與朱友裕合擊徐、兗兵于石佛山下，大破之，瑾遁歸兗州。[1]辛卯，徐兵復出，存戰死。朱友裕圍彭城，時溥數出兵，友裕閉壁不戰。[2]

[1]石佛山：山名。即今江蘇省徐州市南雲龍山。其東南嶺有大石佛，故名。

[2]“二年二月”至“友裕閉壁不戰”：《通鑑》卷二五九景福二年（892）二月辛卯、甲午條。

四月丁亥，[1]師古下彭門，梟溥首以獻。[2]

[1]丁亥：中華書局本有校勘記：“原作‘丁丑’，據《通鑑》卷二五九《考異》引《薛史》改。按是月己巳朔，丁丑爲初九，丁亥爲十九日。《通鑑》卷二五九：‘戊子，龐師古拔彭城，時溥舉

族登燕子樓自焚死。’戊子爲四月二十日，則此當作丁亥。”

[2]四月丁亥，師古下彭門，梟溥首以獻：《通鑑》卷二五九景福二年（893）四月戊子條《考異》引薛居正《五代史·梁紀》。《宋本册府》卷一八七《閏位部·勳業門五》略同。《舊五代史考異》：“案：《册府元龜》引《薛史》，於景福二年事多所刪節。考是年春有石佛山之戰，今不載。《通鑑注》引《薛史》云：‘石佛山在彭門南。’疑即此處闕文也。”《通曆》卷一二較簡：“梟徐州時溥之首。”

八月，帝命龐師古移兵攻兖州，與朱瑾戰，屢破之。[1]

[1]八月，帝命龐師古移兵攻兖州，與朱瑾戰，屢破之：《通鑑》卷二五九景福二年（893）八月條。《宋本册府》卷一八七《閏位部·勳業門五》略同，作：“八月，帝遣龐師古移兵攻兖，駐於曲阜，與朱瑾屢戰，皆敗之。”

十二月，帝請徙鹽鐵於汴州以便供軍。[1]葛從周攻齊州刺史朱威，朱瑄、朱瑾引兵救之。[2]

[1]十二月，帝請徙鹽鐵於汴州以便供軍：《通鑑》卷二五九景福二年（893）十二月條。

[2]齊州：州名。治所在今山東濟南市。　朱威：人名。籍貫不詳。本書僅此一見。　葛從周攻齊州刺史朱威，朱瑄、朱瑾引兵救之：《通鑑》卷二五九景福二年十二月條。《宋本册府》卷一八七《閏位部·勳業門五》略同，作：“師古遣先鋒葛從周引軍以攻齊州，刺史朱威告急于兖、鄆。既而朱瑄以援兵至，遂固其壘。”

乾寧元年二月，帝親領大軍由鄆州東路北次於魚山。[1]朱瑄覘知，即以兵逆至，且圖速戰。帝整軍出寨，時瑄、瑾已陣於前。須臾，東南風大起，我軍旌旗失次，甚有懼色，帝即令騎士揚鞭呼嘯。[2]俄而西北風驟發，時兩軍皆在草莽中，帝因令縱火。既而煙焰亘天，乘勢以攻賊陣，瑄、瑾大敗，[3]殺萬餘人，餘衆擁入清河，因築京觀於魚山之下，駐軍數日而還。[4]

[1]乾寧：唐昭宗李曄年號（894—898）。　魚山：山名。位於今山東東阿縣西南。　次於魚山：此句後，《舊五代史考異》：“《歐陽史》作漁山，考《通鑑》亦作魚山，今仍其舊。”見《新五代史》卷一《梁太祖紀上》乾寧元年（894）二月條、《通鑑》卷二五九乾寧元年二月條。

[2]帝即令騎士揚鞭呼嘯：中華書局本有校勘記：“‘帝’字原闕，據《冊府》卷一八七補。”今據補。

[3]“乾寧元年二月”至“瑄、瑾大敗”：《大典》卷一五一二〇“寨”字韻“出寨”事目。亦見《宋本冊府》卷一八七《閏位部·勳業門五》，個別字稍有差異。

[4]清河：河流名。濟水自巨野澤以下，“因水色清深”，別名清水。位於今山東境內。　京觀：戰爭中勝者爲了炫耀武功，收集敵人屍首，封土而成的高冢。《左傳·宣公十二年》：“君盍築武軍，而收晋尸以爲京觀。”杜預注：“積尸封土其上，謂之京觀。”　殺萬餘人，餘衆擁入清河，因築京觀於魚山之下，駐軍數日而還：《宋本冊府》卷一八七《閏位部·勳業門五》。《通鑑》卷二五九乾寧元年二月條較簡。

二年正月癸亥，帝遣其將朱友恭圍兗州，朱瑄自鄆以兵糧救之，友恭設伏，敗之於高梧，[1]盡奪其餉，擒河東將安福順、安福慶。[2]

　　[1]朱友恭：人名。壽春（今安徽壽縣）人。本姓李，朱溫養子。傳見《新唐書》卷二二三下、本書卷一九。　高梧：地名。在今山東鄆城縣北。“高梧”，中華書局本沿《輯本舊史》引《册府》作“高吳”，《舊五代史考異》：“案：《通鑑》作高梧，考《薛史》前後俱作高吳，今仍其舊。”《輯本舊史》卷一六、《新五代史》卷二一《葛從周傳》均作“高吳”。

　　[2]安福順：人名。籍貫不詳。唐末將領。事見本書本卷、卷二六。　安福慶：人名。籍貫不詳。唐末將領。事見本書本卷、《新唐書》卷一〇。　“二年正月癸亥”至“擒河東將安福順、安福慶”：《通鑑》卷二六〇乾寧二年（895）正月癸亥條。《宋本册府》卷一八七《閏位部·勳業門五》略同，作：“二年正月癸亥，遣朱友恭帥師復伐兗，遂塹而圍之。未幾，朱瑄自鄆率步騎援糧欲入於兗，友恭設伏以敗之，盡奪其餉於高吳，因擒蕃將安福順、安福慶。”

　　二月己酉，帝領親軍屯於單父，以爲友恭之援。[1]會寒食，帝乃親拜文穆皇帝陵於碭山縣午溝里。[2]

　　[1]二月己酉，帝領親軍屯於單父，以爲友恭之援：《宋本册府》卷一八七《閏位部·勳業門五》。《通鑑》卷二六〇乾寧二年（895）二月己酉條略同，作：“朱全忠軍于單父，爲朱友恭聲援。”中華書局本沿《輯本舊史》仍繫此條於三年二月，有校勘記：“《册府》卷一八九繫其事於乾寧二年二月，本書誤繫於三年。”但未復位，且未補“以爲友恭之援”，今復位，並補。

　　[2]寒食：節令名。時間多在清明節前一至三日，農曆三月之

中。寒食日禁火寒食，故名。　文穆皇帝：即朱温之父朱誠。　會寒食，帝乃親拜文穆皇帝陵於碭山縣午溝里：《宋本冊府》卷一八九《閏位部·奉先門》。中華書局本沿《輯本舊史》亦繫於三年二月，亦有與上條校勘記相同文字之校記，但未復位，今復位。

四月，濠、壽二州復爲楊行密所陷。是時，太原遣將史儼兒、李承嗣以萬騎馳入於鄆，[1]朱友恭遂歸於汴。[2]

[1]壽：州名。治所在今安徽壽縣。　史儼兒：人名。籍貫不詳。唐末、五代將領。事見本書本卷、卷二一、卷二五。　李承嗣：人名。代州雁門（今山西代縣）人。唐末、五代將領。傳見本書卷五五。

[2]“四月”至“朱友恭遂歸於汴”：《宋本冊府》卷一八七《閏位部·勳業門五》。《舊五代史考異》：“《通鑑》：乾寧二年四月，河東遣其將史儼、李承嗣以萬人馳入於鄆。此據《薛史·梁紀》原文，惟史儼兒作史儼，爲微異耳。下又云：七月，克用遣史儼將三千騎詣石門侍衞。十二月，李克用遣大將史儼、李承嗣假道於魏以救之。前後複互，且其時汴、鄆日有戰爭，道路阻隔，史儼既於四月入鄆，不應七月已在石門，十二月又過魏也。考《舊唐書》云：初，充、鄆求援於太原，克用令蕃將史完府、何懷寶等千騎赴之。不言其赴鄆爲何時。據此篇下云：八月，獲蕃將史完府。十一月，擒何懷寶。然則四月馳入於鄆者，當是史完府、何懷寶，非史儼、李承嗣也。參考《薛史·唐武皇紀》及《李承嗣傳》，承嗣等入鄆定在二年之冬，《梁紀》似有舛誤。《通鑑》並採梁、唐《帝紀》，亦未能考定畫一。”其中，“十一月”，中華書局本有校勘記：“‘原作十月’，據殿本《考證》及本卷下文改。”見《舊唐書》卷二〇上《昭宗紀》。《通鑑》卷二六〇乾寧二年（895）四月庚寅

等條更詳。兩書"史儼兒"均作"史儼"。

八月，帝領親軍伐鄆，至大仇，遣前軍挑戰，設伏於梁山以待之。[1]既而獲蕃將史完府，奪馬數百匹。朱瑄脱身遁去，復入于鄆。[2]

[1]大仇：地名。今地不詳。　梁山：山名。位於今山東梁山縣東南。

[2]史完府：人名。籍貫不詳。李克用部將。事見本書本卷。"八月"至"復入于鄆"：《宋本册府》卷一八七《閏位部·勳業門五》。《舊五代史考異》："案《通鑑》：九月辛未，朱全忠自將擊朱瑄，戰於梁山，瑄敗走還鄆。與《薛史》異。《歐陽史》仍從《薛史》作八月。"見《新五代史》卷一《梁太祖紀上》乾寧二年（895）八月條、《通鑑》卷二六〇繫於乾寧二年九月辛未。

十月，帝駐軍於鄆，齊州刺史朱瓊遣使請降，瓊即瑾之從父兄也。[1]帝因移軍至兖，瓊果來降。未幾，瓊爲朱瑾所紿，掠而殺之。帝即以其弟玭爲齊州防禦使。[2]

[1]朱瓊：人名。宋州下邑（今河南夏邑縣）人。唐末將領。事見本書本卷。

[2]玭：人名。即朱玭。宋州下邑（今河南夏邑縣）人。唐末將領。本書僅此一見。　"十月"至"帝即以其弟玭爲齊州防禦使"：《宋本册府》卷一八七《閏位部·勳業門五》。《舊五代史考異》："案《新唐書·昭宗紀》：十一月壬申，齊州刺史朱瓊叛降於朱全忠。據《薛史》則朱瓊自請降至見殺皆在十月，與《新唐書》

異。《通鑑》從《新唐書》。"見《新唐書》卷一〇《昭宗紀》、《通鑑》卷二六〇乾寧二年（895）十一月丁巳條。《通鑑》該條《考異》引《薛史·梁紀》云"瓘降及死皆在十月"。

十一月，朱瑄復遣將賀瓘、柳存及蕃將何懷寶等萬餘人以襲曹州，庶解兗州之圍也。[1]帝知之，自兗領軍策馬先路至鉅野南，追而敗之，殺戮將盡，生擒賀瓘、柳存、何懷寶及賊黨三千餘人。是日申時，狂風暴起，塵沙沸湧，帝曰："此乃殺人未足耳！"遂下令盡殺所獲囚俘，風亦止焉。翌日，縶賀瓘等以示于兗，帝素知瓘名，乃釋之，惟斬何懷寶於兗城之下，乃班師。[2]

[1]賀瓘：人名。濮州濮陽（今河南濮陽市）人。唐末、五代將領。傳見本書卷二三、《新五代史》卷二三。 柳存：人名。籍貫不詳。唐末、五代將領。事見本書本卷。 何懷寶：人名。籍貫不詳。唐末將領。事見本書本卷、卷一三、卷二三。"何懷寶"，《舊五代史考異》："案：《通鑑》作薛懷寶，考《舊唐書》亦作何懷寶，今仍之。"見《舊唐書》卷二〇上《昭宗紀》。《通鑑》卷二六〇乾寧二年（895）十一月辛巳條引章注，云十二行本作"何"，張校則作"薛"。

[2]鉅野：縣名。治所在今山東巨野縣。 "十一月"至"乃班師"：《宋本册府》卷一八七《閏位部·勳業門五》。

十二月，葛從周領兵復伐兗。既至，與朱瑾戰於壘下，殺千餘眾，擒其將孫漢筠已下二十人，[1]遂旋師。[2]

[1]孫漢筠：人名。籍貫不詳。唐末將領。事見本書本卷、卷

一六。

[2]"十二月"至"遂旋師"：《宋本册府》卷一八七《閏位部·勳業門五》。《舊五代史考異》："案《通鑑》云：朱全忠之去兗州也，留葛從周將兵守之，與《薛史·梁紀》異。又《薛史·葛從周傳》作十月事。"《通鑑》卷二六〇乾寧二年（895）十二月條較詳，云："朱全忠之去兗州也，留葛從周將兵守之，朱瑾閉城不復出。從周將還，乃揚言'天平、河東救兵至，引兵西北邀之'，夜半，潛歸故寨。瑾以從周精兵悉出，果出兵攻寨。從周突出奮擊，殺千餘人，擒其都將孫漢筠而還。"《舊五代史考異》所云《薛史·梁紀》實爲《册府》。

三年正月，河東李克用既破邠州，欲謀爭霸，乃遣蕃將張污落以萬騎寨於河北之莘縣，聲言欲救兗、鄆。魏博節度使羅弘信患之，使來求援。[1]

[1]張污落：人名。即李存信。回鶻人。唐末將領。傳見本書卷五三、《新五代史》卷三六。"蕃將張污落"，《通鑑》卷二六〇乾寧三年（896）閏正月條作"蕃、漢都指揮使李存信"，張污落乃賜姓前之原名。 莘縣：縣名。治所在今山東莘縣。 "三年正月"至"使來求援"：《宋本册府》卷一八七《閏位部·勳業門五》。《通鑑》卷二六〇繫於乾寧三年閏正月條，稍詳。

三月，帝遣龐師古將兵伐鄆州，敗鄆兵於馬頰，遂抵其城下。[1]

[1]馬頰：地名。位於今山東東平縣。 "三月"至"遂抵其城下"：《通鑑》卷二六〇乾寧三年（896）三月條。

四月辛酉，河漲，將毀滑州城，帝命決爲二河，夾滑城而東，爲害滋甚。錢鏐、鍾傳、杜洪畏楊行密之强，皆求援於帝。[1]帝遣許州刺史朱友恭將兵萬人渡淮，聽以便宜從事。[2]

[1]錢鏐：人名。杭州臨安（今浙江杭州市）人。五代時期吳越國的建立者。傳見本書卷一三三、《新五代史》卷六七。　鍾傳：人名。洪州高安（今江西高安市）人。唐末軍閥。傳見《新唐書》卷一九〇、本書卷一七、《新五代史》卷四一。　杜洪：人名。江夏（今湖北武漢市）人。伶人出身，唐末軍閥。傳見《新唐書》卷一九〇、本書卷一七。

[2]“四月辛酉”至“聽以便宜從事”：《通鑑》卷二六〇乾寧三年（896）四月條。《宋本册府》卷一八七《閏位部·勳業門五》稍詳，作：“四月辛酉，河東泛漲，將壞滑城，帝令決隄岸以分其勢爲二河，夾滑城而東，爲害滋甚。是月，帝遣許州刺史朱友恭領兵萬人渡淮，以便宜從事。時黄、鄂二州累遣使求援，故有是行。”中華書局本沿《輯本舊史》引《册府》“河東泛漲”，有校勘記：“《册府》卷一八七同，劉本作‘河東水泛漲’，邵本校作‘河水泛漲’，《通鑑》卷二六〇作‘河漲’。”本書從《通鑑》。

五月，命葛從周統軍屯于洹水，以備蕃軍。[1]

[1]洹水：縣名。治所在今河北魏縣。因境有洹水，故名。
五月，命葛從周統軍屯于洹水，以備蕃軍：《宋本册府》卷一八七《閏位部·勳業門五》。《通鑑》卷二六〇乾寧三年（896）五月條稍詳。

六月，李克用帥蕃漢諸軍營于斥丘，遣其男落落將鐵林小兒三千騎薄于洹水。[1]從周與戰，大敗之，生擒落落以獻。克用悲駭，請修舊好以贖其子，帝不許，遂執落落送于羅弘信，斬之。越七日，我軍還屯楊留以伐鄆。[2]

[1]斥丘：縣名。治所在今河北成安縣。　落落：人名。即李落落，李克用之子。事見本書卷一、卷二六。　鐵林：部隊番號。

[2]楊留：地名。位於今山東東阿縣楊柳鄉。唐、五代時爲黃河下游重鎮。　"六月"至"我軍還屯楊留以伐鄆"：《宋本冊府》卷一八七《閏位部·勳業門五》。《通鑑》卷二六〇乾寧三年（896）六月條略同，"楊留"作"楊劉"。本書亦多處用"楊劉"，地名通用。

八月，復壁于洹水。是時，昭宗幸華州。遣使就加帝檢校太師、守中書令。[1]

[1]華州：州名。治所在今陝西渭南市華州區。　守：官制用語。官階低於官職加"守"字。爲加官，榮譽頭銜。　"八月"至"守中書令"：《宋本冊府》卷一八七《閏位部·勳業門五》。"檢校太師、守中書令"事，《舊唐書》卷二〇上《昭宗紀》繫於天復元年（901）二月。"復壁于洹水"事，《通鑑》卷二六〇繫於乾寧三年（896）十月條。

十一月，帝還大梁，復遣葛從周東會龐師古，攻鄆州。[1]

[1]十一月，帝還大梁，復遣葛從周東會龐師古，攻鄆州：《通鑑》卷二六〇乾寧三年（896）十一月條。

　　四年正月，帝以洹水之師大舉伐鄆。[1]辛卯，營于濟水之次，龐師古令諸將撤木爲橋。乙未夜，師古以中軍先濟，朱瑄棄壁夜走，葛從周擒瑄并妻男以獻。[2]己亥，帝入于鄆，以朱友裕爲鄆州兵馬留後。[3]時帝聞朱瑾與史儼兒在豐沛間搜索糧饋，[4]惟留康懷英以守兗州，帝因乘勝遣葛從周以大軍襲兗。[5]懷英聞鄆失守，俄又我軍大至，乃出降。朱瑾、史儼兒遂奔淮南。兗、海、沂、密等州並平。乃以葛從周爲兗州留後。[6]

　　[1]四年正月，帝以洹水之師大舉伐鄆：《宋本冊府》卷一八七《閏位部·勳業門五》。

　　[2]濟水：河名。源出今河南省，流經山東省入渤海。　擒瑄并妻男以獻：《舊五代史考異》：“案：自‘辛卯營于濟水之次’至此，又見《通鑑考異》，惟中少數字，蓋引書間有删節也。”見《通鑑》卷二六一乾寧四年（897）正月丙申條《考異》引《薛史·梁太祖紀》。　“辛卯”至“葛從周擒瑄并妻男以獻”：《通鑑》卷二六一乾寧四年正月丙申條《考異》引《薛史·梁太祖紀》。《宋本冊府》卷一八七記載略同，作：“辛卯，營于濟水之次，龐師古令諸將撤木爲橋。乙未夜，師古以中軍先濟，聲振于鄆，朱瑄聞之，棄壁夜走。葛從周逐之至中都北，擒瑄并其妻男以獻，尋斬汴橋下，鄆州平。”《輯本舊史》引《冊府》。其中，“濟水”，《舊五代史考異》：“案胡三省云：漢以後無濟水，此濟水蓋即鄆城清河水也。”

　　[3]己亥：中華書局本有校勘記：“原作‘乙亥’，據《冊府》

（宋本）卷一八七改。按《通鑑》卷二六一繫朱温入鄆事於己亥。是月丁丑朔，無乙亥，己亥爲二十三日。" 朱友裕爲鄆州兵馬留後：《舊五代史考異》："案《通鑑》：正月，以龐師古爲天平軍留後。三月，表朱友裕爲天平軍留後。據《薛史·郴王友裕傳》，四年，帝下東平，即爲天平留後。與《通鑑》異。"見《輯本舊史》卷一二《郴王友裕傳》。《通鑑》卷二六一乾寧四年正月條《考異》："《舊·紀》、《梁太祖實録》、薛居正《五代史·師古傳》皆云師古爲鄆州留後。《編遺録》《薛史·梁紀》皆云'友裕'。案《編遺録》，'三月丙子，以友裕爲鄆州留後，師古爲徐州留後。'蓋初以師古守鄆州，後以友裕代之，而徙師古於徐州也。"

[4]沛：縣名。治所在今江蘇沛縣。 豐沛：《輯本舊史》之影庫本粘籤："原本作'澧沛'，今據文改正。"《册府》此處本作"豐沛"，粘籤誤。

[5]康懷英：人名。兗州（今山東濟寧市兗州區）人。唐末、五代將領。本名懷貞，避後梁末帝朱友貞諱改懷英。傳見本書卷二三、《新五代史》卷二二。

[6]海：州名。治所在今江蘇連雲港市海州區。 沂：州名。治所在今山東臨沂市。 密：州名。治所在今山東諸城市。 兗、海、沂、密等州並平：《舊五代史考異》："案《新唐書·昭宗紀》：四年正月丙申，朱全忠陷鄆州，天平軍節度朱宣死之。二月，朱全忠寇兗州，泰寧軍節度使朱瑾奔於淮南。《舊唐書》：正月癸未，汴將龐師古陷鄆州。二月戊申，汴將葛從周陷兗州，與《薛史》月日前後不同，詳見《通鑑考異》。"見《新唐書》卷一〇《昭宗紀》、《舊唐書》卷二〇上《昭宗紀》、《通鑑》卷二六一乾寧四年正月條略同，奔淮南事，繫於二月條，略同。"朱瑾、史儼兒"原作"朱瑾、朱儼兒"，據上下文改。 "己亥"至"兗州留後"：《宋本册府》卷一八七《閏位部·勳業門五》。

三月丙子，帝表曹州刺史葛從周爲泰寧留後，朱友裕爲天平留後，龐師古爲武寧留後。[1]

[1]泰寧：方鎮名。治所在兗州（今山東濟寧市兗州區）。天平：方鎮名。治所在鄆州（今山東東平縣）。　武寧：方鎮名。治所在徐州（今江蘇徐州市）。　“三月丙子”至“龐師古爲武寧留後”：《通鑑》卷二六一乾寧四年（897）三月丙子條。

五月，朱友恭遣使上言，大破淮寇於武昌，收復黃、鄂二州。[1]

[1]武昌：方鎮名。治所在鄂州（今湖北武漢市武昌區）。黃州：州名。治所在今湖北黃岡市黃州區。　鄂：州名。治所在今湖北武漢市武昌區。　“五月”至“收復黃、鄂二州”：《通鑑》卷二六一乾寧四年（897）五月壬午條《考異》引薛居正《五代史·梁紀》。原作“五月丁丑”，據《通鑑》卷二六一，乾寧四年五月辛巳（初七）起浮梁，壬午（初八）取黃州，丁丑（初三）在壬午前，誤，故删“丁丑”二字。

八月，陝州節度使王珙遣使來乞師。是時，珙弟珂實爲蒲帥，迭相憤怒，日尋干戈，而珙兵寡，故來求援。[1]帝遣張存敬、楊師厚等領兵赴陝，既而與蒲人戰于猗氏，大敗之。[2]

[1]王珙：人名。太原祁（今山西祁縣）人。河中節度使王重盈之子。唐末軍閥。傳見本書卷一四。　珂：人名。即王珂。河中（今山西永濟市）人。王重榮兄王重簡之子，出繼王重榮。唐末軍

閥。傳見《舊唐書》卷一八二、《新唐書》卷一八七、本書卷一
四、《新五代史》卷四二。“珂”，《舊五代史考異》：“案：原本訛
作‘琦’，今據《新唐書·王重榮傳》改正。”見《新唐書》卷一
八七《王重榮傳》。案，《宋本册府》此處本作“珂”，明本作
“琦”。《舊五代史考異》見明本而未查宋本。　蒲：蒲州。此處當
指護國軍，治所在蒲州（今山西永濟市）。

　　[2]張存敬：人名。譙郡（治今安徽亳州市）人。唐末將領。
傳見本書卷二〇、《新五代史》卷二一。　楊師厚：人名。潁州斤
溝（今安徽太和縣阮橋鎮斤溝村）人。唐末、五代將領。傳見本書
卷二二、《新五代史》卷二三。　猗氏：縣名。治所在今山西臨猗
縣。　“八月”至“大敗之”：《宋本册府》卷一八七《閏位部·
勳業門五》。　《通鑑》卷二六一繫王乞師事於乾寧四年（897）
三月。

　　九月，帝以兗、鄆既平，將士雄勇，遂大舉南
征。[1]命龐師古以徐、宿、宋、滑之師直趨清口，葛從
周以兗、鄆、曹、濮之衆徑赴安豐。[2]

　　[1]大舉南征：此句後，《舊五代史考異》：“案《舊唐書·昭
宗紀》：師古渡淮在十月，而清口之敗在十一月，《薛史》繫於九
月，蓋舉南征之議實始於九月，其後遂終言之耳。《歐陽史》改作
九月，攻淮南。則清口之役乃因雨雪而敗，有《九國志》可據，斷
非九月事也。”見《舊唐書》卷二〇上《昭宗紀》、《新五代史》卷
一《梁太祖紀上》乾寧四年（897）正月條。

　　[2]清口：地名。原爲泗水入淮之口，位於今江蘇淮安市淮陰
區。　安豐：地名。位於今江蘇興化市安豐鎮。　“九月”至
“從周以兗、鄆、曹、濮之衆徑赴安豐”：《宋本册府》卷一八七
《閏位部·勳業門五》。此事《通鑑》卷二六一亦繫於乾寧四年九

月條，云："朱全忠既得兗、鄆，甲兵益盛，乃大舉擊楊行密，遣龐師古以徐、宿、宋、滑之兵七萬壁清口，將趨揚州，葛從周以兗、鄆、曹、濮之兵壁安豐，將趨壽州，全忠自將屯宿州；淮南震恐。"

十一月，淮人遣朱瑾領兵以拒師古，因決水以浸軍，遂爲淮人所敗，師古歿焉。葛從周行及濠梁，聞師古之敗，亦命班師。[1]

[1]濠梁：濠水之上。濠，水名。在今安徽鳳陽縣，北流至臨淮關入淮河。梁，橋梁。　"十一月"至"亦命班師"：《宋本册府》卷一八七《閏位部·勳業門五》，原繫於九月，據《通鑑》卷二六一乾寧四年（897）十一月癸酉條改。

舊五代史　卷二

梁書二

太祖紀第二

　　光化元年正月，兩浙、江西、武昌、淄青各遣使詣闕，請以帝爲都統，討楊行密；詔不許。[1]帝遣葛從周統諸將略地於山東，遂次于邢洺。[2]

　　[1]光化：唐昭宗李曄年號（898—901）。　兩浙：地區名。浙東、浙西的合稱。泛指今浙江全省及江蘇南部一角。　江西：地區名。即江南西道，治所在洪州（今江西南昌市）。　武昌：方鎮名。治所在鄂州（今湖北武漢市）。　淄青：方鎮名。即平盧軍，治所在青州（今山東青州市）。　都統：官名。此處指諸道行營都統。唐末設此職，作爲各道出征兵士的統帥。屬臨時性軍事長官。楊行密：人名。盧州合淝（今安徽合肥市）人。唐末軍閥，五代十國南吳政權奠基者，後被追尊爲吳國太祖。傳見《新唐書》卷一八八、本書卷一三四、《新五代史》卷六一。　“光化元年正月”至“詔不許”：《通鑑》卷二六一光化元年（898）正月條。

　　[2]葛從周：人名。濮州鄄城（今山東鄄城縣）人。唐末、五

代將領。傳見本書卷一六、《新五代史》卷二一。 邢：州名。治所在今河北邢臺市。 洺：州名。治所在今河北邯鄲市永年區。 "帝遣葛從周"至"次于邢洺"：《宋本冊府》卷一八七《閏位部·勳業門五》。

三月，昭宗以帝兼領天平軍節度使，餘如故。[1]滄州節度使盧彥威爲燕軍所攻，棄城奔於魏，魏人送於汴。[2]

[1]昭宗：即唐昭宗李曄，888 年至 904 年在位。紀見《舊唐書》卷二〇上、《新唐書》卷一〇。 天平軍：方鎮名。治所在鄆州（今山東東平縣）。 節度使：官名。唐時在重要地區所設掌握一州或數州軍事、民事、財政的長官。 三月，昭宗以帝兼領天平軍節度使，餘如故：《宋本冊府》卷一八七《閏位部·勳業門五》。《舊五代史考異》："案《舊唐書》：光化元年正月，朱全忠遣判官韋震奏事，求兼領鄆州。《薛史》作三月事，蓋奏事在正月，制下在三月也。《歐陽史》及《通鑑》俱從《薛史》。"見《舊唐書》卷二〇上《昭宗紀》光化元年（898）正月辛未條、《新五代史》卷一《梁太祖紀上》光化元年三月條、《通鑑》卷二六一光化元年三月條。

[2]滄州：州名。治所在今河北滄縣舊州鎮。 盧彥威：人名。籍貫不詳。唐末軍閥。事見《舊唐書》卷一九下至卷二〇下、《通鑑》卷二六七。中華書局本沿《輯本舊史》作"盧廷彥"，並有校勘記："本書卷九〇《趙在禮傳》、卷一三五《劉守光傳》、《新五代史》卷三九《劉守光傳》、《舊唐書》卷二〇上《昭宗紀》、《新唐書》卷一〇《昭宗紀》、《通鑑》卷二六一作'盧彥威'。"但未改。《輯本舊史》卷二六《唐武皇紀下》乾化元年（911）十二月條、卷六七《李愚傳》、卷一四一《五行志·草木石冰條》亦作

"盧彦威"。今據上述諸書改。　　燕：封國名。此處指唐末河北方鎮盧龍軍，治所在幽州（今北京城西南）。劉仁恭、劉守光父子先後爲盧龍節度使、燕王。　　魏：州名。又稱鄴都。治所在今河北大名縣。　　汴：州名。治所在今河南開封市。　　滄州節度使盧彦威爲燕軍所攻，棄城奔於魏，魏人送於汴：《宋本册府》卷一八七，原繫於"四月"，據《通鑑》卷二六一光化元年（898）三月條改。

　　四月丁未，帝至鉅鹿城下，敗河東兵萬餘人，逐北至青山口。[1]丁卯，帝遣葛從周分兵攻洺州，戊辰，拔之，斬刺史邢善益。[2]

　　[1]鉅鹿：縣名。治所在今河北巨鹿縣。　　河東：方鎮名。治所在太原（今山西太原市西南晋源鎮）。　　青山口：地名。位於今河北邢臺市西北。
　　[2]邢善益：人名。籍貫不詳。唐末將領。事見本書本卷，《通鑑》卷二五八、卷二六一。　　"四月"至"斬刺史邢善益"：《通鑑》卷二六一光化元年（898）四月丁未、丁卯、戊辰條。《宋本册府》卷一八七《閏位部・勳業門五》略同，云：夏四月，"帝以大軍至鉅鹿，屯於城下，敗晋軍萬餘衆於青山口，俘馬千餘匹。丁卯，遣從周分兵攻洺州，斬刺史邢善益，擒將五十餘人。"

　　五月己巳朔，赦天下。葛從周攻邢州，刺史馬師素棄城走。[1]辛未，磁州刺史袁奉滔自到。[2]帝以從周爲昭義留後，守邢、洺、磁三州而還。[3]

　　[1]刺史：官名。漢武帝始置。州一級行政長官，總掌考核官吏、勸課農桑、地方教化等事。唐中期以後，節度使、觀察使轄州

而設，刺史爲其屬官，職任漸輕。從三品至正四品下。　馬師素：人名。籍貫不詳。唐末將領。事見本書本卷、卷二六，《通鑑》卷二五九、卷二六一。

[2]磁州：州名。治所在今河北磁縣。　袁奉滔：人名。籍貫不詳。唐末將領。事見本書本卷、《通鑑》卷二六一。

[3]昭義：方鎮名。治所在潞州（今山西長治市）。　留後：官名。唐、五代節度使多以子弟或親信爲留後，以代行節度使職務，亦有軍士、叛將自立爲留後者。掌一州或數州軍政。　"五月己巳朔"至"守邢、洺、磁三州而還"：《通鑑》卷二六一光化元年（898）五月己巳、辛未條。《宋本册府》卷一八七《閏位部·勳業門五》略同，云："五月己巳，邢州刺史馬師素棄城遁去。辛未，磁州刺史袁奉滔自到而死。五日之内，連下三州。因以葛從周兼邢州昭義軍節度留後，帝遂班師。"其中"磁州"，《輯本舊史》之影庫本粘籤："磁州，原本作'惠州'，今從《新唐書》及《通鑑》改正。"檢《新唐書》未獲，見《通鑑》卷二六一光化元年五月辛未條、《新五代史》卷二一《葛從周傳》。在本條《册府》文字後，有《舊五代史考異》："案《通鑑》，朱全忠陷洺州在四月，陷邢州、磁州在五月，俱以《薛史》爲據。新、舊《唐書》總繫於五月，《歐陽史》總繫於四月，皆非實録。"見《舊唐書》卷二〇上《昭宗紀》、《新唐書》卷一〇《昭宗紀》、《新五代史》卷一《梁太祖紀上》。

　　七月，忠義節度使趙匡凝聞帝有清口之敗，陰附於楊行密。[1]帝遣宿州刺史尉氏氏叔琮將兵伐之，[2]丙申，拔唐州，擒隨州刺史趙匡璘，敗襄州兵於鄧城。[3]

[1]趙匡凝：人名。蔡州（今河南汝南縣）人。唐末軍閥。傳見本書卷一七、《新五代史》卷四一。　清口：地名。原爲泗水入

淮之口，位於今江蘇淮安市淮陰區。

[2]宿州：州名。治所在今安徽宿州市。 尉氏：縣名。治所在今河南尉氏縣。 氏叔琮：人名。河南尉氏（今河南尉氏縣）人。唐末將領。傳見本書卷一九、《新五代史》卷四三。

[3]唐州：州名。治所在今河南唐河縣。 隨州：州名。治所在今湖北隨州市。 趙匡璘：人名。籍貫不詳。唐末軍閥。事見本書卷一七。中華書局本沿《輯本舊史》作"趙璘"，有校勘記："原作'趙琳'，據《册府》（宋本）卷一八七改。本書卷一七《趙匡凝傳》、《新唐書》卷一八六《趙匡凝傳》、卷一〇《昭宗紀》、《通鑑》卷二六一作'趙匡璘'。按'匡'字避宋諱省。"中華書局本未補。今補。 襄州：州名。治所在今湖北襄陽市。 鄧城：地名。即鄧州。治所在今河南鄧州市。 "七月"至"敗襄州兵於鄧城"：《通鑑》卷二六一光化元年（898）七月條。《宋本册府》卷一八七《閏位部·勳業門五》略同，云："是時，襄州節度使趙凝聞帝軍有清口之敗，密附於淮夷。七月，帝遣氏叔琮率師伐之。未幾，其泌州刺史趙瑤越塘來降，隨州刺史趙璘臨陣就擒。"其中，"襄州節度使趙匡凝聞帝軍有清口之敗，密附於淮夷"，《册府》繫於五月。《舊五代史考異》："案：趙匡凝，原本避宋諱作趙凝，今從新、舊《唐書》及《歐陽史》增'匡'字，後倣此。"又，"帝遣氏叔琮率師伐之"至"隨州刺史趙匡琳臨陣就擒"，《舊五代史考異》："案《新唐書》：七月丙申，朱全忠陷唐州，又陷隨州，執刺史趙匡璘。八月戊午，陷鄧州，執刺史國湘。《通鑑》從《新唐書》，與《薛史》詳畧不同。《舊唐書》俱作七月。《歐陽史》以唐州爲泌州，尚仍《薛史》之舊。"見《舊唐書》卷二〇上《昭宗紀》、《新唐書》卷一〇《昭宗紀》、《新五代史》卷一《梁太祖紀上》、《通鑑》卷二六一光化元年七月條，《舊五代史考異》所云《薛史》實爲《册府》卷一八七。

九月，魏博節度使羅弘信薨，軍中推其子節度副使紹威知留後。[1]

[1]魏博：方鎮名。治所在魏州貴鄉縣（今河北大名縣）。羅弘信：人名。魏州貴鄉（今河北大名縣）人。唐末軍閥。傳見《舊唐書》卷一八一、《新唐書》卷二一〇。　節度副使：官名。唐、五代方鎮屬官。位於行軍司馬之下、判官之上。　紹威：人名。即羅紹威。魏州貴鄉（今河北大名縣）人。唐末軍閥。傳見本書卷一四、《新五代史》卷三九。《輯本舊史》之影庫本粘籤："羅紹威，原本作昭威，今據《歐陽史》改正。"見《新五代史》卷一《梁太祖紀上》。　"九月"至"知留後"：《通鑑》卷二六一光化元年（898）九月條。《通鑑》該條《考異》："薛居正《五代史·梁紀》《弘信傳》《太祖紀年錄》皆云弘信八月卒，按八月昭宗還京，弘信猶加官。"

十二月，李罕之以潞州來降。[1]

[1]李罕之：人名。陳州項城（今河南沈丘縣）人。唐末軍閥，後依附於諸葛爽。傳見《新唐書》卷一八七、本書卷一五、《新五代史》卷四二。　潞州：州名。治所在今山西長治市。"十二月"至"來降"：《新五代史》卷一《梁太祖紀上》光化元年（898）十二月條。

二年正月，楊行密與朱瑾將兵數萬攻徐州，軍於呂梁，帝遣騎將張歸厚救之。[1]劉仁恭發幽、滄等十二州兵十萬，欲兼河朔；[2]攻貝州，拔之，城中萬餘戶，盡屠之，投屍清水。[3]由是諸城各堅守不下。仁恭進攻魏州，營於城北；魏博節度使羅紹威求救於帝。

[1]朱瑾：人名。宋州下邑（今河南夏邑縣）人。唐末軍閥。
傳見《舊唐書》卷一八二、本書卷一三、《新五代史》卷四二。
徐州：州名。治所在今江蘇徐州市。　呂梁：古鎮名。位於今江蘇
徐州市東南。　張歸厚：人名。清河（今河北清河縣）人。唐末、
五代將領。傳見本書卷一六、《新五代史》卷二二。

[2]劉仁恭：人名。深州（今河北深州市）人。唐末、五代軍
閥。傳見《新唐書》卷二一二。　幽：州名。治所在今北京市。
滄：州名。治所在今河北滄州市。　河朔：地區名。泛指黃河下游
以北地區。

[3]貝州：州名。治所在今河北清河縣。　清水：水名。發源
於五台縣東北 80 公里華嚴嶺，南流合滹陽河後，又合濾滹河入滹
沱河。　"二年正月"至"求救於帝"：《通鑑》卷二六一光化二
年（899）正月條。《宋本冊府》卷一八七《閏位部・勳業門五》
云："淮南楊行密舉全吳之眾，精甲五萬，以伐徐州，帝領大軍禦
之。行密聞帝親征，乃收軍而退。時幽州節度使劉仁恭大舉蕃漢兵
號十萬以伐魏，遂攻陷貝州，州民萬餘户，無少長悉屠之。進攻魏
州，魏人來乞師。"《冊府》所載楊行密退兵、劉仁恭出兵魏博及
魏人求救於朱全忠皆在正月。

二月，帝白將救徐州，楊行密聞之，引兵去。汴人
追及之於下邳，殺千餘人。[1]帝行至輝州，聞淮南兵已
退，乃還。[2]

[1]下邳：縣名。治所在今江蘇睢寧縣古邳鎮。

[2]輝州：州名。治所在今山東單縣。　"二月"至"乃還"：
《通鑑》卷二六一光化二年（899）二月條。

　　三月，帝遣朱友倫、張存敬、李思安等先屯於內黃，帝遂親征。[1]與燕軍戰於內黃北，燕軍大敗，殺二萬餘衆，奪馬二千餘匹，擒都將單無敵已下七十餘人。[2]是月，葛從周自山東領其部衆，馳以救魏。翌日乘勝，諸將張存敬已下連破八寨，遂逐燕軍，北至於臨清，擁其殘寇於御河，溺死者甚衆，仁恭奔於滄州。[3]丁巳，帝遣河陽節度使丁會攻澤州，下之。[4]

　　[1]朱友倫：人名。朱溫之侄。傳見本書卷一二、《新五代史》卷一三。　張存敬：人名。譙郡（今安徽亳州市）人。唐末將領。傳見本書卷二〇、《新五代史》卷二一。　李思安：人名。河南陳留（今河南開封市陳留鎮）人。唐末、五代將領。傳見本書卷一九。　內黃：縣名。治所在今河南內黃縣。　“三月”至“帝遂親征”：《宋本册府》卷一八七《閏位部·勳業門五》。中華書局本沿《輯本舊史》繫於正月，據《通鑑》卷二六一光化二年（899）三月條改，《通鑑》本條作：“三月，朱全忠遣其將李思安、張存敬將兵救魏博，屯于內黃。”《舊五代史考異》：“案：《舊唐書》及《通鑑》俱以屯內黃爲三月事，與《薛史》異。”見《舊唐書》卷二〇上《昭宗紀》。

　　[2]都將：官名。唐、五代時方鎮屬將。　單無敵：人名。即單可及。籍貫不詳。唐末藩鎮將領。事見本書卷一四、卷二六，《通鑑》卷二六一。《舊五代史考異》：“案《通鑑》：單可及，幽州驍將，號‘單無敵’。《舊唐書》作擒生單可及，《薛史·梁紀》作單無敵，蓋仍當時軍檄之文也。”見《舊唐書》卷二〇上《昭宗紀》。　“與燕軍戰於內黃北”至“擒都將單無敵已下七十餘人”：《宋本册府》卷一八七。《通鑑》卷二六一光化二年三月條略詳，云：“癸卯，（朱）全忠以中軍軍於滑州。劉仁恭謂其子守文曰：‘汝勇十倍于（李）思安，當先虜鼠輩，後擒（羅）紹威耳！’乃

遣守文及其妹婿單可及將精兵五萬擊思安于內黃。丁未，思安使其將袁象先伏兵於清水之右，思安逆戰於繁陽，陽不勝而却，守文逐之。及內黃之北，思安勒兵還戰，伏兵發，夾擊之。幽州兵大敗，斬可及，殺獲三萬人，守文僅以身免。可及，幽州驍將，號‘單無敵’，燕軍失之喪氣。思安，陳留人也。”

[3]臨清：縣名。治所在今河北臨西縣。　御河：水名。今河北、河南境內的衛河，即隋所開的永濟渠的一部分。　“是月”至“仁恭奔於滄州”：《宋本册府》卷一八七《閏位部·勳業門五》，《通鑑》卷二六一光化二年三月戊申、己酉條略詳。

[4]河陽：方鎮名。全稱“河陽三城”。治所在孟州（今河南孟州市）。　丁會：人名。壽州壽春（今安徽壽縣）人。唐末、五代將領。傳見本書卷五九、《新五代史》卷四四。　澤州：州名。治所在今山西澤州縣。　丁巳，帝遣河陽節度使丁會攻澤州，下之：《通鑑》卷二六一光化二年三月丁巳條。

六月，帝表丁會爲潞州節度使，以李罕之疾亟故也。又遣葛從周由固鎮路入於潞州，以援丁會。[1]

[1]固鎮：地名。位於今山西沁水縣西北固鎮村。　“六月”至“以援丁會”：《通鑑》卷二六一光化二年（899）六月丁卯條《考異》引薛居正《五代史·梁紀》。又見《宋本册府》卷一八七《閏位部·勳業門五》。《輯本舊史》之案語：“自‘六月帝表丁會’至此，又見《通鑑考異》。”

七月壬辰朔，海州陳漢賓擁所部三千奔於淮南。[1]戊戌，晉人陷澤州。帝遣召葛從周於潞，留賀德倫以守之。未幾，德倫爲晉人所逼，遂棄潞而歸，繇是潞州復爲晋人所有。[2]

[1]海州：州名。治所在今江蘇連雲港市海州區。《册府》原闕"州"字，據《通鑑》卷二六一光化二年（899）七月條補。陳漢賓：人名。籍貫不詳。唐末藩鎮軍閥。曾任海州戍將、青州將領。事見《新唐書》卷一〇、卷一八八。

[2]賀德倫：人名。唐末、五代將領。其先係河西部落人，後居滑州（今河南滑縣）。傳見本書卷二一、《新五代史》卷四四。

"七月壬辰朔"至"潞州復爲晋人所有"：《宋本册府》卷一八七《閏位部・勳業門五》。《舊五代史考異》："案《新唐書》：八月，李克用陷澤、潞、懷三州。與《薛史》異。《通鑑》從《新唐書》作八月，《歐陽史》從《薛史》作七月。"見《新唐書》卷一〇《昭宗紀》、《新五代史》卷一《梁太祖紀上》光化二年七月條、《通鑑》卷二六一光化二年七月條。　"未幾"至"縣是潞州復爲晋人所有"：《通鑑》卷二六一繫於光化二年八月丙寅、己巳、乙酉條。

十一月，陝州都將朱簡殺李璠，自稱留後，附帝，仍請更名友謙，預於子姪。[1]

[1]陝州：州名。治所在今河南三門峽市陝州區。　朱簡：人名。即朱友謙。河南許州（今河南許昌市）人。朱温養子，唐末、五代軍閥。傳見本書卷六三、《新五代史》卷四五。　李璠：人名。籍貫不詳。唐末將領。事見本書本卷、《新五代史》卷一三。"十一月"至"預於子姪"：《通鑑》卷二六一光化二年（899）十一月條。《宋本册府》卷一八七《閏位部・勳業門五》稍簡，云："十一月，陝州都將朱簡殺留後李璠，自稱留後，送款於帝。"

三年四月，帝遣葛從周帥兗、鄆、滑、魏四鎮兵十萬擊劉仁恭。[1]

[1]兗（yǎn）：州名。治所在今山東濟寧市兗州區。 鄆（yùn）：州名。治所在今山東東平縣。 滑：州名。治所在今河南滑縣。 "三年四月"至"擊劉仁恭"：《通鑑》卷二六二光化三年（900）四月條。《宋本冊府》卷一八七《閏位部‧勳業門五》略同，云："三年四月，遣葛從周以兗、鄆、滑、魏之師伐滄州。"

五月庚寅，拔德州，斬刺史傅公和。[1]己亥，圍劉守文於滄州。[2]

[1]德州：州名。治所在今山東德州市陵城區。 傅公和：人名。籍貫不詳。唐末地方官員。本書僅此一見。

[2]劉守文：人名。深州（今河北深州市）人。唐末盧龍節度使劉仁恭長子。唐末、五代軍閥。後梁開平三年（909），被其弟劉守光殺死。事見本書本卷、卷四、卷九八及《新五代史》卷五六、卷七二。 "五月庚寅"至"圍劉守文於滄州"：《通鑑》卷二六二光化三年（900）五月庚寅、己亥條。《宋本冊府》卷一八七《閏位部‧勳業門五》略同，云："五月庚寅，攻德州，拔之，梟刺史傅公和於城上。己亥，進攻浮陽。"

六月，劉仁恭將幽州兵五萬救滄州，營於乾寧軍。[1]葛從周留張存敬、氏叔琮守滄州寨，自將精兵逆戰於老鴉堤，大破仁恭，斬首三萬級，仁恭走保瓦橋。[2]

[1]乾寧軍：方鎮名。治所在永安縣（今河北青縣）。

[2]老鴉堤：地名。位於今河北青縣東南。 瓦橋：地名。《通鑑》胡注："瓦橋，在涿州歸義縣南"。位於今河北雄縣。"六月"至"仁恭走保瓦橋"：《通鑑》卷二六二光化三年（900）六月條。《宋本冊府》卷一八七《閏位部·勳業門五》亦載，云："六月，燕帥劉仁恭大舉來援，從周與諸將逆戰於乾寧軍老鴉隄，大破之，殺萬餘衆，俘其將佐馬慎交已下百餘人。既而以連雨，遂班師。"其中，葛從周班師事，《通鑑》載於七月。

七月，李克用復遣都指揮使李嗣昭將兵五萬攻邢、洺以救仁恭，敗汴軍於內丘。[1]王鎔遣使和解幽、汴，會久雨，帝召從周還。[2]

[1]李克用：人名。沙陀部人，生於神武川新城（一説是今山西朔州市朔城區之梵王寺村，一説是今山西應縣縣城，一説在今山西懷仁縣之日中城）。唐末軍閥，受封晉王。五代後唐太祖。紀見本書卷二五、《新五代史》卷四。 都指揮使：官名。五代軍隊編制，五百人爲一指揮，設指揮使、副指揮使；十指揮爲一軍，設都指揮使、副都指揮使。 李嗣昭：人名。汾州（今山西汾陽市）人。李克用義子、部將。傳見本書卷五二、《新五代史》卷三六。 內丘：縣名。治所在今河北內丘縣。

[2]王鎔：人名。回鶻人。唐末、五代軍閥，朱溫後封趙王。傳見本書卷五四、《新五代史》卷三九。 "七月"至"帝召從周還"：《通鑑》卷二六二光化三年（900）七月條。

八月，河東遣李進通襲陷洺州，帝遣葛從周屯黃龍鎮，親領中軍涉洺而寨，晉人懼而宵遁，洺州復平。[1]

[1]李進通：人名。籍貫不詳。唐末、五代藩鎮將領。事見本書卷四。　黃龍鎮：地名。位於今河北邯鄲市永年區。　"八月"至"洺州復平"：《通鑑》卷二六二光化三年（900）八月條及九月條《考異》引《舊史·梁紀》。《宋本册府》卷一八七《閏位部·勳業門五》亦載，云："八月，河東遣李進通襲陷洺州，執刺史朱紹宗。帝遣葛從周自鄴縣渡漳水，屯于黃龍鎮，親領中軍涉洺而寨。晋人懼而宵遁，洺州復平。"《舊五代史考異》："案：收復洺州，《通鑑》作九月，《舊唐書》及《歐陽史》俱作八月。"《通鑑》本條明言八月"洺州復平"，非九月。又見《舊唐書》卷二〇上《昭宗紀》、《新五代史》卷一《梁太祖紀上》。《通鑑》八月條、九月條《考異》引《梁紀》均爲節文。"帝遣葛從周"事，《通鑑》卷二六二光化三年九月條《考異》引《唐末見聞録》《後唐紀》《實録》，皆繫於九月。

　九月，帝以仁恭、進通之入寇也，皆由鎮、定爲其囊橐，即以葛從周爲上將以伐鎮州。[1]遂攻下臨城，渡滹沱以環其城。[2]帝領親軍繼至，鎮帥王鎔懼，納質請盟，仍獻文繒二十萬以犒戎士，帝許之。[3]

　[1]鎮：州名。治所在今河北正定縣。　定：州名。治所在今河北定州市。

　[2]臨城：縣名。治所在今河北臨城縣。　滹（hū）沱：河流名。發源於今山西繁峙縣，東流入今河北省，過正定縣，向東流入渤海。

　[3]"九月"至"帝許之"：《宋本册府》卷一八七《閏位部·勳業門五》。《通鑑》卷二六二光化三年（900）九月條更詳。

　十月，晋人以帝宿兵於趙，遂南下太行，急攻河陽。[1]留後侯言與都將閻寶力戰固守，僅而獲全。[2]

　　[1]趙：州名。治所在今河北趙縣。　太行：即太行山。

　　[2]侯言：人名。籍貫不詳。唐末將領。事見本書本卷及卷二一。　閻寶：人名。鄆州（今山東東平縣）人。唐末、五代將領。傳見本書卷五九、《新五代史》卷四四。　"十月"至"僅而獲全"：《宋本册府》卷一八七《閏位部·勳業門五》。《通鑑》卷二六二光化三年（900）十月條略詳，云："先是王鎔告急於河東，李克用遣李嗣昭將步騎三萬下太行，攻懷州，拔之，進攻河陽。河陽留後侯言不意其至，狼狽失據，嗣昭壞其羊馬城。會佑國軍將閻寶引兵救之，力戰於壕外，河東兵乃退。"

　　十一月，以張存敬爲上將，自甘陵發軍，北侵幽薊，連拔瀛、莫二郡，遂移軍以攻中山。[1]定帥王鎔以精甲二萬戰於懷德亭，盡殪之。[2]鎔懼，奔於太原。遲明，大軍集於城下，鎔季父處直持印鑰乞降，亦以繒帛三十萬爲獻，帝即以處直代鎔領其鎭焉。[3]是月，燕人劉守光赴援中山，寨於易水之上，繼爲康懷英、張存敬等所敗，斬獲甚衆。由是河朔知懼，皆弭伏焉。[4]

　　[1]甘陵：地名。指代貝州，治所在今河北清河縣。　幽薊：地區名。即今河北北部、北京市、天津市一帶。　瀛：州名。治所在今河北河間市。　莫：州名。治所在今河北任丘市。　瀛、莫二郡：《舊五代史考異》："案《新唐書·昭宗紀》：九月甲寅，朱全忠陷瀛州。十月丙寅，陷景州。辛酉，陷莫州。辛巳，陷祁州。《通鑑》與《新唐書》同，《舊唐書》俱作九月事，《薛史》又俱作十一月事，前後互異。"見《舊唐書》卷二〇上《昭宗紀》、《新唐

書》卷一〇《昭宗紀》、《通鑑》卷二六二光化三年（900）九月、十月條。　中山：地名。此處代指唐末河北方鎮義武軍（治所在今河北定州市）。

　　[2]王郜：人名。京兆萬年（今陝西西安市長安區）人。唐末軍閥。事見本書卷二六、卷五二。　懷德亭：地名。位於今河北定州市懷德村。

　　[3]季父：即叔父。　處直：人名。即王處直。京兆萬年（今陝西西安市長安區）人。唐末、五代軍閥，長期爲義武節度使。傳見本書卷五四、《新五代史》卷三九。　亦以繒帛三十萬爲獻：中華書局本有校勘記：“‘繒帛’，原作‘繪帛’，據殿本、劉本、孔本、邵本校、彭校改。”《册府》原作“繒帛”，不誤。

　　[4]易水：水名。即今河北西部的易水河，有北、中、南三股。　康懷英：人名。兖州（今山東濟寧市兖州區）人。唐末、五代將領。本名懷貞，避後梁末帝朱友貞諱改懷英。傳見本書卷二三、《新五代史》卷二二。　“十一月”至“皆弭伏焉”：《宋本册府》卷一八七《閏位部·勳業門五》。

　　劉季述幽昭宗，立德王裕爲帝，仍遣其養子希度來言，願以唐之神器輸於帝。[1]時帝方在河朔，聞之，遽還於汴，大計未決。會李振自長安使回，因言於帝云云。帝悟，因請振復使于長安，與時宰潛謀返正。[2]

　　[1]劉季述：人名。籍貫不詳。唐末宦官。顯於僖宗、昭宗時期，累遷至樞密使。傳見《新唐書》卷二〇八。　德王裕：即李裕，唐昭宗太子，劉季述軟禁昭宗，擁李裕爲帝，昭宗復位後，李裕復降爲德王。傳見《新唐書》卷八二。　希度：人名。即劉希度。籍貫不詳。劉季述養子。事見《新唐書》卷二〇八、本書本卷。

[2]李振：人名。河西（今甘肅武威市）人。五代後梁大臣。祖居西域，唐潞州節度使李抱真曾孫。祖、父在唐皆官郡守。傳見本書卷一八、《新五代史》卷四三。　　“劉季述幽昭宗”至“與時宰潛謀返正”：《通鑑》卷二六二光化三年十二月條《考異》引《薛史・梁紀》。《宋本册府》卷一八七《閏位部・勳業門五》略詳，作：“是歲，唐左軍中尉劉季述幽昭宗於東宫内，立皇子德王裕爲帝，仍遣其養子希度來言，願以唐之神器輸於帝。時帝方在河朔，聞之，遽還於汴，大計未決。會李振自長安使迴，因言於帝曰：‘夫豎刁、伊戾之亂，所以資霸者之事也。今閽豎幽辱天子，王不能討，無以令諸侯。’帝悟，因請振復使於長安，與時宰潛謀反正。”其中，“是歲”至“無以令諸侯”，亦見《通曆》卷一二。“唐左軍中尉劉季述幽昭宗於東宫内”，中華書局本改“東宫内”爲“東内”，並有校勘記：“‘東内’，原作‘東宫内’，據《宋本册府》卷一八七改。按《舊唐書》卷二〇上《昭宗紀》：‘左右軍中尉劉季述、王仲先廢昭宗，幽于東内問安宫。’本卷下文：‘即時迎昭宗於東内，御樓反正。’”“大計未決”後，《舊五代史》《考異》：“案：《通鑑考異》引《唐補紀》，謂全忠初與季述通謀，後乃改計。今考新、舊《唐書》皆不載此事，《薛史》亦不取。”“與時宰潛謀反正”後，《輯本舊史》之案語：“自‘季述幽昭宗’至此，亦見《通鑑考異》，惟字句稍有刪節。”

天復元年正月甲申朔，唐宰相崔胤潛使人以帝密旨告於侍衛將軍孫德昭已下，[1]令誅左右中尉劉季述、王仲先等，即時迎昭宗於東内，御樓反正。[2]癸巳，降制進封帝爲梁王，酬反正之功也。昭宗之廢也，汴之邸吏程巖牽昭宗衣下殿。[3]帝聞之，召巖至汴，折其足，送於長安，杖殺之。是時，河中節度使王珂結援於太原，帝怒，遣大將張存敬率將涉河，由含山路鼓行而進。[4]

戊申，攻下絳州。^[5]壬子，晋州刺史張漢瑜舉郡來降，帝即以大將侯言權領晋州、何絪權領絳州，晋、絳平。^[6]

[1]天復：唐昭宗李曄年號（901—904）。　甲申朔：原作"乙酉朔"，《舊五代史考異》："案：天復元年正月，當從《舊唐書》作甲申朔。考光化三年十二月爲乙卯朔，天復元年二月爲甲寅朔。《舊唐書》作癸未夜，孫德昭等以兵攻劉季述、王仲先。《通鑑》作德昭等謀以除夜伏兵俟之。以癸未爲除夜，則正朔斷爲甲申也。《通鑑》從《薛史》作乙酉朔，疑誤。"今據《二十史朔閏表》改。　崔胤：人名。清河武城（今山東武城縣）人。唐末宰相。傳見《舊唐書》卷一七七、《新唐書》卷二二三下。原作"裔"，爲《册府》避諱所改，今回改。　孫德昭：人名。鹽州五原（今陝西定邊縣）人。唐末、五代將領。傳見本書卷一五、《新五代史》卷四三。

[2]左右中尉：官名。指神策軍中尉。唐德宗朝以後，左右神策軍各置護軍中尉一人，由宦官充任，統領禁軍。　王仲先：人名。籍貫不詳。唐末宦官。曾掌神策軍。事見《舊唐書》卷二〇上、本書本卷。

[3]制：帝王命令的一種。唐制，凡行大賞罰、授大官爵、厘革舊政、赦宥慮囚，皆用制書。由中書舍人起草擬定。禮儀等級較高。　邸吏：泛指守邸官吏。　程巖：人名。籍貫不詳。唐末梁國派駐京師的進奏院官，參與謀廢唐昭宗，後被朱温杖殺。事見《舊唐書》卷二〇、本書卷一八。

[4]河中：方鎮名。治所在河中府（今山西永濟市西南蒲州鎮）。　王珂：人名。王重榮兄王重簡之子，出繼王重榮。唐末軍閥。傳見《舊唐書》卷一八二、《新唐書》卷一八七、本書卷一四、《新五代史》卷四二。　含山：又作峪山、唅山。在今山西聞

喜縣東南。

　　[5]絳州：州名。治所在今山西新絳縣。

　　[6]晉州：州名。治所在今山西臨汾市。　張漢瑜：人名。籍貫不詳。唐末、五代地方官員。事見《舊唐書》卷二〇上、本書本卷。　權：官員任用類別之一。與“攝”相近，是一種暫時的委任。　“天復元年正月甲申朔”至“晉、絳平”：《宋本册府》卷一八七《閏位部·勳業門五》。“侍衛將軍孫德昭”至“酬反正之功也”，亦見《通曆》卷一二。“昭宗之廢也”至“殺之”，亦見《通鑑》卷二六二天復元年（901）正月己丑條《考異》引《薛史·梁紀》。“癸巳”至“酬反正之功也”，亦見《通鑑》卷二六二天復元年正月癸巳條《考異》引《薛史·梁紀》。“酬反正之功也”，《舊五代史考異》：“案《舊唐書》：二月，制以全忠檢校太師、守中書令，進封梁王。《新唐書》：二月辛未，封全忠爲梁王。與《薛史》月日先後不同，詳見《通鑑考異》。”見《舊唐書》卷二〇上《昭宗紀》、《新唐書》卷一〇《昭宗紀》。

　　二月己未，大軍至河中，存敬命繚其垣而攻之。壬戌，蒲人颺素幡以請降。[1]庚午，帝至河中，以張存敬權領河中軍府事，河中平，帝乃東還。[2]是月，李克用遣牙將張特來聘，帝亦遣使報命。[3]

　　[1]蒲：州名。治所在今山西永濟市。

　　[2]“二月己未”至“帝乃東還”：《宋本册府》卷一八七《閏位部·勳業門五》。“二月己未”，中華書局本有校勘記：“‘二月’二字原闕，據《通鑑》卷二六二《考異》引薛居正《五代史補》。按是月甲寅朔，己未爲初六。”

　　[3]牙將：官名。古代軍隊中的中低級軍官。　張特：人名。籍貫不詳。李克用麾下官員。事見本書本卷。　“是月”至“帝

亦遣使報命"：《通鑑》卷二六二天復元年（901）二月條《考異》
引《薛史・梁紀》，亦見《宋本冊府》卷一八七，"李克用遣牙將
張特來聘"後，《冊府》有"請尋舊好"四字。《冊府》蒙上文似
爲"正月"，據《考異》所引《薛史・梁紀》當爲"二月"。

　　三月癸未朔，帝歸自河中。[1]是月，遣大將賀德倫、
氏叔琮領大軍以伐太原，[2]叔琮等自太行路入，魏博都
將張文恭自磁州新口入，葛從周以兗、鄆之衆自土門路
入，洺州刺史張歸厚以本軍自馬嶺入，定州刺史王處直
以本軍自飛狐入，晉州侯言自陰地入。[3]澤州刺史李存
璋棄郡奔歸太原。[4]叔琮引軍逼潞州，節度使孟遷乞
降。[5]河東屯將李審建、王周領步軍一萬、騎二千詣叔
琮歸命，乃進軍趨太原。[6]

　　[1]三月癸未朔，帝歸自河中：《宋本冊府》卷一八七《閏位
部・勳業門五》。《通鑑》卷二六二天復元年（901）三月癸未條略
同，云："三月癸未朔，朱全忠至大梁。"
　　[2]氏叔琮：《輯本舊史》之影庫本粘籤："氏叔琮，原本作
'氏叔琮'，今據列傳改正。"見《輯本舊史》卷一九《氏叔琮傳》。
　　[3]新口：地名。位於今河北武安市。　土門：關隘名。即井
陘關。位於今河北井陘縣北井陘山上。　馬嶺：地名。位於今山西
晉中市太谷區東南。　飛狐：古道名。北起今山西大同市，南抵今
河北定州市。　陰地：關隘名。位於今山西靈石縣西南。　定州刺
史王處直以本軍自飛狐入：《輯本舊史》有案語："原本闕'王處
直'三字，今據《通鑑》增入。"
　　[4]李存璋：人名。雲中（今山西大同市）人。五代後唐將
領。傳見本書卷五三、《新五代史》卷三六。

[5]孟遷：人名。邢州（今河北邢臺市）人。唐末將領。傳見《新唐書》卷一八七。

[6]屯將：官名。三國始置，軍事將領。 李審建：人名。籍貫不詳。唐末、五代藩鎮將領。事見本書本卷、卷二六。 王周：人名。魏州（今河北大名縣）人。五代後唐、後晉、後漢將領。傳見本書卷一〇六、《新五代史》卷四八。 "是月"至"乃進軍趨太原"：《宋本册府》卷一八七《閏位部·勳業門五》。《通鑑》卷二六二天復元年三月諸條更詳，云："癸卯，遣氏叔琮等將兵五萬攻李克用，入自太行，魏博都將張文恭入自磁州新口，葛從周以兗、鄆兵會成德兵入自土門，洺州刺史張歸厚入自馬嶺，義武節度使王處直入自飛狐，權知晉州侯言以慈、隰、晉、絳兵入自陰地。叔琮入天井關，進軍昂車。辛亥，沁州刺史蔡訓以城降。河東都將蓋璋詣侯言降，即令權知沁州。壬子，叔琮拔澤州，李存璋棄城走。叔琮進攻潞州，昭義節度使孟遷降之。河東屯將李審建、王周將步軍一萬、騎二千詣叔琮降。叔琮進趣晉陽。"

四月乙卯，大軍出石會關，營於洞渦驛。[1]都將白奉國自井陘入，收承天軍。[2]張歸厚引兵至遼州，丁巳，刺史張鄂迎降。[3]氏叔琮即日與諸軍至晉陽城下，[4]城中雖時出精騎來戰，然危蹙至甚，將謀遁矣。會叔琮以芻糧不給，遂班師。[5]

[1]石會關：關隘名。位於今山西榆社縣西北。爲澤、潞和太原間交通要扼之地。 洞渦驛：地名。位於今山西清徐縣。

[2]白奉國：人名。籍貫不詳。唐末將領。事見《新五代史》卷五。 井陘：關隘名。位於今河北井陘縣。 承天軍：方鎮名。治所在今山西平定縣。

[3]丁巳：中華書局本沿《輯本舊史》闕，據《通鑑》卷二六

二天復元年四月丁巳條補。　遼州：州名。治所在今山西左權縣。

　　張鄂：人名。籍貫不詳。唐末李克用部將，遼州刺史，後投降朱溫。事見本書本卷。

　　[4]氏叔琮即日與諸軍至晉陽城下：中華書局本有校勘記："'晉'字原闕，據劉本、邵本校、彭校、本書卷一六《葛從周傳》、《通鑑》卷二六二補。"見《輯本舊史》卷一六《葛從周傳》天復元年（901）三月條、《通鑑》天復元年四月條。

　　[5]遂班師：中華書局本沿《輯本舊史》作"遂班師"，據《通鑑》五月條《考異》引《編遺録》《後唐太祖紀》，命班師在四月，班師在五月。《舊五代史考異》："案《舊唐書》：四月癸丑朔，汴軍大舉攻太原。據《薛史》，則汴人伐太原自在三月也。《新唐書》云：三月辛亥，昭義軍節度使孟遷叛附於朱全忠。四月壬子，全忠陷沁、澤二州。丁巳，儀州刺史張鄂叛附於全忠。大畧與《薛史》同，惟旋師之期，《薛史·梁紀》作四月，《唐紀》作五月，微有互異。《歐陽史》作三月旋師，誤。"見《舊唐書》卷二〇上《昭宗紀》、《新唐書》卷一〇《昭宗紀》、《新五代史》卷一《梁太祖紀上》天復元年三月條。　"四月乙卯"至"遂班師"：《宋本册府》卷一八七《閏位部·勳業門五》。

　　五月癸卯，昭宗以帝兼領護國軍節度使、河中尹。[1]是月，氏叔琮等自石會關歸，諸道軍亦退。[2]

　　[1]護國軍：方鎮名。治所在河中府（今山西永濟市西南蒲州鎮）。　尹：官名。唐、五代時府的長官稱尹。　"五月癸卯"至"河中尹"：《宋本册府》卷一八七《閏位部·勳業門五》。《通鑑》卷二六二天復元年（901）五月癸卯條略詳："朱全忠奏乞除河中節度使而諷吏民請己爲帥；癸卯，以全忠爲宣武、宣義、天平、護國四鎮節度使。"

[2]是月，氏叔琮等自石會關歸，諸道軍亦退：《通鑑》卷二六二天復元年五月條。

六月庚申，帝發自大梁。[1]丁卯，視事於河中。以素服出郊，拜故節度使王重榮墓。[2]尋辟其子瓚爲節度判官，請故相張濬爲重榮撰碑。[3]帝自中和初歸唐，首依重榮，至是思其舊德，故恩禮若是。[4]

[1]六月庚申，帝發自大梁：《通鑑》卷二六二天復元年（901）六月癸亥條《考異》引《薛史·梁紀》。亦見《宋本册府》卷一八七《閏位部·勳業門五》。"發"字，《册府》作"廢"。

[2]王重榮：人名。太原祁（今山西祁縣）人。唐末軍閥。傳見《舊唐書》卷一八二、《新唐書》卷一八七。

[3]瓚：王瓚。人名。河中節度使王重榮之子。傳見本書卷五九。　節度判官：官名。唐末、五代藩鎮僚佐，位行軍司馬下。張濬：人名。河間（今河北河間市）人。唐僖宗時任户部侍郎、同中書門下平章事，唐昭宗時任尚書右僕射，後被朱温所殺。傳見《舊唐書》卷一七九、《新唐書》卷一八五。

[4]中和：唐僖宗李儇年號（881—885）。　"丁卯"至"故恩禮若是"：《輯本舊史》原注録自《大典》卷二七九五"碑"字韻"撰碑"事目。又見明本《册府》卷二一一《閏位部·求舊門》，文字稍異。"丁卯"，《册府》作"丁丑"。

七月甲寅，帝東還梁邸。[1]

[1]七月甲寅，帝東還梁邸：《宋本册府》卷一八七《閏位部·勳業門五》。《通鑑》卷二六二天復元年（901）七月甲寅條

云："秋七月甲寅，遽歸大梁發兵。"

十月戊戌，奉密詔赴長安。是時朝廷軍國大政，專委崔胤，崔每事裁抑宦官，宦官側目。崔一日於便殿奏，欲盡去之，全誨等屬垣聞之。[1]中官視崔眥裂，以重賂甘言誘藩臣，以爲城社，時因讌聚，則相向流涕。時崔專掌三司貨泉，[2]全誨等教禁兵於昭宗前訴之；昭宗不得已，罷崔知政事。崔急召帝，請以兵入輔，故有是行。[3]戊申，行次河中。同州留後司馬鄴，華之幕吏也，舉郡來降。[4]

[1]全誨：韓全誨。人名。籍貫不詳。唐末宦官。傳見《新唐書》卷二〇八。　崔一日於便殿奏：中華書局本沿《輯本舊史》作"胤一日於便殿奏"，並有校勘記："'胤'，《册府》卷一八七、《通鑑》卷二六二《考異》引薛居正《五代史》作'崔'。本段下文'胤'字，《册府》卷一八七皆作'崔'。"

[2]貨泉：泛指錢幣。　時崔專掌三司貨泉：中華書局本有校勘記："'掌'，《通鑑》卷二六二《考異》引薛居正《五代史》作'專掌'。"《舊五代史考異》："案《舊唐書》：十一月壬子，出幸鳳翔。甲戌，崔胤責授朝散大夫、守工部尚書。《新唐書》亦作十一月甲戌，崔胤罷。是未幸鳳翔以前，崔胤未罷知政事也，與《薛史》異。"見《舊唐書》卷二〇上《昭宗紀》、《新唐書》卷一〇《昭宗紀》、《新五代史》卷一《梁太祖紀上》天復元年（901）十月條。

[3]"十月戊戌"至"故有是行"：《通鑑》卷二六二天復元年十月戊戌條《考異》引《薛史·梁紀》。《宋本册府》卷一八七《閏位部·勳業門五》記載較詳，云："十月戊戌，奉密詔赴長安。

是時朝廷既誅劉季述，以韓全誨、張弘彦爲兩軍中尉，袁易簡、周敬容爲樞密使。是時軍國大政專委宰相崔胤，崔每事裁抑宦官，宦官側目。崔一日於便殿奏，欲盡去之，全誨等屬垣聞之，嘗於昭宗前祈哀自訴。自是昭宗敕崔，每有密奏，令進囊封。全誨等乃訪京城美婦人十數以進，使求宫中陰事，昭宗不悟，崔謀漸泄。中官視崔眥裂，以重賂甘言誘藩臣以爲城社，時因讌聚，則相向流涕。時崔掌三司貨泉，全誨等教禁兵伺崔出，聚而呼譟，訴以冬衣減損，又於昭宗前訴之，昭宗不得已罷崔知政事。崔怒，急召帝，請以兵入輔，故有是行。"

[4]同州：州名。治所在今陝西大荔縣。　司馬鄴：人名。河內溫（今河南溫縣）人。唐末、五代大臣。傳見本書卷二〇。"戊申"至"舉郡來降"：《宋本册府》卷一八七《閏位部·勳業門五》。

十一月辛亥，駐軍於渭濱，華帥韓建遣使奉牋納款，又以銀三萬兩助軍。[1]是日，行次零口。[2]癸丑，聞長安亂，昭宗爲閹官韓全誨等劫遷，西幸鳳翔，蓋避帝之兵鋒也。[3]翼日，遂命旋師，夕次于赤水。[4]乙卯，大軍集于華州城下，韓建惶駭失措，即以城降。丙辰，帝表建權知忠武軍事，促令赴任，同、華二州平。[5]是時，唐太子太師盧知猷等二百六十三人列狀請帝速謀迎奉。[6]己未，遂帥諸軍發自赤水。壬戌，次于咸陽。[7]偵者云："天子昨暮至岐山，旦日宋文通扈蹕入其闉矣。"[8]是時，岐人遣大將符道昭領兵萬人屯於武功以拒帝，帝遣康懷英敗之，虜甲士六千餘衆。[9]乙丑，次于岐山，文通遣使奉書自陳其失，[10]請帝入覲。戊辰，[11]及岐闉，文通渝約，閉壁不獲通，復次于岐山。是時，昭宗累遣使齎朱書御札賜帝，遣帝收軍速還本道，帝診之曰："此必文通、全誨之謀也。"皆不奉詔。癸酉，飛章奉辭，且移軍北伐。乙亥，至邠州，節度使李繼徽舉城降。繼徽因請去文通所賜李姓，復本宗楊氏，又請納其孥以爲質，帝皆從之，仍易其名曰崇本，邠州平。[12]

[1]渭：河流名。即渭河。 華：州名。治所在今陝西渭南市華州區。 韓建：人名。許州長社（今河南許昌市）人。唐末、五代軍閥。傳見本書卷一五、《新五代史》卷四〇。 華帥韓建遣使奉牋納款：《輯本舊史》之影庫本粘籤："華帥，原本作'華師'，今據文改正。"韓建爲華州節度使，見《輯本舊史》卷一五《韓建傳》，此爲書證。

[2]零口：地名。又名泠口，因泠水至此入渭而得名，位於今陝西西安市臨潼區東北。

[3]鳳翔：方鎮名。治所在鳳翔府（今陝西鳳翔縣）。

[4]赤水：水名。即竹水，渭河支流。位於今陝西渭南市華州區。 "十一月辛亥"至"夕次于赤水"：《宋本冊府》卷一八七《閏位部·勳業門五》。《輯本舊史》原無"辛亥"，中華書局本有校勘記："《舊唐書》卷二〇上《昭宗紀》、《通鑑》卷二六二皆繫其事於十一月，按十一月己酉朔，辛亥爲初三，'辛亥'前疑脫'十一月'三字。"但未補。見《通鑑》卷二六二天復元年（901）十一月條。十月則爲己卯朔，無辛亥，今據補。

[5]忠武軍：方鎮名。原治所在許州（今河南許昌市），天復元年（901），徙治陳州（今河南淮陽縣）。 "丙辰"至"促令赴任"：《輯本舊史》之案語："案：自'丙辰'至'促令赴任'，又見《通鑑考異》，與《冊府元龜》同。"見《通鑑》天復元年十一月丁巳條《考異》。

[6]太子太師：官名。與太子太傅、太子太保統稱太子三師。

隋唐以後多作加官或贈官。從一品。　盧知猷：人名。范陽（今北京市）人。唐末大臣，歷仕僖、昭二朝。尤以書法、文辭而著稱。傳見《舊唐書》卷一六三、《新唐書》卷一七七。　速謀迎奉：中華書局本有校勘記："'謀'，原作'請'，據《册府》（宋本）卷一八七改。"

[7]咸陽：縣名。治所在今陝西咸陽市。

[8]岐山：山名。位於今陝西岐山縣東北。　宋文通：人名。即李茂貞。深州博野（今河北蠡縣）人。唐末、五代軍閥。傳見本書卷一三二、《新五代史》卷四○。

[9]符道昭：人名。蔡州（今河南汝南縣）人。唐末、五代後梁將領。傳見本書卷二一、《新五代史》卷二一。　武功：縣名。治所在今陝西武功縣。

[10]文通遣使奉書自陳其失：《輯本舊史》之影庫本粘籤："文通，原本作'文帝'，今據文改正。"此據前既有宋文通云云，此爲書證。

[11]戊辰：《册府》原作"丙辰"，中華書局本有校勘記："《册府》卷一八七同，《通鑑》卷二六二、《新唐書》卷一○《昭宗紀》作'戊辰'。按本卷上文已有丙辰，此處不當復見，此事繫於乙丑、乙亥間，疑爲戊辰。"但未改。《新唐書》卷一○《昭宗紀》、《通鑑》卷二六二天復元年（901）十一月作"戊辰"，戊辰爲二十日，前文之乙丑爲十七日，後之癸酉爲二十五日，今據改。《輯本舊史》之案語："案：自'丙辰'至'促令赴任'，又見《通鑑考異》，與《册府元龜》同。"見《通鑑》天復元年十一月丁巳條《考異》。

[12]邠州：州名。治所在今陝西彬縣。　李繼徽：人名。即楊崇本。籍貫不詳。李茂貞義子，唐末、五代軍閥。傳見本書卷一三、《新五代史》卷四○。　又請納其孥以爲質：中華書局本有校勘記："'孥'，原作'帑'，據邵本校、《册府》（宋本）卷一八七改。"　"乙卯"至"邠州平"：《宋本册府》卷一八七。原繫於十

月，是月無乙卯、己未等，據《通鑑》卷二六二天復元年十一月條改。《通曆》卷一二爲節文。

十二月己丑，唐丞相崔胤、京兆尹鄭元規至自華州，以速迎奉爲請，許之。[1]

[1]己丑：中華書局本有校勘記：“《舊唐書》卷二〇上《昭宗紀》、《通鑑》卷二六二皆繫其事於十二月，按十二月己卯朔，己丑爲十一日，‘己丑’前疑脱‘十二月’三字。”但未補。今據《通鑑》卷二六二天復元年（901）十二月癸未條補。　鄭元規：人名。籍貫不詳。唐末官員。事見《舊唐書》卷二〇上、卷一七七，《新唐書》卷一八三、卷二〇八。　唐丞相崔胤、京兆尹鄭元規至自華州：中華書局本有校勘記：“‘自’字原闕，據《册府》（宋本）卷一八七補。按《新唐書》卷二二三下《崔胤傳》：‘以工部尚書罷知政事，胤出居華州。’”《舊五代史考異》：“案《舊唐書》：十二月己卯，崔胤至三原砦，與全忠謀攻鳳翔。《通鑑》作癸未，至三原。《薛史》又作己丑，與《舊唐書》異。”見《舊唐書》卷二〇上《昭宗紀》、《通鑑》卷二六二天復元年十二月癸未條。　“十二月己丑”至“許之”：《宋本册府》卷一八七《閏位部・勳業門五》。

二年正月癸丑，帝復屯三原，又移軍武功。[1]

[1]三原：縣名。治所在今陝西三原縣。　二年正月癸丑，帝復屯三原，又移軍武功：《通鑑》卷二六三天復二年（902）正月癸丑條，《宋本册府》卷一八七《閏位部・勳業門五》略同，云：“二年正月，帝復次于武功。”

　　二月，岐人堅壁不下，乃迴軍於河中。[1]聞晉軍大舉南下，聲言來援鳳翔，帝遣朱友寧帥師會晉州刺史氏叔琮以禦之，帝以大軍繼其後。[2]

　　[1]"二月"至"乃迴軍於河中"：《宋本册府》卷一八七《閏位部・勳業門五》。原繫於正月，據《通鑑》卷二六三天復二年（902）二月戊寅條改。
　　[2]朱友寧：人名。朱溫侄子，唐末將領。傳見本書卷一三。
　　"聞晉軍大舉南下"至"帝以大軍繼其後"：《宋本册府》卷一八七《閏位部・勳業門五》。《通鑑》卷二六三天復二年二月己丑條略詳。

　　三月，友寧、叔琮與晉軍戰於晉州之北，大敗之，生擒克用男廷鸞以獻。帝喜，謂左右曰："此岐人之所恃也，今既如此，岐之變不久矣。"[1]壬戌，帝還河中，遣朱友寧將兵西擊李茂貞軍于興平、武功之間。[2]李嗣昭、李嗣源數將敢死士夜入氏叔琮營，斬首捕虜，汴軍驚擾，備禦不暇。[3]會大疫，丁卯，叔琮引兵還。嗣昭與周德威將兵追之，及石會關，叔琮留數馬及旌旗於高岡之巔。[4]嗣昭等以爲有伏兵，乃引去，復取慈、隰、汾三州。自是克用不敢與帝爭者累年。[5]

　　[1]廷鸞：人名。即李廷鸞。沙陀部人，李克用之子。事見本書本卷。　生擒克用男廷鸞以獻：中華書局本有校勘記："'以獻'二字原闕，據《宋本册府》卷一八七補。"　"三月"至"岐之變不久矣"：《宋本册府》卷一八七《閏位部・勳業門五》。《通鑑》卷二六三繫於天復二年（902）三月戊午條，略簡。

　　[2]李茂貞：人名。深州博野（今河北蠡縣）人。唐末、五代軍閥。傳見本書卷一三二、《新五代史》卷四〇。　興平：縣名。治所在今陝西興平市。

　　[3]李嗣源：人名。沙陀部人。原名邈佶烈，李克用養子。五代後唐明宗，926 年至 933 年在位。紀見本書卷三五至卷四四、《新五代史》卷六。

　　[4]周德威：人名。朔州馬邑（今山西朔州市朔城區東北）人。唐末、五代河東將領。傳見本書卷五六、《新五代史》卷二五。

　　[5]慈：州名。治所在今山西吉縣。　隰（xí）：州名。治所在今山西隰縣。　汾：州名。治所在今山西汾陽市。　“壬戌”至“復取慈、隰、汾三州”：《通鑑》卷二六三天復二年三月壬戌、丁卯條。

　　四月，岐人遣符道昭領大軍屯於虢縣，康懷英帥驍騎敗之。[1]丁酉，崔胤自華州詣河中，泣訴于帝，恐李茂貞劫天子幸蜀，宜以時迎奉，勢不可緩。帝與之宴，胤親執板，爲帝歌以侑酒。[2]

　　[1]虢縣：縣名。治所在今陝西寶雞市。　“四月”至“康懷英帥驍騎敗之”：《宋本冊府》卷一八七《閏位部·勳業門五》。“康懷英”，《輯本舊史》之影庫本粘籤：“原本脱‘英’字，今據文增入。”查《冊府》本無脱漏。　《通鑑》卷二六三天復二年（902）四月條略同。

　　[2]“丁酉”至“爲帝歌以侑酒”：《通鑑》卷二六三天復二年四月丁酉條。《宋本冊府》卷一八七略詳，云：“丁酉，唐丞相崔胤自華來謁帝，屢述艱運危急，事不可緩，又慮羣閹擁昭宗幸蜀，且告帝，爲之動容。崔將辭，啓宴于府署，帝舉酒，崔情激於衷，因自持樂版，聲曲以侑酒。帝甚悦，座中以良馬珍玩答之，既行，命

諸將繕戎具。”“座中以良馬珍玩答之”，中華書局本有校勘記：“‘答之’，原作‘之物賚’，據《冊府》（宋本）卷一八七改。明本《冊府》作‘賚之’，彭校作‘之物賚之’。”

五月丁巳，帝復西征。[1]至東渭橫橋，遇霖雨，留旬日。[2]

[1]五月丁巳，帝復西征：《宋本冊府》卷一八七《閏位部·勳業門五》。《通鑑》卷二六三繫於天復二年（902）五月己未條。

[2]至東渭橫橋，遇霖雨，留旬日：《通鑑》卷二六三天復二年五月己未條。

六月丁丑，次于虢縣。癸未，[1]與岐軍大戰，自辰至午，殺萬餘衆，擒其將校數百人，乘勝遂逼其壘。[2]

[1]癸未：《通鑑》卷二六三繫於天復二年（902）六月甲申，云：“甲申，李茂貞大出兵，自將之，與朱全忠戰於虢縣之北，大敗而還，死者萬餘人。”天復二年六月乙亥朔，丁丑三日，癸未九日，甲申十日。《舊五代史考異》：“案《舊唐書》：五月，岐軍出戰，大敗於武功南之漠谷。《新唐書》：五月丙申，李茂貞及朱全忠戰於武功，敗績。與《薛史》異。”見《舊唐書》卷二〇上《昭宗紀》、《新唐書》卷一〇《昭宗紀》。天復二年五月丙午朔，無丙申，新、舊《唐書》繫五月，皆誤。

[2]“六月丁丑”至“遂逼其壘”：《宋本冊府》卷一八七《閏位部·勳業門五》。《通曆》卷一二爲節文。

七月丙午，岐軍復出求戰，帝軍不利。是月，遣孔勍帥師取鳳、隴、成三州，皆下之。[1]是時，岐人相率結寨於諸山，以避帝軍，帝分兵以討之，[2]浹旬之內，并平之。[3]

　　[1]孔勍：人名。兗州（今山東濟寧市兗州區）人。唐末、五代藩鎮軍閥。傳見本書卷六四。　鳳：州名。治所在今陝西鳳縣。隴：州名。治所在今陝西隴縣。　成：州名。治所在今甘肅成縣。

　　[2]帝分兵以討之：中華書局本有校勘記："'之'字原闕，據《冊府》卷一八七補。"

　　[3]"七月丙午"至"并平之"：《宋本冊府》卷一八七《閏位部·勳業門五》，《通鑑》卷二六三天復二年（902）七月、八月條略詳，云："七月，孔勍取成、隴二州，士卒無鬭者。至秦州，州人城守，乃自故關歸……（八月）保大節度使李茂勳將兵屯三原，救李茂貞。朱全忠遣其將康懷貞（英）、孔勍擊之，茂勳遁去。"

　　九月甲辰，帝以岐軍諸寨連結稍盛，因親統千騎登高診之。時秋空澄霽，煙靄四絕，忽有紫雲如繖蓋，凝於龍旌之上，久之方散，觀者咸訝之。[1]是時，帝以岐人堅壁不戰，且慮師老，思欲旋旆以歸河中，因密召上將數人語其事。時親從指揮使高季昌獨前出抗言曰："天下雄傑，窺此舉者一歲矣，今岐人已困，願少俟之。"[2]帝嘉其言，因曰："兵法貴以正理，以奇勝，奇者詐也。[3]乘機集事，必由是乎。"乃命季昌密募人入岐以紿之。尋有騎士馬景堅願應命，[4]且曰："是行也，必無生理，願錄其孥。"[5]帝悽然止其行，景固請，乃許之。明日軍出，[6]諸寨屏匿如無人，景因躍馬西走，直叩岐閫，詐以軍怨束遁爲告，且言列寨尚留萬餘人，俟夕將遁矣，宜速掩之。李茂貞信其言，[7]遽啓二扉，悉衆來寇。時諸軍已介馬待之，中軍一鼓，百營俱進，又分遣數百騎以據其閫。[8]岐人進不能駐其趾，退不能入其壘，殺戮蹂踐，不知其數。茂貞由是喪膽，但閉壁而已。[9]

[1]甲辰：中華書局本有校勘記，"'甲辰'，原作'甲戌'，據《册府》卷二〇三改。按是月甲辰朔，無甲戌。"　"九月甲辰"至"觀者咸訝之"：《輯本舊史》原注録自《大典》卷三二〇八，應爲"雲"字韻"紫雲"事目。亦見《宋本册府》卷一八七《閏位部·勳業門五》及卷二〇三《閏位部·徵應門》，文字稍異。

[2]親從指揮使：官名。所部統兵將領。　高季昌：人名。陝州硤石（今河南三門峽市陝州區硤石鄉）人。五代十國南平（荆南）開國君主。傳見本書卷一三三、《新五代史》卷六九。

[3]兵法貴以正理，以奇勝，奇者詐也：中華書局本有校勘記："下一'奇'字原闕，據《册府》卷一八七補。《武經總要後集》卷一敘其事作'兵法以正合，以奇勝，奇者詐也'。"

[4]馬景：人名。籍貫不詳。朱温麾下軍士。本書僅此一見。

[5]願録其孥：《輯本舊史》之影庫本粘籤："原本作'願戮其孥'，今參考《通鑑》及《北夢瑣言》，據文改正。"《宋本册府》卷一八七作"願戮其孥"。

[6]明日軍出：《舊五代史考異》："案《北夢瑣言》：時因朱友倫總騎軍且至，將大出兵迓之。"見《北夢瑣言》卷一六馬景設詐條。

[7]李茂貞信其言：《輯本舊史》之影庫本粘籤："考李茂貞即宋文通，《薛史》前後分見，似未盡一。據《通鑑》亦以李茂貞、

宋文通前後互載，蓋仍當日軍書赴告之文也。今仍其舊，附識於此。"

[8]又分遣數百騎以據其闉：《輯本舊史》原作"數騎"，中華書局本有校勘記："'數騎'，《通曆》卷一二、《通鑑》卷二六三、《武經總要後集》卷一作'數百騎'。"但未改，今據上述諸書改。

[9]"是時"至"但閉壁而已"：《宋本冊府》卷一八七《閏位部·勳業門五》，《通曆》卷一二略簡。《通鑑》卷二六三天復二年（902）九月乙巳條略同。

十月庚辰，帝遣幕僚司馬鄴奉表入城；甲申，又遣使獻熊白；[1]自是獻食物、繒帛相繼。上皆先以示李茂貞，使啓視之，茂貞亦不敢啓。丙戌，復遣使請與茂貞議連和，民出城樵采者皆不抄掠。丁亥，帝表請脩宮闕及迎車駕。己丑，遣國子司業薛昌祚、內使王延續齎詔賜帝。[2]

[1]熊白：熊背上的脂肪，色白，故名，古代的珍貴食材。

[2]國子司業：官名。隋始置。國子監次官。佐祭酒掌監事。從四品下。　薛昌祚：人名。籍貫不詳。唐末官員。本書僅此一見。　王延續：人名。籍貫不詳。唐末宦官。本書僅此一見。"十月庚辰"至"內使王延續齎詔賜帝"：《通鑑》卷二六三天復二年（902）十月各條。

十一月癸卯朔，鄜帥李周彝統兵萬餘人屯于岐之北原，與城中舉烽以相應。[1]翌日，帝以周彝既離本部，鄜時必無守備，因命孔勍乘虛襲下之。甲寅，鄜州平。周彝聞之，收軍而遁。[2]茂貞既失鄜州之援，愕然有瓦解之懼，由是議還警蹕，誅閹寺以自贖焉。[3]

[1]十一月癸卯朔：中華書局本有校勘記：“‘朔’字原闕，據
《大事記續編》卷七〇引《舊五代史本紀》補。按是月癸卯朔。”
又，《通鑑》亦作“十一月癸卯朔”。　鄜（fū）：州名。治所在今
陝西富縣。　李周彝：人名。籍貫不詳。唐末軍閥。事見本書本卷
及《新五代史》卷二一、卷二二、卷四〇。

[2]收軍而遁：此句後，《舊五代史考異》：“案《舊唐書》：十
二月癸酉，汴將孔勛乘虛襲下鄜州，獲周彝妻子，周彝即以兵士來
降。《新唐書》：十二月己亥，朱全忠陷鄜州，保大軍節度李茂勳叛
附於全忠。考茂勳即周彝也。《薛史》統作十一月事，與新、舊
《唐書》異。”見《舊唐書》卷二〇上《昭宗紀》、《新唐書》卷
一〇《昭宗紀》。

[3]“十一月癸卯朔”至“誅閹寺以自贖焉”：《宋本册府》卷
一八七《閏位部·勳業門五》。《通曆》卷一二爲節文，《通鑑》卷
二六三天復二年（902）十一月條略詳。

三年正月甲寅，岐人啓壁，昭宗降使宣問慰勞，兼
傳密旨。尋又命翰林學士韓偓、趙國夫人寵顏齎詔押賜
帝紫金酒器、御衣玉帶。[1]丙辰，華州留後李存遣飛騎
來告，青州節度使王師範遣牙將張厚輦甲冑弓槊，詐言
來獻，欲盜據州城，事覺，已擒之矣。[2]是日，師範又
遣其將劉鄩盜據兗州。[3]丁巳，昭宗遣中使押送軍容使
韓全誨已下二十餘人首級以示帝。[4]甲子，昭宗發離鳳
翔，幸左劍寨，權駐蹕焉。[5]帝素服待罪，昭宗命學士
傳宣免之，帝即入見稱罪，拜伏者數四。既而促召升
殿，密邇御座，且曰：“宗廟社稷是卿再造，朕與親屬

是卿再生。”因解所御玉帶面以賜，帝亦以玉鞍勒馬、金器、紋錦、御饌酒果等躬自拜進焉。[6]及翠華東行，[7]帝匹馬前導十餘里，宣令止之。己巳，昭宗至長安，謁太廟，御長樂樓。[8]禮畢，謂帝曰：“朕生入舊京，是卿之力也。自古救君之危，曾無有如是者。況今日再及清廟，得親奉觴酒，奠於先皇帝室前，卿之德，朕知不能報矣。”即召帝執手，聲淚俱發者久之。翌日，誅宦官第五可範等五百餘人于内侍省。[9]

[1]翰林學士：官名。由南北朝始設之學士發展而來，唐玄宗改翰林供奉爲翰林學士，備顧問，代王言，掌拜免將相、號令征伐等詔令的起草。　韓偓：人名。京兆萬年（今陝西西安市長安區）人。唐末官員。傳見《新唐書》卷一八三。中華書局本有校勘記：“原作‘韓渥’，據彭校、《舊唐書》卷二〇上《昭宗紀》、《通鑑》卷二六三改。按《新唐書》卷一八三有《韓偓傳》。”　趙國夫人寵顔：《輯本舊史》之影庫本粘籤：“原本作‘龍顔’，考《舊唐書》作寵顔，《舊唐書》又有内夫人可證，蓋寵顔、可證皆其名也，今改正。”《册府》本作“寵顔”。　“三年正月甲寅”至“御衣玉帶”：《輯本舊史》原注録自《大典》卷一四四〇七“器”字韻“酒器”事目。《宋本册府》卷一八七《閏位部·勳業門五》同。《通鑑》卷二六三天復三年（903）正月各條略同。

[2]李存：人名。籍貫不詳。唐末、五代藩鎮將領。事見本書卷九。“李存”，中華書局本有校勘記：“原作‘李存審’，據《册府》（宋本）卷一八七改。按《通鑑》卷二六二‘以前商州刺史李存權知華州’，即其人。本書卷五六《符存審傳》，存審未嘗任華州，且時在雲州討王敬暉。《舊五代史考異》卷一：‘按“李存審”三字疑有舛誤，考《王師範傳》作崔胤在華州。’”見《通鑑》卷

二六二天復元年十一月丁巳條，載“以前商州刺史李存權之華州”。又，《輯本舊史》卷九《梁末帝紀中》貞明四年八月戊申條：“以武寧軍節度副使李存權知宿州事。”亦此人。　青州：方鎮名。此處指平盧軍節度，治所在青州（今山東青州市）。　王師範：人名。青州（今山東青州市）人。唐末、五代軍閥。傳見本書卷一三、《新五代史》卷四二。　張厚：人名。籍貫不詳。唐末、五代藩鎮將領。事見本書本卷、卷一五。

[3]劉鄩：人名。密州安丘（今山東安丘市）人。唐末、五代將領。傳見本書卷二三、《新五代史》卷二二。“劉鄩盜據兗州”下，《舊五代史考異》：“案：劉鄩陷兗州，新、舊《唐書》俱作丙午，《薛史》作丙辰，與《唐書》異。”見《舊唐書》卷二〇上《昭宗紀》、《新唐書》卷一〇《昭宗紀》。

[4]軍容使：官名。“天下觀軍容宣慰處置使”之省稱。唐代後期禁軍的最高軍職，以宦官充任。原爲節制、監察出征軍隊而設，後專掌神策軍。　昭宗遣中使押送軍容使韓全誨已下二十餘人首級以示帝：中華書局本有校勘記：“‘二十餘人’，原作‘三千餘人’，據《册府》（宋本）卷一八七、《通曆》卷一二、《通鑑》卷二六二改。”見《通鑑》卷二六三天復三年正月己酉條，非卷二六二。

[5]左劍寨：今地不詳。

[6]“既而促召升殿”至“躬自拜進焉”：《輯本舊史》原注録自《大典》卷一五〇一六“帶”字韻“玉帶”事目。《通曆》卷一二爲節文。

[7]翠華：皇帝及其車駕的代稱。

[8]長樂樓：長安東門樓。

[9]第五可範：人名。籍貫不詳。唐末宦官。事見《新唐書》卷二〇八。　内侍省：官署名。隋唐時掌内廷服務。　“丙辰”至“誅宦官第五可範等五百餘人于内侍省”：《宋本册府》卷一八七《閏位部·勳業門五》。

二月戊寅，賜帝號回天再造竭忠守正功臣，賜其僚佐敬翔等號迎鑾協贊功臣，諸將朱友寧等號迎鑾果毅功臣，都頭以下號四鎮静難功臣。[1]二月庚辰，[2]制以帝爲守太尉兼中書令、宣武、宣義、天平、護國等軍節度使、諸道兵馬副元帥，加食邑三千户、實封四百户，仍賜回天再造竭忠守正功臣。[3]戊戌，帝建旆東還，昭宗御延喜樓送之。[4]既辭，遣内臣賜帝御製《楊柳詞》五首。[5]

[1]敬翔：人名。同州馮翊（今陝西大荔縣）人。後梁大臣。傳見本書卷一八、《新五代史》卷二一。　都頭：官名。都將的別稱。唐末、五代時，“都”爲指揮以下的軍事編制。《武經總要》卷二：“凡五百人爲一指揮，其別有五都，都一百人，統以一營居之。”都的長官稱爲都頭。　“二月戊寅”至“都頭以下號四鎮静難功臣”：《通鑑》卷二六四天復三年（903）二月戊寅條。

[2]二月庚辰：中華書局本有校勘記：“‘二月’，原作‘三月’，據劉本、《册府》（宋本）卷一八七、《通鑑》卷二六四及本卷下文改。按三月壬寅朔，無庚辰；二月壬申朔，庚辰爲初九。”《宋本册府》原作“二月庚辰”。

[3]太尉：官名。與司徒、司空並爲三公，唐後期、五代多爲大臣、勳貴加官。正一品。　中書令：官名。漢代始置。隋、唐前期爲中書省長官，屬宰相之職；唐後期多爲授予元勳大臣的虚銜。正二品。　宣武：方鎮名。中和三年（883），唐廷任朱温爲汴州刺史、宣武軍節度使，宣武軍成爲朱温的根據地。治所在汴州（今河南開封市）。　宣義：方鎮名。治所在滑州（今河南滑縣）。　天平：方鎮名。治所在今鄆州（今山東東平縣）。　護國：方鎮名。唐光啓元年（885）以河中節度使號爲護國軍，治所在河中府（今

山西永濟市西南蒲州鎮）。　諸道兵馬副元帥：官名。唐末臨時設置的高級軍事指揮官。　食邑：即封地、封邑。食邑之名，蓋取"受封者不之國，僅食其租稅"之意。

[4]延喜樓：唐長安皇城東面偏北門樓。《舊五代史考異》："喜，原本訛'熹'，今據《通鑑》改正。"見《通鑑》卷二六四天復三年二月戊戌條。

[5]既辭：中華書局本有校勘記："原作'既醉'，據《册府》（宋本）卷一八七改。按《舊唐書》卷二〇上《昭宗紀》：'上臨軒泣別，又令中使走送御制《楊柳枝詞》五首賜之。'《通鑑》卷二六四略同。"《宋本册府》卷一八七本作"既辭"。　"二月庚辰"至"遣内臣賜帝御製《楊柳詞》五首"：《宋本册府》卷一八七《閏位部·勳業門五》，《通鑑》卷二六四天復三年二月庚辰條略同，並云"進爵梁王"。

三月戊午，至大梁。時以青州未平，命軍士休澣，以俟東征。[1]

[1]"三月戊午"至"以俟東征"：《宋本册府》卷一八七《閏位部·勳業門五》。《通鑑》卷二六四天復三年（903）三月戊午條略詳，云："三月，戊午，朱全忠至大梁。王師範弟師魯圍齊州，朱友寧引兵擊走之。師範遣兵益劉鄩軍，友寧擊取之。由是兗州援絕，葛從周引兵圍之。友寧進攻青州；戊辰，全忠引四鎮及魏博兵十萬繼之。"

四月己卯，以帝判元帥府事。[1]

[1]己卯，以帝判元帥府事：《通鑑》卷二六四天復三年（903）四月己卯條。

五月，帝表潁州刺史朱友恭爲武寧節度使。[1]

[1]潁州：州名。治所在今安徽阜陽市。　朱友恭：人名。壽春（今安徽壽縣）人。本姓李，朱温養子。傳見《新唐書》卷二二三下、本書卷一九。　武寧：方鎮名。唐元和二年（807）置，治所在徐州（今江蘇徐州市）。　五月，帝表潁州刺史朱友恭爲武寧節度使：《通鑑》卷二六四天復三年（903）五月條。

六月乙亥，汴兵拔登州。[1]師範帥登、萊兵拒朱友寧於石樓，爲兩栅。[2]丙子，夜，友寧擊登州栅，栅中告急，師範趣茂章出戰，茂章按兵不動。[3]友寧破登州栅，進攻萊州栅。比明，茂章度其兵力已疲，乃與師範合兵出戰，大破之。友寧旁自峻阜馳騎赴敵，馬仆，青州將張土梟斬之，傳首淮南。[4]兩鎮兵逐北至米河，[5]俘斬萬計，魏博之兵殆盡。帝聞友寧死，自將兵二十萬晝夜兼行赴之。[6]

[1]登州：州名。治所在今山東蓬萊市。
[2]萊：州名。治所在今山東萊州市。　石樓：地名。位於今山東青州市西。
[3]茂章：人名。即王茂章。廬州合淝（今安徽合肥市）人。唐末、五代將領。事見本書本卷。
[4]張土：人名。籍貫不詳。唐末、五代藩鎮將領。本書僅此一見。
[5]米河：水名。又名米溝河。位於今山東淄博市北。
[6]“六月”至“自將兵二十萬晝夜兼行赴之”：《通鑑》卷二六四天復三年（903）六月乙亥、丙子條。

七月壬子，帝巡師於臨朐，[1]亟命逼其城，與青州兵戰于城下，大敗之。是夕，淮將王景仁以所部援軍宵遁，帝遣楊師厚追及輔唐，殺千人，乘勝攻下密州。[2]

[1]臨朐：縣名。治所在今山東臨朐縣。
[2]王景仁：人名。合淝（今安徽合肥市）人。五代後梁將領。傳見本書卷二三、《新五代史》卷二三。　楊師厚：人名。潁州斤溝（今安徽太和縣阮橋鎮斤溝村）人。唐末、五代將領。傳見本書卷二二、《新五代史》卷二三。　輔唐：縣名。治所在今山東安丘市。　密州：州名。治所在今山東諸城市。　“七月壬子”至“乘勝攻下密州”：《宋本冊府》卷一八七《閏位部·勳業門五》。原繫於四月丙子，據《通鑑》卷二六四天復三年（903）七月壬子條改。

八月戊辰，帝留齊州刺史楊師厚攻青州，身歸大梁。[1]

[1]齊州：州名。治所在今山東濟南市。　“八月戊辰”至“身歸大梁”：《通鑑》卷二六四天復三年（903）八月戊辰條，《宋本冊府》卷一八七《閏位部·勳業門五》略同，云：“八月戊辰，以伐叛之柄委于楊師厚，帝乃東還。”

九月癸卯，師厚率大軍與王師範戰于臨朐，青軍大敗，殺萬餘人，并擒師範弟師克，卯時，徙寨以逼其城。[1]辛亥，偏將劉重霸擒棣州刺史邵播來獻。[2]播，師範之謀主也，帝命斃之。戊午，師範舉城請降，青州平。[3]翌日，分命將校略地於登、萊、淄、棣等州，皆下之，由是東漸至海，皆爲梁土也。帝復命師範權知青州軍州事，師範乃請以錢二十萬貫犒軍，帝許之。[4]

[1]師克：人名。即王師克。王師範之弟。事見本書本卷。

[2]偏將：即副將，泛指將佐等武官。　劉重霸：人名。籍貫不詳。唐末、五代將領。事見本書本卷及卷四、卷六、卷九、卷一三。　棣州：州名。治所在今山東惠民縣。　邵播：人名。籍貫不詳。唐末藩鎮軍閥。事見本書本卷。

[3]師範舉城請降：《舊五代史考異》：“案：王師範之降，《舊唐書》作十一月丁酉朔，《新唐書》從《薛史》作九月戊午。”見《舊唐書》卷二〇上《昭宗紀》、《新唐書》卷一〇《昭宗紀》。對《舊五代史考異》所引之“《新唐書》從《薛史》作九月戊午”，中華書局本有校勘記：“‘九月’，原作‘十月’，據《新唐書》卷一〇《昭宗紀》及本卷上文改。”

[4]“九月癸卯”至“帝許之”：《宋本冊府》卷一八七《閏位部·勳業門五》。《通曆》卷一二爲節文。

十月丁丑，青將劉鄩舉兗州來降。鄩，王師範之將也。師範令竊據兗州久之，及聞師範降，鄩乃歸命。帝以鄩善事其主，待之甚優，尋署爲元帥府都押牙，權知鄆州留後。[1]辛巳，護駕都指揮使朱友倫因擊鞠墮馬，卒于長安。[2]節至，帝大怒，以爲唐室大臣欲謀叛己，致友倫暴死。[3]甲午，有大聲出於梁邸之聽事，帝甚驚駭。占者曰：“當有大慶。”後封魏王。[4]

[1]都押牙：官名。“押牙”即“押衙”。唐、五代時期節度使辟署的屬官，有稱左、右都押衙或都押衙者。掌領方鎮儀仗侍衛、

統率軍隊。參見劉安志《唐五代押牙（衙）考略》，武漢大學歷史系魏晉南北朝隋唐史研究室編《魏晉南北朝隋唐史資料》第 16 輯，武漢大學出版社 1998 年版。　　"十月丁丑"至"權知鄜州留後"：《宋本册府》卷一八七《閏位部·勳業門五》。原繫於"十一月丁酉"，《通鑑》卷二六四天復三年（903）十月丁丑條《考異》引薛居正《五代史·梁紀》作"十一月丁酉，鄙降"。《舊五代史考異》："劉鄙降于全忠，《新唐書》作十一月丁丑，與《薛史》異。"《新唐書》卷一〇《昭宗紀》繫於十月丁丑，《通鑑》從《新唐書》亦繫於十月丁丑條，天復三年十月丁卯朔，丁丑十一，辛巳十五，甲午二八；十一月丁酉朔，無丁丑、辛巳、甲午。今據改。

[2]擊鞠：古代一種騎馬以杖擊球的運動項目。

[3]"辛巳"至"致友倫暴死"：《宋本册府》卷一八七。《舊五代史考異》："案《九國志·趙庭隱傳》云：庭隱始事梁祖子友亮，因擊鞠墮馬死，庭隱、董璋等十數人皆追赴汴州，知其無過，竟釋不問。考《歐陽史》及《通鑑》並作友倫，而《九國志》以爲友亮，蓋傳聞之訛。"見《九國志》卷七《趙庭隱傳》。與《通鑑》卷二六四天復三年十月辛巳條略同，"護駕都指揮使"作"宿衛都指揮使"。

[4]"甲午"至"後封魏王"：《宋本册府》卷二〇三《閏位部·徵應門》。《通曆》卷一二梁太祖條略同，無"甲午"，"後封魏王"作"三年，帝果即位於此"。

天祐元年正月己酉，帝發自大梁，西赴河中，京師聞之，爲之震懼。[1]是時，將議迎駕東幸洛陽，慮唐室大臣異議，帝乃密令護駕都指揮使朱友諒矯昭宗命，收宰相崔胤、京兆尹鄭元規等殺之。時又邠、岐兵士侵逼京畿，帝因是上表堅請昭宗幸洛，昭宗不得已而從之。帝乃率諸道丁匠財力，同構洛陽宮，不數月而成。[2]

[1]天祐：唐昭宗李曄開始使用的年號（904）。天祐元年八月，唐哀帝李柷即位，沿用此年號四年（904—907）。五代十國時，前蜀、南漢、南吳、後唐、吳越等割據政權仍行天祐年號。碑刻中有用至天祐二十年（923）。

[2]"將議迎駕東幸洛陽"至"昭宗不得已而從之"：《通曆》卷一二同。殺崔胤、鄭元規事，《舊五代史考異》："案《歐陽史》云：遣朱友謙殺胤於京師，其與友倫擊鞠者皆殺之。據《薛史》則殺崔胤者乃友諒，非友謙也。《歐陽史·家人傳》亦作友諒，與《梁本紀》不同，曾三異嘗校正其誤。"見《新五代史》卷一《梁太祖紀上》天復三年（903）九月條、卷一三《朱友倫傳》。"天祐元年正月己酉"至"不數月而成"：《宋本册府》卷一八七《閏位部·勳業門五》。"天祐元年正月己酉"，中華書局本有校勘記："'己酉'，《通鑑》卷二六四《考異》引薛居正《五代史·梁紀》作'辛酉'。按是月丁酉朔，己酉爲十三日，辛酉爲二十五日。"

二月乙亥，昭宗駐蹕於陝，帝自河中來覲，謁見行宮，[1]因灑涕而言曰："李茂貞等竊謀禍亂，將迫乘輿，老臣無狀，請陛下東遷，爲社稷大計也。"昭宗延命於寢室見何皇后，面賜酒器及衣物。[2]何后謂帝曰："此後大家夫婦委身於全忠矣。"因歔欷泣下。後數日，帝開宴於陝之私第，請駕臨幸。翌日，帝辭歸洛陽，昭宗開內宴，時有宮人與昭宗附耳而語，韓建躡帝之足，帝遽出，以爲圖己，因連上章請車駕幸洛。[3]

[1]謁見行宮：中華書局本有校勘記："'行宮'，原作'行營'，據《册府》（宋本）卷一八七改。"

[2]何皇后：人名。梓州（今四川三臺縣）人。唐昭宗皇后。傳見《新唐書》卷七七。

[3]"二月乙亥"至"因連上章請車駕幸洛"：《宋本册府》卷一八七《閏位部·勳業門五》。《通曆》卷一二同。《通鑑》卷二六四天祐元年（904）二月諸條略簡，云："二月，乙亥，車駕至陜，以東都宮室未成，駐留於陜。丙子，全忠自河中來朝，上延全忠入寢室見何后，后泣曰：'自今大家夫婦委身全忠矣！'"段末有《舊五代史考異》："案《十國春秋·吴世家》：三月丁巳，唐帝遣間使以絹詔告難于我及西川、河東等，令糾率藩鎮，以圖匡復。詔有云：'朕至洛陽，則爲全忠所幽閉，詔敕皆出其手，朕意不得復通矣。'"見《十國春秋》卷一《吴世家》。"三月丁巳"，中華書局本有校勘記："原作'二月丁酉'，據《十國春秋》卷一改。按二月丙寅朔，無丁酉；三月丙申朔，丁巳爲二十二日。"

三月丁未，昭宗制以帝兼判左、右神策及六軍諸衛事。[1]是時，昭宗累遣中使及内夫人傳宣，[2]謂帝曰："皇后方在草蓐，未任就路，欲以十月幸洛。"帝以陜州小藩，非萬乘久留之地，請以四月内東幸。[3]

[1]左、右神策：即左右神策軍。唐後期禁軍之一，以宦官爲統帥，並由其控制的軍隊。天寶十三載（754），唐王朝爲防吐蕃内擾而設。唐朝末年，神策軍大都捲入宦官集團與朝官的鬥爭，唐亡即廢。　六軍諸衛事：官名。即判六軍諸衛事。後梁沿唐代舊制，置六軍諸衛，以判六軍諸衛事爲禁軍六軍與諸衛的最高統帥。　丁未，昭宗制以帝兼判左右神策及六軍諸衛事：《宋本册府》卷一八七《閏位部·勳業門五》。

[2]内夫人：官名。古代宮廷女官，掌記皇帝起居。

[3]"是時"至"請以四月内東幸"：《宋本册府》卷一八七

《閏位部·勳業門五》，“請”，《册府》作“而”，據《通曆》卷一二改。

四月辛巳，帝奏洛陽宮室已成，請車駕早發，表章相繼。[1]

[1]“四月辛巳”至“表章相繼”：《通鑑》卷二六四天祐元年（904）四月辛巳條。

閏月丁酉，昭宗發自陝郡。壬寅，次于穀水。[1]是時，昭宗左右唯小黃門及打毬供奉、内園小兒共二百餘人，帝猶忌之。[2]是日，密令醫官許昭遠告變，乃設饌於别幄，召而盡殺之，皆坑于幕下。[3]先是，選二百餘人，形貌大小一如内園人物之狀，至是使一人擒一人，縊於坑所，即蒙其衣及戎具自飾。昭宗初不能辨，久而方察。自是昭宗左右前後皆梁人矣。甲辰，車駕至洛都，帝與宰相百官導駕入宮。[4]乙巳，改元天祐。[5]乙卯，昭宗以帝爲宣武、宣義、護國、忠武四鎮節度使。時帝請以鄆州授張全義，故有此命。[6]

[1]穀水：水名。即今河南澠池縣南澠水及其下游澗水。東流至洛陽市，西注入洛河。

[2]小黃門：官名。東漢始置，由宦官擔任，掌侍皇帝左右。
打毬供奉：官名。專侍擊毬、玩樂的人員。　内園小兒：唐代宮廷中負責侍奉的差役人員。

[3]許昭遠：人名。籍貫不詳。本書僅此一見。

[4]“閏月丁酉”至“帝與宰相百官導駕入宮”：《宋本册府》

卷一八七《閏位部·勳業門五》。《通曆》卷一二同。“至是使一人擒一人”，後“一人”，《册府》原作“二人”，據《通曆》改。《通鑑》卷二六四天祐元年（904）閏四月條略簡。此條《輯本舊史》原繫於三月條後，因增四月辛巳一條，此年閏四月，故改。壬寅條，《通鑑》卷二六四繫於天祐元年閏四月癸卯條。“蒙其衣及戎具自飾”，“蒙”原作“笱”，今據明本《册府》卷一八七改。

[5]乙巳，改元天祐：《舊唐書》卷二〇上《昭宗紀》、《通鑑》卷二六四天祐元年閏四月乙巳條。

[6]忠武：方鎮名。貞元十年（794）以陳許節度使爲忠武軍，治所在許州（今河南許昌市）。天復元年（901）移治陳州（今河南淮陽縣）。 鄆州：州名。治所在今山東東平縣。 張全義：人名。濮州臨濮（今山東鄄城縣）人。唐末、五代將領。傳見本書卷六三、《新五代史》卷四五。 “乙卯”至“故有此命”：《宋本册府》卷一八七《閏位部·勳業門五》。《通鑑》卷二六四天祐元年（904）閏四月乙卯條略同，該條胡注：“以張全義有積年葺理洛陽之功，今洛陽建都，不爲節鎮，故以天平授全義，而己兼忠武爲四鎮。”《舊五代史考異》：“案《洛陽縉紳舊聞記》：梁祖之初兼四鎮也，英威剛狠，視之若乳虎，左右少忤其旨，立殺之。梁之職吏，每日先與家人辭訣而入，歸必相賀。”見宋人張齊賢《洛陽縉紳舊聞記》卷一梁太祖優待文士條。

　　五月丙寅，昭宗宴群臣，曰：“昨來御樓前一夜亡失赦書，賴梁王收得副本，不然誤事，宰執不得無過矣。”是日宴次，昭宗入内，召帝於内殿曲宴。[1]帝不測其事，不敢奉詔。又曰：“卿不欲來，即令敬翔入來。”帝密遣翔出，乃止。己巳，奉辭東歸，乙亥，至大梁。[2]

[1]曲宴：多指舉辦於宮廷中的具有一定私人性質的君臣宴飲
活動。

[2]"五月丙寅"至"至大梁"：《宋本册府》卷一八七《閏
位部·勳業門五》。《通鑑》卷二六五天祐元年（904）五月條略
同，己巳（五日）東歸事繫於"辛未"（七日）。

六月，帝遣都將朱友裕率師討邠州，時節度使楊崇
本叛故也。癸丑，帝西征，遂朝於洛陽。[1]

[1]朱友裕：人名。朱温長子。傳見本書卷一二。　楊崇本：
人名。籍貫不詳。李茂貞義子，唐末、五代軍閥。傳見本書卷一
三、《新五代史》卷四〇。　　"六月"至"遂朝於洛陽"：《宋本册
府》卷一八七《閏位部·勳業門五》。《通鑑》卷二六五天祐元年
（904）六月條略詳。

七月甲子，昭宗宴帝於文思鞠場。[1]乙丑，帝發東
都。壬申，至河中。[2]

[1]鞠場：蹴鞠場地。

[2]"七月甲子"至"至河中"：《宋本册府》卷一八七《閏
位部·勳業門五》。《通鑑》卷二六五天祐元年（904）七月條
略簡。

八月壬寅，昭宗遇弑於大内，遺制以輝王柷爲
嗣。[1]乙巳，帝自河中引軍而西。癸丑，次於永壽，邠
軍不出。九月辛未，班師。[2]

[1]輝王柷：人名。即唐哀帝李柷。唐朝末代皇帝，904年至907年在位。　“八月壬寅”至“遺制以輝王柷爲嗣”：《宋本册府》卷一八七《閏位部·勳業門五》。昭宗遇弑事，《通曆》卷一二同。《通鑑》卷二六五天祐元年（904）八月壬寅條略詳。

[2]永壽：縣名。治所在今陝西永壽縣。　“乙巳”至“班師”：《宋本册府》卷一八七《閏位部·勳業門五》。《通鑑》卷二六五繫於天祐元年九月條。

　　十月癸巳，至洛陽，詣西内，臨於梓宮前，畢，祇見于嗣君。辛丑，制以帝至自西征。[1]丁酉，復以帝爲宣武、護國、宣義、天平節度使，以全義爲河南尹兼忠武節度使、判六軍諸衛事。乙巳，帝辭赴鎮，庚戌，至大梁。[2]

[1]畢：中華書局本有校勘記：“此字原闕，據《册府》卷一八七補。”　制以：《輯本舊史》之案語：“原本有闕文。”　“十月癸巳”至“制以帝至自西征”：《宋本册府》卷一八七《閏位部·勳業門五》。

[2]“丁酉”至“至大梁”：《通鑑》卷二六五天祐元年（904）十月丁酉條。

　　十一月辛酉，光州遣使來求援。[1]時光州歸款於帝，尋爲淮人所攻，故來乞師。戊寅，帝南征度淮，次于霍丘，大掠廬、壽之境，淮人乃棄光州而去。[2]

[1]光州：州名。治所在今河南潢川縣。

[2]戊寅：中華書局本有校勘記：“《通鑑》卷二六五作‘戊

辰'。按是月辛酉朔，戊辰爲初八，戊寅爲十八日。" 霍丘：縣名。治所在今安徽霍邱縣。 廬：州名。治所在今安徽合肥市。壽：州名。治所在今安徽壽縣。 "十一月辛酉"至"淮人乃棄光州而去"：《宋本册府》卷一八七《閏位部·勳業門五》。

　　二年正月庚申，進攻壽州，壽人堅壁不出。丁亥，帝自霍丘班師。[1]是月，有彗出于北河，貫文昌，其長三丈餘。[2]

　　[1]帝自霍丘班師：中華書局本有校勘記："《通鑑》卷二六五胡注引薛居正《五代史》：'是年正月甲辰，有彗出于北河，貫文昌，其長三丈餘。五月乙丑，復出軒轅、大角，及于天市垣，光耀嚴猛。'按此則係《舊五代史》佚文，清人失輯，姑附於此。""二年正月庚申"至"帝自霍丘班師"：《宋本册府》卷一八七《閏位部·勳業門五》。《通鑑》卷二六五天祐二年（905）正月條略詳。
　　[2]北河：星名。亦稱"北戍""北宮""陰門""胡門"或"衡星"。共三星，位於天河之北，屬井宿。 文昌：星名。斗魁上六星的總稱。 是月，有彗出于北河，貫文昌，其長三丈餘：《通鑑》卷二六五天祐二年五月乙丑條胡注引薛居正《五代史》，原作"正月甲辰"，查正月庚申朔，無甲辰，故删"甲辰"二字。胡注"彗所以除舊布新，易姓之徵也"，故補。

　　二月辛卯，帝至自南征。甲午，青州節度使王師範至大梁，帝待以賓禮，尋表授河陽節度。[1]

　　[1]"二月辛卯"至"河陽節度"：《宋本册府》卷一八七

《閏位部・勳業門五》，個別文字版壞，據明本《册府》及《通鑑》補。天祐二年（905）二月辛卯、甲午記事，《通鑑》卷二六五繫於三月庚午，略同。"表授爲河陽節度"，《通鑑》卷二六五繫於天祐二年三月庚午條。

四月庚子，有彗星出西北。[1]

[1]四月庚子，有彗星出西北：《通鑑》卷二六五天祐二年（905）四月庚子條。

五月乙丑，彗星復出軒轅、大角，及于天市垣，光耀嚴猛。[1]

[1]軒轅：星名。共十七星，屬於二十八宿之星宿。 大角：星名。亦作"太角""天棟"或"棟星"。一星，屬亢宿。 天市垣：天區名。亦稱"天市"或"天旗庭"。古代三垣之下垣。"五月乙丑"至"光耀嚴猛"：《通鑑》卷二六五天祐二年（905）五月乙丑條胡注引薛居正《五代史》。胡注"彗所以除舊布新，易姓之徵也"，故補。

七月辛酉，天子賜帝迎鑾紀功碑，樹於洛陽。[1]庚午，遣大將軍楊師厚帥前軍討趙匡凝於襄州。辛未，帝南征。[2]

[1]"七月辛酉"至"樹於洛陽"：《宋本册府》卷一八七《閏位部・勳業門五》。《新五代史》卷一《梁太祖紀上》天祐二年（905）七月略同。

[2]"庚午"至"帝南征":《通鑑》卷二六五天祐二年八月己亥條《考異》引《梁太祖實録》及《薛史·梁太祖紀》,兩者相同。《通鑑》從《編遺録》繫於八月。《宋本册府》卷一八七記載稍詳,個别文字宋本版壞,據明本《册府》及《通鑑》補,云:"庚午,遣大將軍楊師厚率前軍討趙凝于襄州。辛未,帝南征,表趙凝罪狀,請削奪官爵。"《舊五代史考異》:"案《舊唐書》:八月丁未,制削奪荆襄節度使趙匡凝在身官爵,十一月,削奪荆南留後趙匡明官爵。蓋匡凝官爵因全忠表奏而削奪,匡明官爵至奔蜀後始追奪也。"見《舊唐書》卷二〇上《昭宗紀》。

八月,楊師厚攻卜唐、鄧、復、郢、隨、均、房七州,帝軍於漢北。[1]

[1]鄧:州名。治所在今河南鄧州市。　復:州名。治所在今湖北天門市。　郢:州名。治所在今湖北鍾祥市。　均:州名。治所在今湖北丹江口市。　房:州名。治所在今湖北房縣。　"八月"至"帝軍於漢北":《通鑑》卷二六五天祐二年(905)八月條。《宋本册府》卷一八七《閏位部·勳業門五》略詳,云:"楊師厚進收唐、鄧、復、郢、隨、均、房等七州。帝駐軍漢江北,自循江干,經度濟師之所。""自循",宋本版壞,據明本《册府》及《通鑑》補。"帝駐軍"至句尾,《通鑑》卷二六五繫於天祐二年九月癸亥條。

九月甲子,師厚於陰谷江口造梁以濟師,趙匡凝率兵二萬振于江湄。[1]師厚麾兵進擊,襄人大敗,殺萬餘衆。乙丑,趙匡凝焚其州,率親軍載輕舸沿漢而遁。[2]丙寅,帝濟漢,[3]至中流,舟壞,將没者數四,比及岸,舟沉。是日入襄州，帝因周視府署，其帑藏悉空。惟於西廡下有一亭，窗戶儼然，扃鎖甚密，遂令破鏁启扉，中有一大匱，緘鐍甚至。又令破其匱，內有金銀數百鋌，[4]帝因歎曰："亂兵既入，公私財貨，固無孑遺矣。此帑當有陰物主之，不令常人所得，俟我以有之邪！"遂以百餘鋌賜楊師厚。襲荆州，留後趙匡明并城上峽奔蜀，荆、襄二州平。[5]帝以都將賀瓌權領荆州，楊師厚權領襄州，即表其事。[6]

[1]陰谷：地名。《舊唐書》卷二〇下："楊師厚於襄州西六十里陰谷江口伐竹木爲浮梁。"當位於今湖北襄陽市附近。　江湄：泛指長江岸邊。

[2]漢：河流名。長江支流，即今漢江。源出今陝西西南部，在今湖北武漢市匯入長江。

[3]帝濟漢：中華書局本有校勘記："'漢'，原作'江'，據《册府》（宋本）卷一八七改。"

[4]內有金銀數百鋌：中華書局本有校勘記："'鋌'，原作'錠'，據《册府》（宋本）卷一八七及本卷下文改。"

[5]趙匡明：人名。趙匡凝之弟，蔡州（今河南汝南縣）人。唐末、五代藩鎮將領。傳見本書卷一七。　峽：州名。即硤州。治所在今湖北宜昌市夷陵區。　留後趙匡明并城上峽奔蜀：《輯本舊史》之影庫本粘籤載："棄城上峽，原本作'并城'，今據文改正。"

[6]賀瓌：人名。濮州濮陽（今河南濮陽市）人。唐末、五代將領。傳見本書卷二三、《新五代史》卷二三。　"九月甲子"至"即表其事"：《宋本册府》卷一八七《閏位部·勳業門五》。《通鑑》卷二六五天祐二年（905）九月條略簡，無入襄州以後事。

十月丙戌朔，天子以帝爲諸道兵馬元帥。[1]辛卯，帝自襄州引軍，由光州路趨淮南。將發，敬翔切諫，請班師以全軍勢，帝不聽。壬辰，次于棗陽，[2]遇大雨，頗阻師行之勢。軍至壽春，壽人堅壁清野以待帝，帝乃退，舍於正陽。[3]

[1]諸道兵馬元帥：官名。唐末臨時設置的高級軍事指揮官。

[2]棗陽：縣名。治所在今湖北棗陽市。

[3]壽春：縣名。治所在今安徽壽縣。　正陽：地名。位於今安徽壽縣西南、淮河南岸正陽關。　"十月丙戌朔"至"舍於正陽"：《宋本册府》卷一八七《閏位部·勳業門五》，《通鑑》卷二六五天祐二年（905）十月條略詳。

十一月丙辰，大軍北濟。[1]帝至汝陰，[2]深悔淮南之行，躁撓尤甚。[3]丁卯，帝至自南征。辛巳，天子命帝爲相國，總百揆。以宣武、宣義、天平、護國、天雄、武順、佑國、河陽、義武、昭義、保義、武昭、武定、泰寧、平盧、匡國、武寧、忠義、荆南等二十一道爲魏國，[4]進封帝爲魏王，入朝不趨，劍履上殿，贊拜不名，兼備九錫之命。[5]癸未，唐中書門下奏："中書印已送相國。中書公事權用中書省印。"[6]甲申，中書門下奏："天下州縣名與相國魏王家諱同者，請易之。"[7]

[1]大軍北濟：此句後，《舊五代史考異》載："案《十國春秋》：柴再用抄其後軍，斬首三千級，獲輜重萬計。"

[2]汝陰：縣名。治所在今安徽阜陽市。

　　[3]躁撓尤甚：中華書局本沿《輯本舊史》作“躁煩尤甚”。其後《舊五代史考異》載：“案《師友雜志》：朱全忠嘗與僚佐及遊客坐于大柳之下，全忠獨言曰：‘此樹宜爲車轂。’衆莫應。有遊客數人起應曰：‘宜爲車轂。’全忠勃然厲聲曰：‘書生輩好順口玩人，皆此類也。車須用夾轂，柳木豈可爲之！’顧左右曰：‘尚何待！’左右數十人捽言爲車轂者，悉撲殺之。”

　　[4]天雄：方鎮名。治所在魏州（今河北大名縣）。　武順：方鎮名。唐天祐二年（905）改成德軍置，治所在恒州（今河北正定縣）。　佑國：方鎮名。唐文德元年（888）置，治所在河南府（今河南洛陽市）。天祐元年徙治京兆府（今陝西西安市）。　義武：方鎮名。唐建中三年（782）置，治所在定州（今河北定州市）。　保義：方鎮名。唐龍紀元年（889）以陝虢節度使爲保義軍，治所在陝州（今河南三門峽市陝州區）。　武昭：方鎮名。唐代無武昭軍，《舊唐書》卷二〇下《哀帝紀》、《通鑑》卷二六五作“戎昭”。中華書局本改爲“戎昭”，有校勘記：“原作‘武昭’，據《舊唐書》卷二〇下《哀帝紀》、《通鑑》卷二六五改。按戎昭軍治金州，原名昭信軍，避朱全忠祖諱改，唐代無武昭軍。影庫本粘籤：‘“武昭”，原本脱“武”字，“匡國”，原本作“章國”，今俱從《歐陽史》增改。’”戎昭軍，唐光化元年（898）升昭信軍防禦使爲節度使，初治所在金州（今陝西安康市）。天祐二年以昭信軍改名，治所在均州（今湖北丹江口市西北）。同年改名“武定軍”。　武定：方鎮名。唐光啓元年（885）置，治所在洋州（今陝西洋縣）。　泰寧：方鎮名。唐乾寧四年（897）以沂海節度使號泰寧軍，治所在兗州（今山東濟寧市兗州區）。　平盧：方鎮名。唐開元七年（719）升平盧軍置，治所在青州（今山東青州市）。　匡國：方鎮名。唐乾寧二年升同州爲匡國軍節度使，治所在同州（今陝西大荔縣）。　忠義：方鎮名。唐至德二載（757）升襄陽防禦使爲山南東道節度使，文德元年號爲忠義軍，治所在襄州（今湖北襄陽市）。　荆南：方鎮名。唐至德二載置。治所在荆州（今湖

北荊州市）。 "二十一道爲魏國"：《舊五代史考異》："案：以二十一道爲魏國，《薛史》止載十九道，據《舊唐書》尚有忠武、鎮國二道，《薛史》闕載。"見《舊唐書》卷二〇上《昭宗紀》。

[5]入朝不趨，劍履上殿，贊拜不名：大臣上朝可不必急行，可佩劍踏靴，禮官稱呼其官職而非本名，是皇帝給予大臣的特殊禮遇。 九錫之命：中國古代皇帝賜給有功諸侯、大臣的九種禮器，是最高禮遇的表示。參見劉凱《九錫淵源考辨》，《中國史研究》2018年第1期。

[6]中書門下：官署名。唐代以來爲宰相處理政務的機構。參見劉後濱《唐代中書門下體制研究——公文形態·政務運行與制度變遷》，齊魯書社2004年版。

[7]"十一月丙辰"至"請易之"：《宋本冊府》卷一八七《閏位部·勳業門五》。《通曆》卷一二爲節文。《通鑑》卷二六五天祐二年（905）十一月丙辰、丁卯、辛巳、十二月戊子條略同。

十二月乙酉朔，帝讓相國、魏王、九錫之命。丙戌，京百司各差官齎本司須知孔目并印赴魏國送納。甲午，天子以帝堅讓九錫之命，乃命宰相柳璨來使，[1]且述揖讓之意焉。丁酉，帝又讓九錫之命。詔略曰："但以鴻名難掩，懿實須彰，宜且徇於奏陳，未便行於典冊。"又改諸道兵馬元帥爲天下兵馬元帥。[2]是時，帝以唐朝百官服飾多闕，乃製造逐色衣服，請朝廷等第賜之。其所給俸錢，仍請自來年正月全支。[3]

[1]柳璨：人名。河東（今山西永濟市）人。唐末宰相、文學家、史學家。傳見《舊唐書》卷一七九、《新唐書》卷二二三下。中華書局本有校勘記："原作'柳燦'，據邵本校、《冊府》卷一八

七改。按《舊唐書》卷一七九、《新唐書》卷二二三下有《柳璨傳》。"

　　[2]天下兵馬元帥：官名。唐代朝廷有重大軍事行動則置，統率天下軍隊。

　　[3]"十二月乙酉朔"至"仍請自來年正月全支"：《宋本冊府》卷一八七《閏位部·勳業門五》。《通曆》卷一二爲節文，僅"爲天下兵馬元帥"一句。《通鑑》卷二六五天祐二年（905）十二月略詳。

　　三年正月，幽、滄稱兵，將寇于魏。魏人來乞師，且以牙軍驕悍，謀欲誅之，遣親吏臧延範密告于帝，帝陰許之。[1]乙丑，北征。先是帝之愛女適羅氏，是月卒於鄴城，[2]因以兵仗數千事實於橐中，遣客將馬嗣勳領長直軍千人，[3]雜以工匠、丁夫，肩其橐而入于魏，聲言爲帝女以設祭，魏人信而不疑。庚午夜，嗣勳率其衆與羅紹威親軍數百人同攻牙軍，遲明盡殺之，死者七千餘人，洎于嬰孺，亦無留者。是日，[4]帝次于內黃，聞之，馳騎至魏。時魏之大軍方與帝軍同伐滄州，聞牙軍之死，即時奔還。帝之軍追及歷亭，殺賊幾半，[5]餘衆乃擁大將史仁遇保于高唐，帝遣兵圍之。[6]是月，天子詔河南尹張全義部署修制相國魏王法物。[7]

　　[1]臧延範：人名。籍貫不詳。唐末、五代藩鎮官員。事見本書卷二二、《新五代史》卷二三。

　　[2]鄴城：地名。位於今河北臨漳縣。

　　[3]客將：官名。亦稱典客。唐末、五代藩鎮負責接待使節、賓客、出使等外交職責的武官。參見吳麗娛《試論晚唐五代的客

將、客司與客省》，《中國史研究》2002 年第 4 期。　馬嗣勳：人名。濠州鍾離（今安徽鳳陽縣）人。後梁將領。傳見本書卷二〇、《新五代史》卷二三。

　　[4]是日：中華書局本有校勘記："原作'是月'，據劉本、《册府》卷一八七改。"

　　[5]歷亭：縣名。治所在今山東武城縣東。　殺賊幾半：中華書局本有校勘記："'半'，原作'千'，據《册府》（宋本）卷一八七改。本書卷二一《符道昭傳》敘其事作'殺四萬餘人'。"

　　[6]史仁遇：人名。籍貫不詳。唐末藩鎮將領。事見本書本卷及卷一四、卷二一、卷二六。　高唐：縣名。治所在今山東高唐縣。

　　[7]"三年正月"至"魏王法物"：《宋本册府》卷一八七《閏位部·勳業門五》。《通鑑》卷二六五天祐三年（906）正月條略同，追及歷亭事繫於四月。

　　三月甲寅，以帝爲鹽鐵、度支、户部三司都制置使。三司之名始於此。帝辭不受。[1]

　　[1]三月甲寅：中華書局本有校勘記："'甲寅'，《舊唐書》卷二〇下《哀帝紀》、《通鑑》卷二六五作'戊寅'。按是月甲寅朔，戊寅爲二十五日。"今據改。　三司都制置使：官名。即三司使。五代後唐明宗天成元午（926）將晚唐以來的户部、度支、鹽鐵三部合爲一職，設三司使統之。主管國家財政。　"三月甲寅"至"帝辭不受"：《通鑑》卷二六五天祐三年（906）三月戊寅條。《宋本册府》卷一八七《閏位部·勳業門五》云："三月甲寅，天子命帝總判鹽鐵、度支、户部等三司事。帝再上章切讓之，乃止。"

　　四月癸未，攻下高唐，軍民無少長皆殺之，生擒逆首史仁遇以獻，命支解之。未幾，又攻下澶、博、貝、衛等州，[1]皆謂魏軍殘黨所據故也。是時晉人圍邢州，刺史牛存節堅壁固守，帝遣符道昭帥師救之，晉人乃遁去。[2]

[1]澶：州名。治所在今河南濮陽市。　博：州名。治所在今山東聊城市。　衛：州名。治所在今河南衛輝市。

[2]牛存節：人名。青州博昌（今山東博興縣）人。唐末、五代將領。傳見本書卷二二、本書卷二二。　“四月癸未”至“晉人乃遁去”：《宋本冊府》卷一八七《閏位部·勳業門五》。“命支解之”，《宋本冊府》“命”字殘，據明本補。《通鑑》卷二六五天祐三年（906）四月條略同。

五月丁巳，帝如洺州，遂巡北邊，視戎備，還，入于魏。[1]

[1]“五月丁巳”至“入于魏”：《通鑑》卷二六五天祐三年（906）五月丁巳條，《宋本冊府》卷一八七《閏位部·勳業門五》略同，云：“五月，帝略地于洺州，既而復入于魏。”

七月己未，自魏班師。是日，收復相州，自是魏境悉平。壬申，帝歸自魏。[1]

[1]自魏班師：此句後，《舊五代史考異》載：“案：《通鑑考異》引《編遺錄》作七月癸未，上起兵離魏都。七月壬子朔，無癸未，《編遺錄》誤也。今考‘癸未’乃‘己未’傳寫之誤。”“七月己未”至“帝歸自魏”：《宋本冊府》卷一八七《閏位部·勳

業門五》。《通鑑》卷二六五天祐三年（906）七月條略詳。

八月甲辰，以滄州未平，復命北征。[1]

[1]八月甲辰，以滄州未平，復命北征：《宋本册府》卷一八七《閏位部·勳業門五》，《通鑑》卷二六五天祐三年（906）八月條略詳。

九月辛亥朔，帝自白馬渡河，丁卯，至滄州，軍于長蘆。[1]一夕，帝夢白龍附于兩肩，左右瞻顧可畏，怳然驚悟。[2]

[1]白馬：縣名。治所在今河南滑縣。　長蘆：縣名。治所在今河北滄州市。　軍于長蘆：《宋本册府》卷一八七《閏位部·勳業門五》作“營于長蘆”。　“九月辛亥朔”至“軍于長蘆”：《通鑑》卷二六五天祐三年（906）九月辛亥、丁卯條。
[2]“一夕”至“怳然驚悟”：《大典》卷一三一三九“夢”字韻“事韻七”。中華書局本有校勘記：“‘一萬三千一百三十九’，原作‘一萬五千二百七’，今檢《永樂大典目録》，卷一五二〇七爲‘歲’字韻‘王充論衡’等，與本則内容不符。按此則實出《永樂大典》卷一三一三九，據改。”亦見《宋本册府》卷一八七。

十月辛巳，邠州楊崇本以鳳翔、邠寧、涇、鄜、秦、隴之衆合五六萬來寇，屯于美原，列十五寨，其勢甚盛。[1]帝命同州節度使劉知俊、都將康懷英帥師禦之。[2]知俊等大破邠寇，殺二萬餘衆，奪馬三千餘匹，擒其列校百餘人，楊崇本、胡章僅以身免。[3]

[1]美原：縣名。位於今陝西富平縣美原鎮。

[2]劉知俊：人名。徐州沛縣（今江蘇沛縣）人。唐末、五代將領。先後隸時溥、朱温、李茂貞、王建。傳見本書卷一三、《新五代史》卷四四。

[3]胡章：人名。籍貫不詳。唐末、五代藩鎮將領。事見本書卷一三、卷七六。　“十月辛巳”至“楊崇本、胡章僅以身免”：《宋本册府》卷一八七《閏位部・勳業門五》。《通鑑》卷二六五繫於天祐三年（906）十月條略簡。《舊五代史考異》：“案《新唐書》：九月乙亥，匡國軍節度使劉知俊陷坊州。十月辛巳，楊崇本戰于美原，敗績。與《薛史》互有詳略。”見《新唐書》卷一〇《哀帝紀》。

十一月庚戌，康懷英乘勝進軍，遂收鄜州。[1]

[1]十一月庚戌，康懷英乘勝進軍，遂收鄜州：《宋本册府》卷一八七《閏位部・勳業門五》。《通鑑》卷二六五天祐三年（906）十一月條略詳。

十二月己丑，帝以文武常參官每月一、五、九日赴朝，奏請備廊飡，詔從之。[1]

[1]十二月己丑：中華書局本有校勘記：“‘己丑’，原作‘乙丑’，據《舊唐書》卷二〇下《哀帝紀》改。按是月己卯朔，無乙丑，己丑爲十一日。”　常參官：官名。唐制，文官五品以上及兩省供奉官、監察御史、員外郎、太常博士，每日朝參，稱爲常參官。　“十二月己丑”至“詔從之”：《宋本册府》卷一八七《閏位部・勳業門五》。

　　閏月，晉人、燕人同攻潞帥，丁會舉城降于太原，帝聞之，遂自長蘆班師。時寨內糧糒山積，帝命焚之。滄帥劉守文以城中絕食，因致書于帝，乞留餘糧以救饑民，帝為留十餘囷以與之。[1]

　　[1]"閏月"至"帝聞之"：中華書局本有校勘記："以上二十一字原闕，據《冊府》卷一八七補。下文'遂自長蘆班師'句下注'案：以上疑有闕文'，彭校：'《冊府元龜》原文不闕，此案應刪。'""遂自長蘆班師"後，《舊五代史考異》："案：以上疑有闕文。據《舊唐書·哀帝紀》：戊辰，李克用與幽州之眾同攻潞州，全忠守將丁會以澤、潞降太原，克用以其子嗣昭為留後。甲戌，全忠燒長蘆營旋軍，聞潞州陷故也。""帝為留十餘囷以與之"後，《舊五代史考異》："案《容齋續筆》：滄州還師，悉焚諸營資糧，在舟中者鑿而沉之。劉守文遺全忠書曰：'城中數萬口，不食數月矣，與其焚之為煙，沉之為泥，願乞其所餘以救之。'全忠為之留數囷，滄人賴以濟。洪氏所述與《冊府元龜》略同，惟'留十餘囷'與'留數囷'微異。"見《容齋續筆》卷六。　　"閏月"至"帝為留十餘囷以與之"：《宋本冊府》卷一八七《閏位部·勳業門五》，《通鑑》卷二六五天祐三年閏十二月略同。

舊五代史　卷三

梁書三

太祖紀第三

　　開平元年春正月辛巳，帝休兵于貝州。[1]丁亥，帝迴自長蘆，次于魏州。[2]節度使羅紹威以帝迴軍，慮有不測之患，由是供億甚至，因密以天人之望切陳之。[3]帝雖拒而不納，然心德之。[4]壬寅，帝至大梁。是日，有五彩雲覆于府署之上，士庶靡不覿者。[5]又軍庫前有苦井，嘗以備灑滌之用。一旦，其味忽變甘美若飴，冠於他井，今見在焉。[6]甲辰，天子遣御史大夫薛貽矩來傳禪代之意。[7]貽矩謁帝，陳北面之禮，[8]帝揖之升階，貽矩曰："殿下功德及人，三靈所卜已定。皇帝方議裁詔，行舜、禹之事，臣安敢違。"既而拜伏於砌下，帝側躬以避之。[9]

　　[1]開平：後梁太祖朱溫年號（907—911）。　貝州：州名。治所在今河北清河縣。　開平元年春正月辛巳，帝休兵于貝州：

《通鑑》卷二六六開平元年（907）春正月辛巳（初四）條。《通鑑》書法，朱全忠開平元年四月甲子（十八）即帝位前均稱"王"，按本書體例改爲"帝"，下同。

[2]長蘆：縣名。治所在今河北滄州市。　魏州：州名。治所在今河北大名縣。

[3]節度使：官名。唐時在重要地區所設掌握一州或數州軍事、民事、財政的長官。　羅紹威：人名。魏州貴鄉（今河北大名縣）人。唐末軍閥。傳見本書卷一四、《新五代史》卷三九。《輯本舊史》之影庫本粘籤："羅紹威，原本作昭威，今據《歐陽史》改正。"見《新五代史》卷一《梁太祖紀上》。

[4]"丁亥"至"然心德之"：《宋本册府》卷一八七《閏位部·勳業門五》。丁亥，正月初十。

[5]"壬寅"至"士庶靡不覩者"：《宋本册府》卷二〇三《閏位部·徵應門》。中華書局本沿《輯本舊史》作："壬寅，帝至自長蘆。是日，有慶雲覆於府署之上"，並有兩條校勘記。其一，"有慶雲覆於府署之上"，中華書局本有校勘記："'慶雲'，《册府》卷二〇二、卷二〇三（宋本）作'五色雲'。"其二，中華書局本所引本條的《輯本舊史》出處作"《册府元龜》卷二百三"，有校勘記："按此則實出《册府》卷二〇二。《册府》卷二〇三敘其事云：'壬寅，至梁。是日，有五彩雲覆於府署之上，士庶靡不覩者。'""壬寅，帝至自長蘆"，據《宋本册府》卷一八七、卷二〇二《閏位部·祥瑞門二》，《通鑑》卷二六六作："壬寅，至大梁"。壬寅，正月二十五。"五彩雲"，據《宋本册府》卷二〇二、卷二〇三。又，《新五代史》卷二《梁太祖紀下》作："壬寅，天子使御史大夫薛貽矩來勞軍。宰相張文蔚率百官來勸進。"《新五代史》之記載不見他書。

[6]"又軍庫前有苦井"至"今見在焉"：《宋本册府》卷二〇三。《通曆》卷一二《梁太祖》作："又府第前舊有苦井，是日忽變爲甘，其味如醴。"

[7]御史大夫：官名。秦始置，與丞相、太尉合稱三公。至唐代，在御史中丞之上設御史大夫一人，爲御史臺長官，專掌監察、執法。正三品。　薛貽矩：人名。河東聞喜（今山西聞喜縣）人。唐末、後梁大臣。傳見本書卷一八、《新五代史》卷三五。　甲辰，天子遣御史大夫薛貽矩來傳禪代之意：《大典》卷五一四九"元"字韻"改元"事目。又見《通曆》卷一二《梁太祖》、《宋本册府》卷一八七。中華書局本此句做小字注文。

[8]北面之禮：中國古代君主面南而坐，大臣朝見君主需面朝北，故而有此説法。

[9]"貽矩謁帝"至"帝側躬以避之"：《宋本册府》卷一八七。又見《通鑑》卷二六六開平元年正月甲辰條，"功德及人""三靈所卜已定""拜伏於砌下"，《通鑑》分別作"功德在人""三靈改卜""北面拜舞於庭"。甲辰，正月二十七。

二月戊申朔，帝之家廟棟間有五色芝生焉，狀若芙蓉，紫煙蒙護，數日不散。[1]是日，福建帥遣吏持箋幣通好，仍以白鸚鵡一同至爾。自旬朔之内，諸州郡繼以白烏、白雀、白兔洎白蓮之並蒂者相次來獻。上覩之，謙畏彌極，咸命具表歸天朝。[2]又，是月，家廟第一室神主上有五色衣自然而生，識者知梁運之興矣。[3]唐大臣共奏請昭宣帝遜位。[4]壬子，詔宰相帥百官詣元帥府勸進，帝遣使却之。於是朝臣、藩鎮，乃至湖南、嶺南上箋勸進者相繼。[5]

[1]二月戊申朔：中華書局本有校勘記："'朔'字原闕，據《册府》卷二〇三補。按是月戊申朔。"據編年體史書計時法，凡該月朔日有記事者，均應在干支記日下加"朔"字。　"二月戊

申朔”至“數日不散”：《大典》卷一七一六七“廟”字韻“家廟”事目。《宋本册府》卷二〇三《閏位部·徵應門》作：“二月戊申朔，家廟主者言：‘廟之左棟，產五色芝，狀如芙蓉，紫煙蒙護，數日不散。’”《通曆》卷一二《梁太祖》作：“帝家廟棟間生五色芝，狀如芙蓉，紫煙蒙護，數日不散。”

[2]“是日”至“咸命具表歸天朝”：《宋本册府》卷二〇三《閏位部·徵應門》。《通曆》卷一二作：“福建道使持箋幣來聘，仍以白鸚鵡一同獻。自是旬浹之内，諸州郡繼以白鳥、白兔洎白蓮並蒂者相次來上，皆金行應運之兆也。”

[3]“又，是月”至“識者知梁運之興矣”：《大典》卷一七一六七。又見《通曆》卷一二。

[4]昭宣帝：即唐哀帝李柷。唐朝最後一位皇帝，904 年至 907 年在位。紀見《舊唐書》卷二〇下、《新唐書》卷一〇。

[5]湖南：方鎮名。又稱武安軍節度。治所在潭州（今湖南長沙市）。　嶺南：地區名。亦謂嶺外、嶺表。指五嶺以南地區，故名。包括今廣東、廣西、海南及越南北部地區。　“唐大臣共奏請昭宣帝遜位”至“乃至湖南、嶺南上箋勸進者相繼”：《通鑑》卷二六六開平元年（907）二月壬子條。

　　三月癸未，帝以亳州刺史李思安爲北路行軍都統，將兵擊幽州。[1]庚寅，唐帝詔薛貽矩再詣大梁諭禪位之意，又詔禮部尚書蘇循齎百官牋詣大梁。[2]甲辰，唐帝降御札禪位于梁，以攝中書令張文蔚爲册禮使，禮部尚書蘇循副之；[3]攝侍中楊涉爲押傳國寶使，翰林學士張策副之；[4]御史大夫薛貽矩爲押金寶使，尚書左丞趙光逢副之；[5]帥百官備法駕詣大梁。[6]

[1]亳州：州名。治所在今安徽亳州市。　刺史：官名。漢武帝時始置。州一級行政長官，總掌考核官吏、勸課農桑、地方教化等事。唐中期以後，節度使、觀察使轄州而設，刺史爲其屬官，職任漸輕。從三品至正四品下。　李思安：人名。河南陳留（今河南開封市陳留鎮）人。後梁將領。傳見本書卷一九。　都統：官名。此處指諸道行營都統。唐末設此職，作爲各道出征兵士的統帥。屬臨時性軍事長官。　幽州：州名。治所在今北京市。

[2]禮部尚書：官名。尚書省禮部主官。掌禮儀、祭享、貢舉之政。正三品。　蘇循：人名。籍貫不詳。唐末進士。唐、五代後梁、後唐官員。傳見本書卷六〇、《新五代史》卷三五。

[3]攝：官員任用類別之一。爲代理、兼職。　中書令：官名。漢代始置，隋、唐前期爲中書省長官，屬宰相之職，唐後期多爲授予元勳大臣的虛銜。正二品。　張文蔚：人名。瀛洲河間（今河北河間市）人。唐末、後梁大臣。傳見本書卷一八、《新五代史》卷三五。　册禮使：官名。舉行重大典禮時臨時任命。負責組織、主持各項禮儀儀式。

[4]侍中：官名。秦始置。隋、唐前期爲門下省長官。唐後期多爲大臣加銜，不參與政務，實際職務由門下侍郎執行。正二品。　楊涉：人名。同州馮翊（今陝西大荔縣）人。唐宰相楊收之孫，吏部尚書楊嚴之子。唐哀帝時拜中書侍郎、同中書門下平章事。傳見《新五代史》卷三五。　押傳國寶使：官名。在禪讓典禮中臨時設置之職，負責在典禮中護送印璽。　翰林學士：官名。由南北朝始設之學士發展而來，唐玄宗改翰林供奉爲翰林學士，備顧問、代王言。掌拜免將相、號令征伐等詔令的起草。　張策：人名。河西敦煌（今甘肅敦煌市）人。後梁宰相。傳見本書卷一八、《新五代史》卷三五。

[5]押金寶使：官名。在禪讓典禮中臨時設置之職，負責在典禮中護送印璽。　尚書左丞：官名。尚書省佐貳官。唐中期以後，與尚書右丞實際主持尚書省日常政務，權任甚重。正四品上。後梁

開平二年（908）改爲左司侍郎，後唐同光元年（923）復舊爲左丞。正四品。　趙光逢：人名。京兆奉天（今陝西乾縣）人。後梁大臣。傳見本書卷五八、《新五代史》卷三五。

〔6〕"三月癸未"至"帥百官備法駕詣大梁"：《通鑑》卷二六六開平元年（907）三月癸未、庚寅、甲辰條。其中，"唐帝"原作"唐昭宣帝"，據本紀書寫體例改。

　　四月，唐帝御札敕宰臣張文蔚等備法駕奉迎梁朝。[1]庚戌，帝始御金祥殿，受百官稱臣，下書稱教令，自稱曰寡人。辛亥，令諸牋、表、簿、籍皆去唐年號，但稱月、日。[2]丙辰，唐宰臣張文蔚正押傳國寶、玉册、金寶及文武群官、諸司儀仗法物及金吾左右三軍達上源驛。[3]是日，慶云見。[4]丁巳，宋州刺史王皋進赤烏一雙。[5]己未，將受唐禪，賜文武百官一百九十六人各本色衣一副。[6]壬戌，宰臣百官各押本司法物，於正殿前習儀。乃下教令曰："王者創業興邦，立名傳世，必難知而示訓，從易避以便人。或稽其符命，應彼開基之義，垂諸象德之言。爰考簡書，求於往代，周王昌、發之稱，漢帝詢、衎之文，[7]或崇一德以徽稱，或爲二名而更易。先王令典，布在縑緗。[8]寡人本名，兼于二字，且異帝王之稱，仍兼避易之難，郡職縣官，多須改換。況宗廟不遷之業，憲章百世之規，事叶典儀，豈憚革易。寡人今改名晃，是以天意雅符於明德，日光顯契於瑞文，昭融萬邦，理斯在（是）。庶順玄穹之意，永臻康濟之期。宜令有司分告天地宗廟。其舊名，中外章疏不得更有迴避。"[9]甲子，張文蔚、楊涉乘輅自上源驛從册寶，諸司各備儀衞、鹵簿前導，導引文武百官，新羅、渤海質子及親王隨寶册列於殿前。[10]帝卯時被衮冕，升御座受册。司天監仇殷奏符瑞之驗，[11]張文蔚、蘇循奉册升殿進讀，楊涉、張策、薛貽矩、趙光逢以次奉寶升殿，讀已，降，帥百官舞蹈稱賀。帝遂與文蔚等宴於玄德殿。[12]帝舉酒曰：“朕輔政未久，此皆諸公推戴之力。”文蔚等慚懼，俯伏不能對，獨蘇循、薛貽矩及刑部尚書張禕盛稱帝功德，宜應天順人。[13]《握升樞記》曰：[14]“黑衣神孫披天裳，免子持函上天牀。”黑衣神則北方之神，北方主水，火爲水之孫，王南方。南爲朱方，朱，帝之姓也。帝復以丁卯火年夏四月受唐禪。又讖曰：“承唐祚者，坐在龜頭號初年，中有一市在臣邊。”坐在龜頭，是“元”字，號初年，亦“元”字也。市在臣邊，是“師”字，故帝自元師踐天子之位。[15]唐乾符中，木星入南斗，[16]數夕不退，諸道都統、晉國公王鐸觀之，[17]問諸知星者：“吉凶安在？”咸曰：“金、火、土犯斗，即爲災，唯木當應爲福耳。”或亦然之。時有術士邊岡者，洞曉天文，博通陰陽曆數之妙，窮天下之奇祕，有先見之明，雖京房、管輅不能過也。[18]鐸召而質之，岡曰：“惟木爲福神，當以帝王占之。然則非福於今，必當有驗於後。未敢言之，請他日證其所驗。”一日，又密召岡，因堅請語其祥，至于三四。岡辭不獲，鐸乃屏去左右。岡曰：“木星入斗，帝王之兆也。木在斗中，‘朱’字也。以此觀之，將來當有朱氏爲君者也，天戒之矣。且木之數三，其禎也應在三紀之內乎。"鐸聞之，不復有言。[19]天后朝有讖辭云：
"首尾三鱗六十年，兩角犢子自狂顛，龍蛇相鬪血成
川。"[20]當時好事者解云："兩角犢子，牛也，必有牛姓
干唐祚。"故周子諒彈牛仙客，李德裕謗牛僧孺，[21]皆
以應圖讖爲辭。然"朱"字"牛"下安"八"，八即角
之象也，故朱滔、朱泚構喪亂之禍，[22]冀無妄之福，豈
知應之帝也。[23]乙丑，命有司告天地、宗廟、社稷。[24]
潁州刺史張實進白兔一。[25]丁卯，遣使宣諭州、鎮。[26]

[1]御札：又作"御劄"。皇帝手札、手詔。　敕：又稱"敕
命"或"敕令"。皇帝頒布的命令的一種。漢朝時，天子告誡臣
下、官長告諭僚屬或尊長勸説子孫，均可稱敕。南北朝以後始專指
皇帝之命。內容涉及國家行政諸多方面。　四月，唐帝御札敕宰臣
張文蔚等備法駕奉迎梁朝：《輯本舊史》之案語："《通鑑考異》引
《薛史》"，見《通鑑》卷二六六開平元年（907）三月甲辰條《考
異》引薛居正《五代史》。《通鑑》本條作："甲辰，唐昭宣帝降御
札禪位于梁。以攝中書令張文蔚爲册禮使，禮部尚書蘇循副之；攝
侍中楊涉爲押傳國寶使，翰林學士張策副之；御史大夫薛貽矩爲押
金寶使，尚書左丞趙光逢副之；帥百官備法駕詣大梁。"

[2]"庚戌"至"但稱月、日"：《通鑑》卷二六六開平元年四
月庚戌、辛亥條。自"庚戌"至"下書稱教令"，《通曆》卷一二
《梁太祖》同。庚戌爲初四，辛亥爲初五。

[3]金吾左右三軍：唐代禁衞軍。高宗龍朔二年（662），由
左、右候衞改名。掌車駕護衞、巡察捕奸、巡警道路等。設大將軍
一人，將軍二人。　上源驛：地名。位於今河南開封市內。　"唐
宰臣張文蔚正押傳國寶"至"達上源驛"：《宋本册府》卷二〇三
《閏位部・徵應門》。《通曆》卷一二作："降御札傳禪于帝，出傳國

寶、玉册、受禪寶及文物儀仗，朝於梁國。"又，"三軍"，《輯本舊史》作"二軍"。丙辰爲初十。

[4]是日，慶雲見：《册府》卷二〇三。

[5]宋州：州名。治所在今河南商丘市睢陽區。 王皋：人名。籍貫不詳。唐末、五代軍閥。事見本書本卷。 丁巳，宋州刺史王皋進赤烏一雙：《宋本册府》卷二〇三《閏位部·徵應門》。《宋本册府》卷二〇二《閏位部·祥瑞門二》，亦載此條及上條內容，但將其置於正月。正月戊寅朔，無丁巳，《册府》卷二〇二誤。四月丁巳爲四月十一。

[6]一百九十六人：中華書局本沿《輯本舊史》作"一百六十人"，並有校勘記："'一百六十人'，《册府》（宋本）卷一九七作'一百九十六人'。"但未改。中華書局本從明本，今從《宋本册府》。 各本色衣一副：《宋本册府》作"各□本色衣"，而明本《册府》無"□"，從明本。 "己未"至"各本色衣一副"：《宋本册府》卷一九七《閏位部·慶賜門》。己未爲十三。

[7]周：即周朝。一般認爲存在於公元前 1046 年至公元前 256 年，傳國 32 代 37 王，延續 791 年。分爲西周（前 1046—前 771）和東周（前 770—前 256）兩個時期，前者定都於鎬京（今陝西西安市）而爲犬戎所滅，後者定都於洛邑（今河南洛陽市）却因諸侯紛爭漸至天子失勢，最終爲秦國所滅。 昌：人名。即周文王姬昌。岐周（今陝西岐山縣）人。商朝受封爲西伯，周朝的奠基者。以勤政賢明而著稱。紀見《史記》卷四。 發：人名。即周武王姬發。岐周（今陝西岐山縣）人。周朝開國君主。聯合諸部在牧野之戰中擊敗商軍，紂王自焚而商朝滅，周朝由是得以建立。紀見《史記》卷四。 詢：人名。即漢宣帝劉詢，原名劉病已。京兆長安（今陝西西安市）人。在位期間政治穩定、社會發展，史稱"孝宣中興"。紀見《漢書》卷八。 衎（kàn）：人名。即漢平帝劉衎，原名劉箕子。生於中山國（今河北定州市）。爲王莽所立之傀儡，九歲即皇帝位，十四歲去世，隨後王莽建立新朝。紀見《漢書》卷

一二。

[8]縑緗：用於書寫的淺黄色絹帛，後代指書籍册簿之類。

[9]"壬戌"至"中外章疏不得更有迴避"：《通曆》卷一二《梁太祖》。教令内容見《宋本册府》卷一八二《閏位部·名諱門》。　從易避以便人：《輯本舊史》有案語："原本有闕文。"　漢帝詢、衍之文：中華書局本有校勘記："'衍'，原作'衍'，據《册府》（宋本）卷一八二、《漢書》卷一二《平帝紀》顔師古注改。"　或崇一德以徽稱：中華書局本有校勘記："'崇'，原作'從'，據《册府》卷一八二改。"　《通鑑》卷二六六開平元年（907）三月壬戌條"梁王更名晃"後，胡注引《薛史》曰："時將受禪，下教以本名二字異帝王之稱，故改名。""全忠"非帝王之稱也。壬戌爲十六。

[10]新羅：朝鮮半島古國名。4 世紀以後逐漸强大。935 年爲王氏高麗所取代。傳見本書卷一三八、《新五代史》卷七四。　渤海：古國名。武周聖曆元年（698），粟末靺鞨首領大祚榮建立政權。唐玄宗先天二年（713），唐朝册封大祚榮爲渤海郡王，其國遂以渤海爲名。後亡於遼。傳見本書卷一三八、《新五代史》卷七四。

[11]司天監：官署名。其長官稱司天監，掌天文、曆法以及占候等事。參見趙貞《唐宋天文星占與帝王政治》，北京師範大學出版社 2016 年版。　仇殷：人名。籍貫不詳。五代司天監官員，精於天象曆法。傳見本書卷二四。

[12]玄德殿：宫殿名。位於今河南開封市。

[13]刑部尚書：官名。尚書省刑部主官。掌天下刑法及徒隸、勾覆、關禁之政令。正三品。　張褘：人名。籍貫不詳。唐末刑部尚書、太子太保。事見《舊唐書》卷二〇下。　"甲子"至"應天順人"：《通鑑》卷二六六開平元年四月甲子條。其中，"導引文武百官"至"司天監仇殷奏符瑞之驗"，據《通曆》卷一二補。甲子爲十八。

[14]《握升樞記》：書名。今已失傳。

[15]"《握升樞記》"至"天子之位":《通曆》卷一二。

[16]乾符:唐僖宗李儇年號（874—879）。

[17]王鐸:人名。太原晋陽（今山西太原市）人。官至唐朝宰相。傳見《舊唐書》卷一六四、《新唐書》卷一八五。

[18]邊岡:人名。唐末、五代術士。長於曆算數術之學。事見《新唐書》卷三〇下、卷三一、卷五九及本書本卷。　京房:人名。本姓李,字君明,東郡頓丘（今河南清丰縣）人,西漢經學家。長於樂律、數術、灾異之説。傳見《漢書》卷七五。　管輅:人名。字公明,平原（今山東平原縣）人。三國術士。傳見《三國志》卷二九。

[19]"唐乾符中"至"不復有言":《宋本册府》卷二〇三《閏位部·徵應門》,又見《通曆》卷一二,記載略簡。

[20]天后:即則天武后。自名曌。并州文水（今山西文水縣）人。中國歷史上唯一的女皇。自唐高宗時參與朝政,與唐高宗並稱"二聖",後一度建立武周王朝,但最終歸政於李唐。其統治期間國力發展、社會穩定。紀見《舊唐書》卷六、《新唐書》卷四。

[21]周子諒:人名。京兆（今陝西西安市）人。唐朝官員,官至監察御史。後爲唐玄宗杖殺。事見《舊唐書》卷九九、卷一〇三。　牛仙客:人名。鶉觚（今甘肅靈臺縣）人。唐朝官員,官至宰相。傳見《舊唐書》卷一〇三、《新唐書》卷一三三。　李德裕:人名。趙郡（今河北趙縣）人。李吉甫之子。唐武宗朝宰相。唐朝"牛李黨爭"中的李黨領袖。傳見《舊唐書》卷一七四、《新唐書》卷一八〇。　牛僧孺:人名。鶉觚（今甘肅靈臺縣）人。唐朝官員,官至宰相。唐朝中後期"牛李黨爭"中的牛黨領袖。傳見《舊唐書》卷一七二、《新唐書》卷一七四。

[22]朱滔:人名。幽州（今北京市）人。唐後期藩鎮軍閥。曾發動兵變,後復歸唐朝。傳見《舊唐書》卷一四三、《新唐書》卷二一二。　朱泚（cǐ）:人名。幽州（今北京市）人。唐後期藩鎮軍閥,曾發動兵變、借位稱帝,後兵敗而亡。傳見《舊唐書》卷

二〇〇下、《新唐書》卷二二五中。 "牛"下安"八":《輯本舊史》之影庫本粘籤:"原本作'牛不安八',今據文改正。"《通曆》卷一二本作"牛下安八",可據改。

[23]"天后朝"至"豈知應之帝也":《大典》卷一九三九六"讖"字韻"圖讖"或"讖辭"事目。又見《通曆》卷一二。

[24]乙丑,命有司告天地、宗廟、社稷:《通鑑》卷二六六開平元年四月乙丑條。乙丑爲十九日。

[25]潁州:州名。治所在今安徽阜陽市。 張寶:人名。籍貫不詳。唐末、五代將領。事見本書本卷。 潁州刺史張寶進白兔一:《宋本冊府》卷二〇二。明本《冊府》同卷"白兔一"作"白兔"。

[26]遣使宣諭州、鎮:《通鑑》卷二六六開平元年四月丁卯條。胡注:"皆言受禪於唐也。"丁卯爲二一。

　　戊辰,即位。[1]制曰:"王者受命於天,光宅四海,祗事上帝,寵綏下民。革故鼎新,諒曆數而先定;創業垂統,知圖籙以無差。神器所歸,祥符合應。是以三正互用,[2]五運相生,前朝道消,中原政散,瞻烏莫定,失鹿難追。朕經緯風雷,沐浴霜露,四征七伐,垂三十年,糾合齊盟,翼戴唐室。隨山刊木,罔憚胼胝;[3]投袂揮戈,不遑寢處。洎玄穹之所贊,知唐運之不興,莫諧輔漢之謀,徒罄事殷之禮。[4]唐主知英華已竭,算祀有終,釋龜鼎以如遺,推劍紱而相授。朕懼德弗嗣,執謙允恭,避駿命於南河,眷清風於潁水。[5]而乃列嶽羣后,盈廷庶官,東西南北之人,斑白緇黃之衆,謂朕功蓋上下,澤被幽深,宜應天以順時,俾化家而爲國。拒彼億兆,至於再三。且曰七政已齊,萬幾難曠。[6]勉遵令典,爰正鴻名,告天地神祇,建宗廟社稷。顧惟涼德，曷副樂推，慄若履冰，懍如馭朽。金行啓祚，玉曆建元，方弘經始之規，宜布惟新之令。可改唐天祐四年爲開平元年，[7]國號大梁。《書》載虞賓，斯爲令範；《詩》稱周客，蓋有明文。[8]是用先封，以禮後嗣，宜以曹州濟陰之邑奉唐主，[9]封爲濟陰王。凡曰軌儀，並遵故實。姬庭多士，比是殷臣；楚國羣材，終爲晉用。[10]歷觀前載，自有通規，但遵故事之文，勿替在公之効。應是唐朝中外文武舊臣，見任前資官爵，一切仍舊。凡百有位，無易厥章，陳力濟時，盡瘁事我。古者興王之地，受命之邦，集大勳有異庶方，霈慶澤所宜加等。故豐、沛著啓祚之美，穰、鄧有建都之榮。[11]用壯鴻基，且旌故里。爰遵令典，先示殊恩。宜升汴州爲開封府，建名東都。其東都改爲西都，仍廢京兆府爲雍州佑國軍節度使。"[12]是日大酺，[13]賞賜有差。[14]宋州刺史王皋進兩歧麥，陳州袁象先進白兔一，[15]付史館編録，兼示百官。[16]辛未，武安軍節度使馬殷進封楚王。[17]以太府卿敬翔知崇政院，翔與帷幄之謀，故首擢焉。[18]追尊四代廟號。[19]以宣武節度副使皇子友文爲開封尹，判建昌院事。友文，本康氏子也，帝養以爲子。[20]乙亥，下制削奪李克用官爵。[21]詔在京百司及諸軍州縣印，一例鑄換，其篆文則各如舊。[22]是月，制宮殿門及都門名額：正殿爲崇元殿，東殿爲玄德殿，內殿爲金祥殿，萬歲堂爲萬歲殿，門如殿名。[23]帝自謂以金德王，以爲金行應運之兆，故名殿曰金祥。[24]以大內正門爲元化門，皇牆南門爲建國門，滴漏門爲啓運門，下馬門爲昇龍門，玄德殿前門爲崇明門，正殿東門爲金烏門，西門爲玉兔門，正衙東門爲崇禮門，東偏門爲銀臺門，宴堂門爲德陽門，天王門爲賓天門，皇牆東門爲寬仁門，浚儀門爲厚載門，皇牆西門爲神獸門，望京門爲金鳳門，宋門爲觀化門，尉氏門爲高明門，鄭門爲開明門，梁門爲乾象門，酸棗門爲興和門，封丘門爲含耀門，曹門爲建陽門。升開封、浚儀爲赤縣，尉氏、封丘、雍丘、陳留爲畿縣。[25]契丹首領袍笏梅老來朝貢方物。[26]改左右長直爲左右龍虎軍，左右内衙爲左右羽林軍，左右堅鋭、夾馬、突將爲左右神武軍，左右親隨軍將馬軍爲左右龍驤軍。[27]

[1]戊辰，即位：中華書局本有校勘記："《新唐書》卷一〇《昭宗紀》、《新五代史》卷二《梁本紀》、《通鑑》卷二六六敘其事作'甲子即位'。《五代會要》卷一作四月十八日，按是日即甲子。《新五代史》《通鑑》又云：'戊辰，大赦。'"見《會要》卷一帝號條。戊辰爲二二。

[2]三正：指我國古代曾使用的三種曆法。夏朝以農曆正月爲歲首，商朝以農曆十二月爲歲首，周朝以農曆十一月爲歲首，合稱"三正"。

[3]胼（pián）胝（zhī）：手掌腳掌的老繭，多指辛勤工作。

[4]漢：即漢朝。公元前202年劉邦建立西漢，定都長安（今陝西西安市），至公元8年爲王莽所代，西漢滅亡；公元25年劉秀建立東漢，定都洛陽（今河南洛陽市），至公元220年爲曹丕所代，東漢滅亡。 殷：即商朝。一般認爲存在於公元前1600年至公元前1046年，據載傳17世31王。因曾定都於殷（今河南安陽市）而又稱殷商。 事殷：《輯本舊史》之影庫本粘籤："原本作'事

般’，今據文改正。”

　　[5]南河：水名。古時稱黃河自今潼關以上、自北向南河段爲“西河”，潼關以下、自西向東河段爲“南河”。　　潁水：水名。源自河南嵩山，至安徽入淮河，淮河主要支流之一。

　　[6]七政：星名。同“七曜”。指日、月及金、木、水、火、土共七個星體。　　萬幾：《輯本舊史》之影庫本粘籤：“原本作‘萬機’，今據文改正。”

　　[7]天祐：唐昭宗李曄開始使用的年號（904）。唐哀帝李柷即位後沿用（904—907）。唐亡後，河東李克用、李存勖仍稱天祐，沿用至天祐二十年（923）。五代其他政權亦有行此年號者，如南吳、吳越等，使用時間長短不等。

　　[8]《書》：書名。又稱《尚書》或《書經》。上古政治歷史文獻彙編，儒家經典之一，後位列“五經”。記事內容上起上古時代虞舜時期，下至春秋時代秦穆公爲止。　　虞賓：相傳虞舜以賓禮待堯之子丹朱，故而以“虞賓”代指丹朱。丹朱不肖而國亡，後人遂以此喻失位之君。　　《詩》：書名。又稱《詩經》。中國最早的詩歌總集，儒家經典之一，後位列“五經”。編成於春秋時代，共305篇。分風、雅、頌三類，多爲周初至春秋中期作品。　　周客：周代宋國始祖。名啟，商紂王之兄。紂王無道而數諫不從，遂出走。後降於周武王。受封於宋以續殷祀。遂稱“周客”。

　　[9]曹州：州名。治所在今山東曹縣。　　濟陰：地名。位於今山東曹縣。

　　[10]凡口軌儀：中華書局本有校勘記：“彭校作‘凡百軌儀’。”　　楚：國名。春秋戰國時期的諸侯國，國君羋姓。周初受封，後領地囊括今湖北、湖南及河南、安徽的部分地區。公元前223年爲秦國所滅。　　晉：國名。春秋戰國時期的諸侯國，國君姬姓。周初受封，後領地囊括中原大部地區，公元前403年，韓、趙、魏“三家分晉”，晉國消亡。

　　[11]豐：縣名。治所在今江蘇豐縣。　　沛：縣名。治所在今江

蘇沛縣。　穰：地名。位於今河南鄧州市。曾在此建立穰國。
鄧：地名。位於今河南鄧州市。曾在此建立鄧國。

　　[12]京兆府：府名。治所在今陝西西安市。　雍州：州名。治所在今陝西西安市。　佑國軍：方鎮名。治所在雍州（今陝西西安市）。　仍廢京兆府爲雍州佑國軍節度使：此句後，《舊五代史考異》："案《五代會要》：四月，改京兆府爲大安府，長安縣爲大安縣，萬年縣爲大年縣，仍置佑國軍節度使額。始命韓建爲佑國軍節度使。"對《舊五代史考異》所引之"長安縣爲大安縣"，中華書局本有校勘記："'爲大安縣'四字原闕，據殿本、劉本、《五代會要》卷一九補。"見《會要》卷一九京兆府條。

　　[13]大酺（pú）：古代皇帝因特殊事宜而准許民間聚飲的慶祝活動。　是日大酺：《宋本冊府》卷一九七《閏位部·慶賜門》繫於"丁卯"。

　　[14]"制曰"至"賞賜有差"：《大典》卷五一四九"元"字韻"改元"事目。本段末有《舊五代史考異》："案《通鑑》：（三月）甲辰，唐昭宣帝降御札禪位於梁。以攝中書令張文蔚爲冊禮使，禮部尚書蘇循副之；攝侍中楊涉爲押傳國寶使，翰林院學士張策副之；御史大夫薛貽矩爲押金寶使，尚書左丞趙光逢副之。帥百官備法駕詣大梁。（四月）甲子，張文蔚、楊涉乘輅自上源驛從冊寶，諸司各備儀衛鹵簿前導，百官從其後，至金祥殿前陳之。王被衮冕，即皇帝位。張文蔚、蘇循奉冊升殿進讀，楊涉、張策、薛貽矩、趙光逢以次奉寶升殿，讀已，降，帥百官舞蹈稱賀。帝遂與文蔚等宴於玄德殿。帝舉酒曰：'朕輔政未久，此皆諸公推戴之力。'文蔚等慚懼，俯伏不能對，獨蘇循、薛貽矩及刑部尚書張禕盛稱帝功德，宜應天順人。案：朱梁篡位之事，《薛史》應爲詳載，今全篇不可得見，謹附録《通鑑》於此。"對《舊五代史考異》所引之"張文蔚、楊涉乘輅自上源驛從冊寶"，中華書局本有校勘記："'驛'下原有'至'字，據《通鑑》卷二六六刪。"對《舊五代史考異》所引之"張禕"，中華書局本有校勘記："原作'張禕'，

據殿本、劉本、《通鑑》卷二六六改。"

[15]陳州：州名。治所在今河南淮陽縣。 袁象先：人名。宋州下邑（今河南夏邑縣）人。五代後梁將領，後投後唐。傳見本書卷五九、《新五代史》卷四五。

[16]"宋州刺史"至"兼示百官"：明本《冊府》卷二〇二《閏位部·祥瑞門二》。中華書局本有校勘記："'白兔'，《冊府》（宋本）卷二〇二作'白鹿'。"今據明本改。

[17]武安軍：方鎮名。治所在潭州（今湖南長沙市）。 馬殷：人名。許州鄢陵（今河南鄢陵縣）人。五代十國南楚開國君主。傳見本書卷一三三、《新五代史》卷六六。 辛未，武安節度使馬殷進封楚王：《通鑑》卷二六六開平元年（907）四月辛未條。胡注："馬殷不由郡王，徑封國王，即位之初特恩也。"《宋本冊府》卷一九六《閏位部·封建門》未記日。辛未為二十五。

[18]太府卿：官名。南朝梁始置。太府寺長官。掌國家財帛庫藏出納、關市稅收等務。從三品。 敬翔：人名。同州馮翊（今陝西大荔縣）人。後梁大臣。傳見本書卷一八、《新五代史》卷二一。 崇政院：官署名。唐代宗曾設樞密使，以宦官充任；後梁時改崇政院，改用士人，掌軍國大政；後唐改稱樞密院，與中書分理朝政。 "以太府卿"至"故首擢焉"：《輯本舊史》作《大典》卷一二一一三，中華書局本有校勘記："檢《永樂大典目錄》，卷一二一一三為'柳'字韻'事韻二'，與本則內容不符，恐有誤記。疑出自卷一六六四三'院'字韻'樞密院二'。本卷下三則引《永樂大典》卷一萬二千一百十三同。"

[19]廟號：中國古代皇帝去世後被供奉於太廟時所使用的名號，起源於商代，秦代一度廢止，漢代恢復，清代滅亡時隨之終結。 追尊四代廟號：《宋本冊府》卷一八九《閏位部·奉先門》詳載其高祖、曾祖、祖、考四代廟號、謚號、陵號等。《新五代史》卷二載此事於七月，而《通鑑》及《冊府》均繫於四月，今從《冊府》及《通鑑》。

　　[20]節度副使：官名。唐、五代方鎮屬官。位在行軍司馬之下、判官之上。　友文：人名。朱溫養子，本姓康名勤。因長於財政軍需而受朱溫器重，後被朱友珪所殺。傳見本書卷一二、《新五代史》卷一三。　開封尹：官名。五代除後唐外均定都開封，因置開封府尹。執掌京師政務。從三品。　判：官制用語。即以他官兼代某職，稱判某職或判某職事。始於北齊。唐、五代以高官兼掌低職曰判。　建昌院：官署名。五代后梁置，掌財政、賦稅、軍需諸事。以判院事一人爲長官，不久改爲建昌宮使。乾化二年（912）罷。　“以宣武節度副使”至“帝養以爲子”：《輯本舊史》作《大典》卷一二一一三，該卷爲“柳”字韻“事韻二”，誤。似應爲“院”字韻，卷一六六四二、卷一六六六九。《輯本舊史》之影庫本粘籤：“判建昌院事，原本缺‘昌’字，今據文增入。”《通鑑》卷二六六開平元年四月辛未條明言以友文判建昌院事，可據增。

　　[21]李克用：人名。沙陀部人，生於神武川新城（一說今山西朔州市朔城區之梵王寺村，一說今山西應縣縣城，一說今山西懷仁縣之日中城）。五代後唐奠基者。紀見本書卷二五至卷二六、《新五代史》卷四。　乙亥，下制削奪李克用官爵：《通鑑》卷二六六開平元年四月乙亥條。乙亥爲二九日。

　　[22]“詔在京百司”至“其篆文則各如舊”：《宋本册府》卷一九一《閏位部·立法制門》。

　　[23]“是月”至“門如殿名”：《宋本册府》卷一九六《閏位部·建都門》。對本條之出處“《册府》卷一百九十六”，中華書局本有校勘記：“‘一百九十六’，原作‘一百八十六’，按此則實出《册府》卷一九六，據改。”

　　[24]“帝自謂”至“殿曰金祥”：《通鑑》卷二六六開平元年四月辛亥條胡注引《薛史》。

　　[25]浚儀：縣名。治所在今河南開封市。　赤縣：中國古代王朝都城直轄之縣。　尉氏：縣名。治所在今河南尉氏縣。　封丘：

縣名。治所在今河南封丘縣。　雍丘：縣名。治所在今河南杞縣。

陳留：縣名。治所在今河南開封市陳留鎮。　畿縣：中國古代王朝都城周邊之縣。　"以大内正門"至"陳留爲畿縣"：《大典》卷三五二〇"門"字韻"唐宮門"事目。《大典》卷三五二一爲"宋遼金元宮門"事目等。《大典目録》在此兩卷中可能漏列"五代宮門"事目。此條内容全見《宋本册府》卷一九六《閏位部·建都門》。

［26］契丹：古部族、政權名。公元 4 世紀中葉宇文部爲前燕攻破，始分離而成單獨的部落，自號契丹。唐貞觀中，置松漠都督府，以其首領爲都督。唐末强盛，916 年迭剌部耶律阿保機建立契丹國（遼）。先後與五代、北宋並立，保大五年（1125）爲金所滅。參見張正明《契丹史略》，中華書局 1979 年版。　袍笏梅老：人名。契丹使者。事見本書卷七二、《契丹國志》卷一、《通鑑》卷二六六、《册府》卷九七二。梅老，官名。遥輦時有官稱"梅録"，也作"梅落""梅老"，此即回鶻的"媚禄""密禄"，不同時期不同民族轉寫方式不同，職掌也有變化，或總兵爲指揮官，或爲"皇家總管"。參見李桂芝《遼金簡史》，福建人民出版社 1996 年版，第 19—20 頁。　契丹首領袍笏梅老來朝貢方物：《宋本册府》卷九七二《外臣部·朝貢門五》。

［27］"改左右長直"至"左右龍驤軍"：《舊五代史考異》引《會要》卷一二京城諸軍條引《職官分紀》卷三五左右羽林軍條引《五代史》。左右龍虎軍、左右羽林軍、左右神武軍、左右龍驤軍均爲禁軍名。

五月丁丑朔，以唐朝宰臣張文蔚、楊涉並爲門下侍郎、平章事，以御史大夫薛貽矩爲中書侍郎、平章事。[1]加武順節度使、趙王王鎔守太師，天雄節度使、鄴王羅紹威守太傅，義武節度使王處直兼侍中。[2]戊寅，渤海王子大昭順貢海東物產。[3]契丹首領袍笏課哥、梅老等來朝。契丹久不通中華，聞帝威聲，乃率所部來貢。[4]帝遣太府少卿高頎報之。[5]己卯，河南尹兼河陽節度使張全義進封魏王，兩浙節度使錢鏐進封吳越王。[6]加清海節度使劉隱、威武節度王審知兼侍中，仍以隱爲大彭王。[7]辛巳，有司奏，以降誕之日爲大明節，休假前後各一日。[8]壬午，保義軍節度使朱友謙進百官衣二百副。[9]廢雍州太清宮，改西都太微宮、亳州太清宮皆爲觀，諸州紫極宮皆爲老君廟。[10]泉州僧智宣自西域回，進辟支佛骨及梵夾經律。[11]癸未，以權知荊南留後高季昌爲節度使。[12]乙酉，立皇兄全昱爲廣王，皇子友文爲博王，友珪爲郢王，友璋爲福王，友雍爲賀王，友徽爲建王，友貞爲均王，從子友謙爲冀王，姪友諒爲衡王、友能爲惠王、友誨爲邵王。[13]丙戌，荊南高季昌進瑞橘數十顆。質狀百味，倍勝常貢，且橘當冬熟，今方仲夏，時人咸異其事，因稱爲瑞。[14]辛卯，以東都舊第爲建昌宮，改判建昌院事爲建昌宮使。[15]初，帝創業之時，以四鎮兵馬倉庫籍繁總，因置建昌院以領之，至是改爲宮。[16]壬辰，命保平節度使康懷貞將兵八萬會魏博兵攻潞州。[17]甲午，詔天下管屬及州縣官名犯廟諱者各宜改換。城門郎改爲門局郎，茂州改爲汶州，桂州慕化縣改爲歸化縣，潘州茂名縣改爲越裳縣。[18]詔樞密院宜改爲崇政院，以知院事敬翔爲院使。[19]丙申，御玄德殿，宴犒諸軍使劉捍、符道昭已下，賜物有差。[20]戊戌，詔禮部尚書蘇循及刑部尚書張禕等十五人並勒致

仕，起居郎蘇楷斥歸田里。[21]已亥，帝御崇元殿，內出
追尊四廟上謚號玉册寶共八副，宰臣、文武百官儀仗鼓
吹導引至太廟行事。[22]癸卯，司天監奏：“日辰內有戊
字，請改爲武。”從之。[23]是月，青州、許州、定州三
鎮節度使請開內宴，各進方物。[24]改文思院爲乾文院，
同和院改爲儀鸞院，以西都水北宅爲大昌宮。[25]御食使
爲司膳使，小馬坊使爲天驥使。[26]廣州進奇寶名藥，品
類甚多。河南尹張全義進開平元年已前羨餘錢十萬貫、
紬六千疋、綿三十萬兩，仍請每年上供定額，每歲貢絹
三萬疋，以爲常式。[27]宿州刺史王儒進白兔一。濮州刺
史圖嘉禾瑞麥以進。[28]帝初受禪，求理尤切，委宰臣搜
訪賢良：“或有在下位抱負器業久不得伸者，特加擢用；
有明政理得失之道規救時病者，可陳章疏，當親鑒擇利
害施行，然後賞以爵秩；有晦跡丘園不求聞達者，令彼
長吏備禮邀致，冀無遺逸之恨。”[29]潞州行營都指揮使
李思安及晉人戰，敗績。[30]中書門下奏：“請廢同州長春
宮使。”從之。[31]湖南節度使馬殷奏克袁州，[32]大破淮
寇，畫圖以進，宣示宰臣。先是，淮夷襲陷洪州，並有
宜春，[33]袁民厭淮夷苛政，且忿其屠戮，而征賦煩重，
乃有邊界酋首，潛以人情利害導湖南之兵取袁州。淮夷
賊寇失守，與郡皆沒，殺傷甚衆。馬殷屯兵戍守，以捷
來奏。[34]

[1]丁丑朔：據《新五代史》卷二《梁太祖紀下》、《通鑑》卷
二六六補。　門下侍郎：官名。門下省副長官。唐後期三省長官漸
爲榮銜，中書侍郎、門下侍郎却因參議朝政而職位漸重，常常用爲

以"同三品"或"同平章事"任宰相者的本官。正三品。 平章事：官名。簡稱"同平章事"。唐高宗以後，凡實際任宰相之職者，常在其本官後加同平章事的職銜。後成爲宰相專稱。後晉天福五年（940），升中書門下平章事爲正二品。 中書侍郎：官名。中書省副長官。正三品。 "五月丁丑朔"至"平章事"：《宋本册府》卷一九九《閏位部·命相門》。

[2]武順：方鎮名。治所在鎮州（今河北正定縣）。 王鎔：人名。回鶻人。唐末、五代軍閥。傳見本書卷五四、《新五代史》卷三九。 太師：官名。與太傅、太保合稱三師，唐後期、五代多爲大臣、勳貴加官。正一品。 天雄：方鎮名。治所在魏州（今河北大名縣）。 太傅：官名。與太師、太保並爲三師。唐後期、五代多爲大臣、勳貴加官。正一品。 義武：方鎮名。治所在定州（今河北定州市）。 王處直：人名。京兆萬年（今陝西西安市長安區）人。唐末、五代軍閥。傳見本書卷五四、《新五代史》卷三九。 "加武順節度使"至"義武節度使王處直兼侍中"：《通鑑》卷二六六開平元年（907）五月丁丑條。

[3]大昭順：人名。渤海國末王之子。事見本書本卷。

[4]"戊寅"至"乃率所部來貢"：《宋本册府》卷九七二《外臣部·朝貢門五》。"戊寅"，據《新五代史》卷二補。《通鑑》有關契丹遣使的記載，見於四月與五月。如《通鑑》卷二六六《後梁紀一》太祖開平元年五月條："契丹遣其臣袍笏梅老來通好，帝遣太府少卿高頎報之。"

[5]太府少卿：官名。北魏始置。太府寺副長官。佐太府卿掌國家財帛庫藏出納、關市稅收等務。從四品上。 高頎：人名。籍貫不詳。唐末、五代官員。事見本書本卷。 帝遣太府少卿高頎報之：《通鑑》卷二六六開平元年五月條。

[6]河陽：縣名。治所在今河南孟州市。 張全義：人名。濮州臨濮（今山東鄄城縣）人。唐末、五代將領。傳見本書卷六三、《新五代史》卷四五。 錢鏐：人名。杭州臨安（今浙江杭州市）

人。五代時期吳越國建立者。傳見本書卷一三三、《新五代史》卷六七。 "己卯"至"兩浙節度使錢鏐進封吳越王":《宋本冊府》卷一九六《閏位部·封建門》。"己卯",據《通鑑》卷二六六補。

[7]劉隱:人名。上蔡（今河南上蔡縣）人。五代十國南漢奠基者。傳見本書卷一三五、《新五代史》卷六五。 王審知:人名。光州固始（今河南固始縣）人。五代十國閩開國君主。909年至925年在位。傳見本書卷一三四、《新五代史》卷六八。 "加清海節度使劉隱"至"仍以隱爲大彭王":《通鑑》卷二六六開平元年五月己卯條。

[8]辛巳,有司奏,以降誕之日爲大明節,休假前後各一日:《輯本舊史》作引自《大典》卷一六一八七,中華書局本有校勘記:"檢《永樂大典目録》,卷一六一八七爲'漢'字韻'兩漢蒙求一',與本則内容不符,恐有誤記。疑出自卷一六四八七'誕'字韻。"本條應出自《大典》卷一六四八七"誕"字韻"帝王降誕"事目。今據改。又見《宋本冊府》卷一八二《閏位部·誕生門》。

[9]保義軍:方鎮名。治所在陝州（今河南三門峽市陝州區）。 朱友謙:人名。河南許州（今河南許昌市）人。朱温養子,唐末、五代軍閥。傳見本書卷六三、《新五代史》卷四五。 壬午,保義軍節度使朱友謙進百官衣二百副:《宋本冊府》卷一九七《閏位部·納貢獻門》。對本條之出處"《冊府元龜》卷一百九十七",中華書局本有校勘記:"'一百九十七',原作'一百六十七',按此則實出《冊府》卷一九七。"

[10]太清宮:宮殿名。唐朝所建道教宗教場所。本句有兩處太清宮,一處位於長安（今陝西西安市）,另一處位於亳州（今安徽亳州市）。 太微宮:宮殿名。唐朝所建道教宗教場所。位於洛陽（今河南洛陽市）。 紫極宮:宮殿名。唐朝所建道教宗教場所。"廢雍州太清宮"至"諸州紫極宮皆爲老君廟":《宋本冊府》卷一九四《閏位部·崇釋老門》。本條原無記日,據《會要》卷一二觀

條載此條内容爲"六日"，即干支記日之"壬午"。

[11]泉州：州名。治所在今福建泉州市。　智宣：人名。籍貫不詳。唐末、五代佛教僧侶。事見本書本卷。　辟支佛：佛教語。未逢佛而獨自覺悟的聖者，又稱緣覺，與聲聞、菩薩合稱"三乘"。梵夾：佛經裝幀形式。亦稱"經夾"或"梵筴"。因早期佛經多刻於貝多羅葉，夾以厚板，以繩結之，故有是名。　泉州僧智宣自西域回，進辟支佛骨及梵夾經律：《大典》卷二一一七五"佛"字韻"佛骨"事目。又見《宋本册府》卷一九四，較本條末多一句。

[12]留後：官名。唐、五代節度使多以子弟或親信爲留後，以代行節度使職務，亦有軍士、叛將自立爲留後者。掌一州或數州軍政。　高季昌：人名。陝州硤石（今河南三門峽市陝州區）人。五代十國南平（荆南）開國君主。傳見本書卷一三三、《新五代史》卷六九。　癸未，以權知荆南留後高季昌爲節度使：《通鑑》卷二六六開平元年五月癸未條。

[13]全昱：人名。即朱全昱，朱温的兄長。傳見本書卷一二、《新五代史》卷一三。　友珪：人名。即朱友珪。朱温次子，後勾結韓勍殺朱温。傳見本書卷一二、《新五代史》卷一三。　友璋：人名。即朱友璋。朱温第五子。傳見本書卷一二。　友雍：人名。即朱友雍。朱温第六子。事見《新五代史》卷一三。　友徽：人名。即朱友徽。朱温第七子。事見本書卷一二、《新五代史》卷一三。　"乙酉"至"友徽爲建王"：《大典》卷一六六二八"建"字韻"封建（一一）"事目。　友貞：人名。即後梁末帝朱友貞，朱温第三子。913年至923年在位。紀見本書卷八至卷一○、《新五代史》卷三。　友貞爲均王：據《通曆》卷一二《梁太祖》、《新五代史》卷二、《通鑑》卷二六六。　從子友謙爲冀王：據《會要》卷一一封建條。　友諒：人名。即朱友諒。朱全昱之子，朱温之侄。傳見本書卷一二、《新五代史》卷一三。　友能：人名。即朱友能。朱全昱之子，朱温之侄。傳見本書卷一二、《新五代史》卷一三。　友誨：人名。即朱友誨。朱全昱之子，朱温之侄。後梁

末帝時因舉兵反叛被囚。後唐入汴時被殺。傳見本書卷一二、《新五代史》卷一三。　姪友諒爲衡王、友能爲惠王、友誨爲邵王：《新五代史》卷二。

[14]“丙戌”至“因稱爲瑞”：《宋本册府》卷一九七。另，《册府》卷二〇二《閏位部·祥瑞門二》記載爲：“丙戌，荆州高季昌進瑞橘七十顆。”兩者記載不同，前者詳，後者略，且文字有差異。前者作“荆南”，後者作“荆州”；前者作“數十顆”，後者作“七十顆”。《輯本舊史》之影庫本粘籤：“‘百味’二字，以文義求之當作‘甘味’，《五代會要》亦作‘百味’，今姑仍其舊。”未見《會要》記載。

[15]建昌院：中華書局本有校勘記：“原作‘建昌宫’，據殿本、本書卷一四九《職官志》、《五代會要》卷二四、《通鑑》卷二六六及本卷下文改。”見《會要》卷二四建昌宫使條。　辛卯，以東都舊第爲建昌宫，改判建昌院事爲建昌宫使：《輯本舊史》作《大典》卷一二一一三爲“柳”字韻，誤。似應爲“院”字韻，卷一六六四二至卷一六六六九。

[16]“初”至“至是改爲宫”：《通鑑》卷二六六開平元年五月辛卯條胡注引《薛史》。本條内容應屬於舊史《梁太祖本紀》，但恐非原文，尤其最末一句“蓋重其事也”，似胡三省之語，故删去。

[17]保平：方鎮名。治所在陝州（今河南三門峽市陝州區）。康懷貞：人名。即康懷英。兗州（今山東濟寧市兗州區）人。唐末、五代將領。避後梁末帝朱友貞諱改懷英。傳見本書卷二三、《新五代史》卷二二。　潞州：州名。治所在今山西長治市。　壬辰，命陝州節度使康懷貞將兵八萬會魏博兵攻潞州：《通鑑》卷二六六開平元年五月壬辰條。

[18]城門郎：官名。掌管京師城門屯兵的武官。漢朝稱“城門校尉”，隋改“城門郎”，唐因之。　茂州：州名。治所在今四川茂縣。　桂州：州名。治所在今廣西鹿寨縣北。　慕化縣：縣

名。治所在今廣西桂林市。　　潘州：州名。治所在今廣東高州市。

　　茂名縣：縣名。治所在今廣東茂名市。　　"甲午"至"潘州茂
名縣改爲越裳縣"：《宋本册府》卷一八九《閏位部·奉先門》。
《舊五代史考異》："案魏泰《東軒筆録》：'京師呼城外爲州東、州
西、州南、州北，而韋城、相城、胙城等縣，但呼韋縣、相縣、胙
縣。'蓋沿梁時避諱之舊也。"

　　[19]詔樞密院宜改爲崇政院，以知院事敬翔爲院使：《輯本舊
史》作《大典》卷一二一一三"柳"字韻，誤。似應爲"院"字
韻，卷一六六四二至卷一六六六九。"詔樞密院宜改爲崇政院"，中
華書局本有校勘記："'改'原作'加'，據殿本、本書卷一四九
《職官志》、《通鑑》卷二六六《考異》引《實録》、《五代會要》
卷二四、《新五代史》卷二《梁本紀》改。"見《會要》卷二四崇
政院使條、《通鑑》卷二六六開平元年五月甲午條。

　　[20]劉捍：人名。開封（今河南開封市）人。後梁將領。傳
見本書卷二〇、《新五代史》卷二一。　　符道昭：人名。蔡州（今
河南汝南縣）人。唐末、五代後梁將領。傳見本書卷二一、《新五
代史》卷二一。　　丙申，御玄德殿、宴犒諸軍使劉捍、符道昭已
下，賜物有差：《大典》卷一六七四六"宴"字韻"宴享（三）"
事目。又見《宋本册府》卷一九七《閏位部·宴會門》。

　　[21]致仕：官員告老辭官。　　起居郎：官名。唐代始置，屬門
下省。與中書省起居舍人同掌起居注，記皇帝言行。從六品上。
蘇楷：人名。籍貫不詳。唐末、五代官員。事見本書卷六〇。
"戊戌"至"起居郎蘇楷斥歸田里"：《通鑑》卷二六六開平元年五
月戊戌條。

　　[22]太廟：又稱大廟。祭祀帝王祖宗之廟，省稱祖廟。　　"己
亥"至"宰臣、文武百官儀仗鼓吹導引至太廟行事"：《宋本册府》
卷一八九。本條内容，《册府》原記於"六月己亥"，《輯本舊史》
亦記於六月。由於五月丁丑朔，六月丙午朔，己亥爲二十三日，六
月無己亥，今移入五月。

[23]癸卯，司天監奏："日辰内有戊字，請改爲武。"從之：
《宋本册府》卷一八九。《輯本舊史》列此條於六月，《册府》記於
五月。中華書局本從《輯本舊史》，並有校勘記："《册府》卷一八
九繫其事於五月。按六月丙午朔，無癸卯；五月丁丑朔，癸卯爲二
十七日。"又，《舊五代史考異》："案：《容齋續筆》以爲'戊'類
'成'字，故司天詒之。殊不知'戊'字乃避梁祖曾祖茂琳諱，非
以其類'成'字也。《雲谷雜記》嘗辨正之。今《崇福侯廟碑》立
於開平二年，正作武辰，可見當時避諱之體。"對《舊五代史考
異》所引之《容齋續筆》，中華書局本有校勘記："原作《容齋三
筆》。按此事見《容齋續筆》卷六'戊爲武'條，據改。"對《舊
五代史考異》所引之"武辰"，中華書局本亦有校勘記："原作'武
寅'。按《金石萃編》卷一一九《崇福侯廟碑》碑文有'開平二
年，歲在武辰'句，據改。'戊'避朱溫曾祖茂琳諱改'武'。"

[24]青州：州名。治所在今山東青州市。　　許州：州名。治所
在今河南許昌市。　　方物：古時指地方特産。　　各進方物：中華書
局本有校勘記："'進'，原作'賜'，據《册府》(宋本)卷一九七
改。"　是月，青州、許州、定州三鎮節度使請開内宴，各進方物：
《大典》卷一六七四六"宴"字韻"宴享(三)"事目。

[25]文思院：官署名。掌造宫廷所需之物。唐代置文思院，以
宦官爲文思使。五代後梁時改文思院爲乾文院，文思使改稱乾文院
使。後唐時恢復舊稱。　　同和院：官署名。唐代所置，掌供應皇帝
祭祀、朝會、巡幸、宴享之陳設用度，後梁時改稱儀鸞院。"儀鸞
院"，中華書局本有校勘記："原作'佐鸞院'，據殿本、劉本、本
書卷一四九《職官志》、晏殊《類要》引《五代史太祖紀》、《五代
會要》卷二四改。"見《會要》卷二四儀鸞院條、《類要》卷一九
引《太祖紀》。　改文思院爲乾文院，同和院改爲儀鸞院，以西都
水北宅爲大昌宮：《宋本册府》卷一九六《閏位部·建都門》。

[26]御食使：官名。唐朝末期置，爲内諸司使之一，掌御膳。
後梁時改稱司膳使。　　小馬坊使：官名。唐朝末期置，爲内諸司使

之一，掌御膳。後梁時改稱天驥使。　改御食使爲司膳使，小馬坊使爲天驥使：《會要》卷二四諸使雜録條、《類要》卷一九引《太祖紀》。

［27］"廣州進奇寶名藥"至"以爲常式"：《宋本册府》卷一九七。名藥，中華書局本有校勘記："原作'名樂'，據殿本、《册府》（宋本）卷一九七改。按本卷下文亦有廣州進藥事，數見於《册府》卷一九七其他各條。"

［28］濮州：州名。治所在今山東鄄城縣。　宿州刺史王儒進白兔一，濮州刺史圖嘉禾瑞麥以進：《宋本册府》卷二〇二。

［29］"帝初受禪"至"冀無遺逸之恨"：明本《册府》卷二一三《閏位部·求賢門》。

［30］行營都指揮使：官名。唐末、五代統兵將領，掌行營兵馬。　潞州行營都指揮使李思安及晋人戰，敗績：《新五代史》卷二。

［31］同州：州名。治所在今陝西大荔縣。　長春宮：北周、隋、唐行宮名。位於今陝西大荔縣東北。唐時同州刺史多帶長春宮使。　中書門下奏："請廢同州長春宮使。"從之：《會要》卷五長春宮條。

［32］袁州：州名。治所在今江西宜春市袁州區。

［33］洪州：州名。治所在今江西南昌市。　宜春：代指袁州。

［34］"湖南節度使馬殷奏克袁州"至"以捷來奏"：明本《册府》卷四三五《將帥部·獻捷門二》。

六月，康懷貞至潞州，晋昭義節度使李嗣昭、副使李嗣弼閉城拒守。[1]懷貞晝夜攻之，半月不克，乃築壘穿蚰蜒塹而守之，内外斷絶。晋王以蕃漢都指揮使周德威爲行營都指揮使，帥馬軍都指揮使李嗣本、馬步都虞候李存璋、先鋒指揮使史建瑭、鐵林都指揮使安元信、橫衝指揮使李嗣源、騎將安金全救潞州。[2]晉兵攻澤州，帝遣左神勇軍使范居實將兵救之。[3]甲寅，以青州節度使韓建守司徒、平章事。[4]武貞節度使雷彥恭會楚兵攻江陵，荊南節度使高季昌引兵屯公安，絕其糧道；彥恭敗，楚兵亦走。[5]丙辰，靜海軍節度使曲裕卒。[6]癸亥，詔以前朝官僚譴逐南荒，積年未經昭雪，其間有懷抱材器爲時所嫉者，深負冤抑。仍令錄其名姓，盡復官資，兼告諭諸道，令津致赴闕。如已亡歿，並許歸葬，以明恩蕩。[7]改耀州報恩禪院爲興國寺。[8]詔：“近年諸道貢舉人，當藩方秋薦之時，不親試者號爲拔解，非所以責實也。”帝因知之，乃下令止絕。[9]以西都徽安門北路逼近大內宮垣，兼非民便，令移自榆林直趣端門之南。[10]封丘境內蟲蝗爲災最甚，帝令近界撲滅，下明敕以懸賞罰之戒。以縮不恭，罰金仍免官。[11]戊戌，兩浙節度使錢鏐奏：“四月十六日於蘇州大破淮賊，擒獲數千人、戰船數百隻、器甲二十餘萬。”[12]己亥，以久雨，命官祈禱於神祠靈迹。[13]丁未，靈武節度使韓遜奏：“收復鹽州，擒僞刺史李繼直以下六十二人，並處斬訖。”[14]庚戌，同州節度使劉知俊據本郡反。制令削奪劉知俊在身官爵，仍徵發諸軍，速令進討。[15]以山南東道節度使楊師厚爲西路行營招討使，帥侍衛馬步軍都指揮使劉鄩等討之。[16]辛亥，駕幸蒲、陝，夜半發大內。[17]乙卯，冀王友謙爲同州東面行營招討使。[18]丹州馬軍都頭王行思等作亂，刺史宋知誨逃歸。庚申，以劉鄩權佑國留後。[19]劉知俊弟內直右保勝指揮使知浣自洛奔至潼關，右龍虎軍十將張溫以上二十二人於潼關擒獲劉知浣，送至行在。敕：“知浣，逆黨之中最爲頭角；龍虎軍，親兵之內實冠爪牙。昨者攻取潼關，率先用命；尋則擒獲知浣，最上立功。頗壯軍威，將除國難。所懸賞格，便可支分；許賜官階，固須除授。”[20]劉知俊奔鳳翔，同州平。[21]劉守光遣使上表告捷，且言“俟滄德事畢，爲陛下掃平并寇。”[22]以司門郎中季文矩爲開封縣令，司勳員外郎孫拙爲浚儀縣令。先是，二邑皆吏部注授，今昇爲赤縣，故命二省郎理。[23]

[1]昭義：方鎮名。又稱澤潞。治所在潞州（今山西長治市）。李嗣昭：人名。汾州（今山西汾陽市）人。李克用養子、部將。傳見本書卷五二、《新五代史》卷三六。　李嗣弼：人名。李克用弟李克修之子。後與契丹交戰時戰没。事見《新五代史》卷一四。

[2]周德威：人名。朔州馬邑（今山西朔州市朔城區東北）人。唐末、五代河東將領。傳見本書卷五六、《新五代史》卷二五。馬軍都指揮使：官名。五代始置。爲侍衛親軍馬軍統兵將領。李嗣本：人名。雁門（今山西代縣）人。李克用養子、部將。傳見本書卷五二、《新五代史》卷三六。　馬步都虞候：官名。五代侍衛親軍馬步軍統兵官，僅次於馬步軍都指揮使、副都指揮使。　李存璋：人名。雲中（今山西大同市）人。李克用養子、部將。傳見本書卷五三、《新五代史》卷三六。　先鋒指揮使：官名。先鋒，即先鋒部隊。指揮使，爲所部統兵將領。　史建瑭：人名。雁門（今山西代縣）人。五代將領。傳見本書卷五五、《新五代史》卷二五。　鐵林都指揮使：官名。所部統兵將領。“鐵林”爲部隊番號。　安元信：人名。代北（今山西代縣）人。五代後唐、後晉將領。事見本書卷三二。　橫衝指揮使：官名。所部統兵將領。“橫

衝”爲部隊番號。 李嗣源：人名。沙陀部人。原名邈佶烈，李克用養子。五代後唐明宗，926 年至 933 年在位。紀見本書卷三五至卷四四、《新五代史》卷六。 安金全：人名。代北（今山西代縣）人。唐末、五代將領。傳見本書卷六一、《新五代史》卷二五。

［3］左神勇軍使：官名。掌領本軍軍務，或兼理地方政務。《新唐書》卷五〇《兵志》載：“唐初，兵之戍邊者，大曰軍，小曰守捉，曰城，曰鎮……武德至天寶以前邊防之制，其軍、城、鎮、守捉皆有使。” 范居實：人名。絳州翼城（今山西翼城縣）人。後梁將領。傳見本書卷一九。 “六月”至“帝遣左神勇軍使范居實將兵救之”：《通鑑》卷二六六開平元年（907）六月條。

［4］韓建：人名。許州長社（今河南許昌市）人。唐末、五代軍閥。傳見本書卷一五、《新五代史》卷四〇。 司徒：官名。與太尉、司空並爲三公。唐後期、五代多爲大臣、勳貴加官。正一品。 甲寅，以青州節度使韓建守司徒、平章事：《宋本冊府》卷一九九《閏位部·命相門》。《冊府》作：“（五月）是月，以青州節度使韓建守司徒、平章事。帝以建有文武材，且詳於稼穡利害，軍旅之事、籌度經費，欲盡詢焉，恩澤特異，于時罕有比者，遂拜爲上相，錫賚甚厚。”《輯本舊史》從《冊府》，並有訂正。“青州”，《輯本舊史》之影庫本粘籤：“青州，原本誤作‘清州’，今據文改正。”中華書局本沿《輯本舊史》從《冊府》。“遂拜爲上相”，中華書局本有校勘記：“‘遂’，原作‘隨’，據《冊府》（宋本）卷一九九改。”韓建受命之日在“六月甲寅”，據《通鑑》卷二六六、《新五代史》卷二《梁太祖紀下》補。

［5］武貞：方鎮名。治所在朗州（今湖南常德市）。 雷彥恭：人名。武陵（今湖南常德市）人。唐末、五代地方豪族。事見本書卷一三三。 公安：縣名。治所在今湖北公安縣。 “武貞節度使雷彥恭會楚兵攻江陵”至“楚兵亦走”：《通鑑》卷二六六開平元年六月條。

［6］丙辰：中華書局本有校勘記：“以上二字原闕，據《通鑑》

卷二六六《考異》引《薛史》補。"《考異》引《薛史》原文作："六月，丙辰，裕卒。"　靜海軍：方鎮名。治所在交州（今越南河内市）。靜海軍節度使管理交州等十二州（今越南北部）。　曲裕：人名。即曲承裕。安南鴻州（今越南海陽寧江縣）人。唐末、五代軍閥。爲越南獨立建國打下基礎。事見本書本卷。　丙辰靜海軍節度使曲裕卒：《通鑑》卷二六六開平元年六月丙辰條《考異》引《薛史》。

［7］"癸亥"至"以明恩蕩"：《宋本册府》卷一九一《閏位部·政令門》。

［8］耀州：州名。治所在今陝西銅川市耀州區。　改耀州報恩禪院爲興國寺：《宋本册府》卷一九四《閏位部·崇釋老門》。

［9］"詔"至"乃下令止絶"：《宋本册府》卷六四一《貢舉部·條制門三》。《會要》卷二三緣舉雜録條記於七月。

［10］"以西都"至"端門之南"：《宋本册府》卷一九六《閏位部·建都門》。

［11］縮：人名。即高縮。籍貫不詳。封丘縣令。本書僅此一見。　"封丘境内蟲蝗爲災最甚"至"罰金仍免官"：《宋本册府》卷七〇七《令長部·黜責門》。

［12］蘇州：州名。治所在今江蘇蘇州市。　"六月戊戌"至"器甲二十餘萬"：明本《册府》卷四三五《將帥部·獻捷門二》。

［13］己亥，以久雨，命官祈禱於神祠靈迹：《宋本册府》卷一九三《閏位部·弭災門》。

［14］韓遜：人名。籍貫不詳。唐末、五代軍閥。傳見本書卷一三二、《新五代史》卷四〇。　鹽州：州名。治所在今陝西定邊縣。李繼直：人名。籍貫不詳。本書僅此一見。　"丁未"至"並處斬訖"：明本《册府》卷四三五。《通鑑》卷二六七略簡。

［15］劉知俊：人名。徐州沛縣（今江蘇沛縣）人。唐末、五代將領。先後隸時溥、朱温、李茂貞、王建。傳見本書卷一三、《新五代史》卷四四。　"庚戌"至"速令進討"：明本《册府》

卷二一六《閏位部・征伐門》。《通鑑》卷二六七開平三年六月乙
未朔條，《考異》所引《實錄》："六月庚戌，知俊據本郡反，削奪
官爵，興師討伐。"

[16]山南東道：方鎮名。治所在襄州（今湖北襄陽市）。　楊
師厚：人名。潁州斤溝（今安徽太和縣阮橋鎮斤溝村）人。唐末、
五代後梁將領。傳見本書卷二二、《新五代史》卷二三。　西路行
營招討使：官名。唐始置。戰時任命，兵罷則省。常以大臣、將帥
或地方軍政長官兼任。掌招撫、討伐等事務。　侍衛馬步軍都指揮
使：官名。五代時侍衛親軍長官，多由皇帝親信擔任。　劉鄩：人
名。密州安丘（今山東安丘市）人。後梁將領。傳見本書二三、
《新五代史》卷二二。　以山南東道節度使楊師厚爲西路行營招討
使，帥侍衛馬步軍都指揮使劉鄩等討之：《通鑑》卷二六七開平三
年六月條。

[17]蒲：州名。治所在今山西永濟市。　辛亥，駕幸蒲、陝，
夜半發大内：明本《册府》卷二〇五《閏位部・巡幸門》。《舊五
代史考異》："案：通鑑作癸丑，帝至陝，與《薛史》前後異。"見
《通鑑》卷二六七開平三年六月癸丑條。

[18]乙卯，冀王友謙爲同州東面行營招討使：《新五代史》卷
二《梁太祖紀下》。

[19]丹州：州名。治所在今陝西宜川縣。　馬軍都頭：官名。
唐末、五代時，"都"爲指揮以下的軍事編制。《武經總要》卷二：
"凡五百人爲一指揮，其別有五都，都一百人，統以一營居之。"馬
軍"都"的長官稱爲馬軍都頭。　王行思：人名。籍貫不詳。事見
本書本卷。　宋知誨：人名。籍貫不詳。本書僅此一見，事見《通
鑑》卷二六七。　"丹州馬軍都頭王行思等作亂"至"以劉鄩權
佑國留後"：《通鑑》卷二六七開平三年六月庚申條。

[20]右保勝指揮使：官名。右保勝軍統領。保勝爲軍隊番號。
　知浣：人名。即劉知浣。徐州沛縣（今江蘇沛縣）人。唐末、五
代將領。劉知俊之弟。事見本書本卷、卷一三、卷一九、卷二二、

卷二三,《新五代史》卷四四。 潼關:關隘名。位於今陝西潼關縣東北。 右龍虎軍十將:官名。五代後梁禁衛部隊右龍虎軍低級軍職。 張溫:人名。魏州魏縣(在今河北大名縣)人。五代將領。傳見本書卷五九。 "劉知俊弟內直右保勝指揮使知浣自洛奔至潼"至"固須除授":明本《冊府》卷二一〇《閏位部·明賞門》。

[21]鳳翔:方鎮名。治所在鳳翔府(今陝西鳳翔縣)。 劉知俊奔鳳翔,同州平:中華書局本沿《輯本舊史》作《大典》卷三五一三,並有校勘記:"檢《永樂大典目録》,卷三五一三爲'坤'字'坤卦十',與本則内容不符,恐有誤記。陳垣《舊五代史輯本引書卷數多誤例》謂應作卷三五一六'奔'字韻。"又見明本《冊府》卷二一六《閏位部·征伐門》。

[22]滄:州名。治所在今河北滄縣。 德:州名。即德州,治所在今山東德州市陵城區。 并:州名。治所在今山西太原市。此處指晉王沙陀政權。 劉守光遣使上表告捷,且言"俟滄德事畢,爲陛下掃平并寇":《通鑑》卷二六七開平三年六月條。

[23]司門郎中:官名。唐始置。尚書省邢部司門司長官。掌天下諸門及關出入往來之籍賦,而審其政。正五品上。 季文矩:人名。籍貫不詳。本書僅此一見。 開封縣:縣名。治所在今河南開封市。 司勳員外郎:官名。唐始置。吏部司勳司次官。佐理邦國官人之勳級。從六品上。 孫拙:人名。籍貫不詳。本書僅此一見。 浚儀縣:縣名。治所在今河南開封市。 縣令:官名。縣行政長官,掌治本縣。唐制縣令有京(赤)、畿(望)、上、中、中下、下六等之差,品級不同。 吏部:官署。尚書省六部之一。負責六品以下文官選授、勳封、考課之政。 "以司門郎中季文矩爲開封縣令"至"故命二省郎理":《宋本冊府》卷七〇一《令長部·選任門》。

　　秋七月戊寅，幸乾元院，宴召宰臣、學士及諸道入貢陪臣。[1]甲午，以劉守光爲盧龍節度使、同平章事。[2]丙申，以靜海軍行營司馬權知留後曲顥起復爲安南都護，充節度使。[3]己亥，追尊皇妣爲皇太后。[4]敕：“宜以關東爲內，仍以潼關隸陝州。”是月，又改武牢關爲虎牢關。[5]

　　[1]乾元院：官署名。唐玄宗開元五年（717）置，掌校書事宜。　秋七月戊寅，幸乾元院，宴召宰臣、學士及諸道入貢陪臣：《大典》卷一六七四六“宴”字韻“宴享（三）”事目。《宋本冊府》卷一九七《閏位部·宴會門》記於“六月戊寅”，然六月無戊寅，戊寅爲七月初二，據補。“秋”字據本紀四時記載規則補。

　　[2]劉守光：人名。深州樂壽（今河北獻縣）人。唐末盧龍節度使劉仁恭之子。囚父殺兄自立，後號大燕皇帝，爲晉王李存勖俘殺。傳見本書卷一三五、《新五代史》卷三九。　盧龍：方鎮名。治所在幽州（今北京市）。　甲午，以劉守光爲盧龍節度使、同平章事：《通鑑》卷二六六開平元年（907）七月甲午條。

　　[3]行營司馬：官名。出征將領及節度使的屬官。掌軍籍符伍、號令印信，是藩鎮重要的軍政官員。　曲顥：人名。即曲承顥。安南鴻州（今越南海陽寧江縣）人。曲裕之子。五代十國軍閥。事見《新五代史》卷六五。　起復：官吏服喪未滿而再起用。　安南都護：官名。唐代所設安南都護府長官，負責管理今中國南疆及中南半島北部部分地區之軍民政務。　“丙申”至“充節度使”：《通鑑》卷二六六開平元年七月丙申條《考異》引《薛史》。《考異》云：“‘行營’當作‘行軍’。”

　　[4]妣：對已去世的母親的敬稱。　己亥，追尊皇妣爲皇太后：《大典》卷一七二九六“號”字韻“后妃尊號”事目。《舊五代史考異》：“案《長曆》，七月不得有己亥，今考《通鑑》亦作七月己

亥，當是引《薛史》原文，今仍之。"《新五代史》卷二亦載七月
己亥追尊四祖、妣之謚號、廟號。七月無"己亥"，有"乙亥"，
爲七月二十九日。

[5]潼關：地名。關隘重地。位於今陝西潼關縣東北。 武牢
關：地名。關隘重地。位於今河南滎陽市西北。 "敕"至"又
改武牢關爲虎牢關"：明本《册府》卷五〇四《邦計部·關市門》。
《舊五代史考異》："案《五代會要》：七月，敕云：'建國遷都，俾
新其制，況山河之險，表裏爲防。今二京俱在關東以内，仍以潼關
隸陝州，復置河潼軍使，命虢州刺史兼領之。'其月，敕改虎牢關
爲軍，仍置虎牢關軍使。"然，《會要》作"今二京俱在，關東爲
内"，見卷二六"關"條。

八月丙午，賜河南尹張全義名宗奭。辛亥，以吳越
王錢鏐兼淮南節度使，楚王馬殷兼武昌節度使，各充本
道招討制置使。[1]丁巳，以潞州軍前屯師旅，壁壘未收，
乃別議戎帥，於是以亳州刺史李思安充潞州行營都
統。[2]甲子，平明前，老人星見於南極。[3]丁卯，同州蚙
蚙蟲生。[4]壬申，密州進嘉禾，又有合歡榆樹，並圖形
以獻。[5]敕："朝廷之儀，封册爲重，用報勳烈，以隆恩
榮。固合親臨，式光典禮，舊章久缺，自我復行。今後
每封册大臣，宜令有司備臨軒之禮。"[6]是月，隰州奏，
大寧縣至固鎮上下二百里，今月八日，黄河清，至十日
如故。[7]

[1]招討制置使：官名。唐後期臨時差遣官，用兵時爲控制地
方秩序而設。 "八月丙午"至"各充本道招討制置使"：《通鑑》
卷二六六開平元年（907）八月丙午、辛亥條。

[2]"丁巳"至"於是以亳州刺史李思安充潞州行營都統"：《宋本冊府》卷一九九《閏位部·選將門》。"丁巳"，據《通鑑》卷二六六補。"乃別議戎帥"，中華書局本有校勘記："'帥'原作'師'，據殿本、劉本、邵本校、彭校、《冊府》（宋本）卷一九九改。影庫本批校：'別議戎師之"師"，疑"帥"字之訛。'"

[3]老人星：星名。古時對南極星的別稱。　甲子，平明前，老人星見於南極：《宋本冊府》卷二〇二《閏位部·祥瑞門二》。

[4]蚼蛉：一種吃莊稼葉的害蟲，今稱"黏蟲"。　丁卯，同州蚼蛉蟲生：《新五代史》卷二《梁太祖紀下》。

[5]密州：州名。治所在今山東諸城市。　壬申，密州進嘉禾，又有合歡榆樹，並圖形以獻：《宋本冊府》卷二〇二。

[6]"敕"至"宜令有司備臨軒之禮"：《大典》卷一六七五一"宴"字韻。《舊五代史考異》："案《五代會要》：八月，敕云'諸道所有軍事申奏，令直至右銀臺門，委客省使畫時引進，尋常公事依前四方館收接'。"對《舊五代史考異》所引之"委客省使畫時引進"，中華書局本有校勘記："'畫'，原作'晝'，據《五代會要》卷五改。"見《會要》卷五雜錄條。

[7]隰州：州名。治所在今山西隰縣。　大寧縣：縣名。治所在今山西大寧縣。　固鎮：地名。位於今山西沁水縣西北固鎮村。
"是月"至"至十日如故"：《宋本冊府》卷二〇二。《舊五代史考異》："案前後多作李固鎮，疑原本有脫字，考《通鑑》亦間作固鎮，蓋當時奏牘省文也，今仍之。""至十日如故"，中華書局本有校勘記："'日'，原作'月'，據《冊府》（宋本）卷二〇二改。"

九月丙申，詔削雷彥恭官爵，命高季昌與楚王馬殷討之。[1]己亥，王建即皇帝位，國號大蜀，年號武成。[2]辛丑，西京大內放出西宮內人及前朝宮人，任其所適。[3]敕："以近年文武官諸道奉使，皆於所在分外停住，踰年涉歲，未聞歸闕。非唯勞費州郡，抑且侮慢國經。臣節既虧，憲章安在？自今後，兩浙、福建、廣州、安南、邕、容等道使到發，許住一月，湖南、洪、鄂、黔、桂許住二十日，荆、襄、同、雍、鎮、定、青、滄許住十日，其餘側近不過三五日。[4]凡往來道路，據遠近里數，日行兩驛。如遇疾患及江河阻隔，委所在長吏具事由奏聞。如或有違，當行朝典，命御史點檢糾察，以儆慢官。"[5]詔："先以討伐北虜，因索公私馬以濟戎事，至是虜有騷擾，復罷前令，如有力者，任畜馬。"[6]兩浙錢鏐奏："鎮東軍神祠頗有靈驗，救災祈福，人民賴之，特請封崇。"賜號爲崇福侯。[7]浙西奏，道門威儀鄭章、道士夏隱言，焚修精志，妙達希夷，推諸輩流，實有道業。[8]鄭章宜賜號貞一大師，仍名玄章；隱言賜紫衣。[9]

[1]九月丙申，詔削雷彥恭官爵，命高季昌與楚王馬殷討之：《通鑑》卷二六六開平元年（907）九月丙申條。

[2]王建：人名。許州舞陽（今河南舞陽縣）人。唐末軍閥，前蜀開國皇帝。傳見本書卷一三六、《新五代史》卷六三。　大蜀：五代十國之前蜀。　武成：前蜀高祖王建年號（908—910）。"己亥"至"年號武成"：《通鑑》卷二六六開平元年九月己亥條及《考異》引《薛史》《唐餘録》。

[3]內人：古代對宮女的別稱。　宮人：古代對宮廷女官的別稱。　辛丑，西京大內放出西宮內人及前朝宮人：中華書局本有校勘記："'西宮'，原作'兩宮'，據《册府》（宋本）卷一九五、《五代會要》卷一改。"見《會要》卷一出宮人條、《宋本册府》卷一九五《閏位部·仁愛門》。

[4]邕：州名。治所在今廣西南寧市。 容：州名。治所在今廣西容縣。 鄂：州名。治所在今湖北武漢市武昌區。 黔：州名。治所在今重慶彭水縣。 荊：州名。治所在今湖北荆州市。 襄：州名。治所在今湖北襄陽市。 滄：州名。治所在今河北滄縣舊州鎮。

[5]御史：御史臺執掌監察官員的泛稱。 "自今後"至"許住一月"：中華書局本有校勘記："'安南'，原作'南安'，據殿本、《册府》（宋本）卷一九一、《五代會要》卷二四改。按南安屬福建，安南屬廣府，《舊唐書》卷四一《地理志四》：'永徽後，以廣、桂、容、邕、安南府，皆隸廣府都督統攝。' '住'，原作'任'，據殿本、劉本、彭校、《五代會要》卷二四改。本卷下文'許住二十日''許住十日'中同。影庫本批校：'許任之"任"疑"住"字之訛。'"見《會要》卷二四諸使雜錄條。 其餘側近不過三五日："不過"，《會要》卷二四作"歇泊"，明本《册府》卷一九一作"不過"。 "敕"至"以傲慢官"：《宋本册府》卷一九一《閏位部·立法制門》。

[6]"詔"至"任畜馬"：《宋本册府》卷六二一《卿監部·監牧門》。

[7]鎮東軍：方鎮名。治所在越州（今浙江紹興市）。 "兩浙錢鏐奏"至"賜號爲崇福侯"：《宋本册府》卷一九三《閏位部·崇祀門》。

[8]鄭章：人名。籍貫不詳。唐末、五代道士。事見本書本卷。
夏隱言：人名。籍貫不詳。唐末、五代道士。事見本書本卷。

[9]紫衣：朝廷或皇帝賜予高僧的一種高級服飾，以示禮遇。
"浙西奏"至"隱言賜紫衣"：《宋本册府》卷一九四《閏位部·崇釋老門》。"浙西奏"，中華書局本有校勘記："《册府》卷一九四同，句上殿本、劉本有'封鎮東軍神祠爲崇福侯'十字，見《五代會要》卷一一。"《會要》卷一一封嶽瀆條。《舊五代史考異》："案《五代會要》：九月，置左右天興、左右廣勝軍，仍以親

王爲軍使。”見《會要》卷一二京城諸軍條。

冬十月，帝以用軍，未暇西幸，文武百官等久居東京，漸及疑訝，令就便各許歸安，只留宰臣韓建、薛貽矩，翰林學士張策、韋郊、杜曉，中書舍人封舜卿、張袞，并左右御史、司天監、宗正寺，兼要當諸司節級外，其宰臣張文蔚已下文武百官，並先於西京祗候。[1]庚午，大明節，内外臣僚各以奇貨良馬上壽。[2]故事，内殿開宴，召釋、道二教對御談論，宣旨罷之。命閣門使以香合賜宰臣佛寺行香。[3]己未，駕幸繁臺講武。[4]癸酉，御史司憲薛廷珪奏請文武百官仍舊朝參。[5]先是，帝欲親征北虜，命朝臣先赴洛都，至是緩其期，乃允所奏。宰臣請每月初入閣，望日延英聽政，永爲常式。[6]山南東道節度使楊師厚進納趙匡凝東第書籍。[7]先是，收復襄、漢，帝閱其圖書，至是命師厚進焉。[8]廣州進獻助軍錢二十萬，又進龍腦、腰帶、珍珠枕、玳瑁、香藥等。[9]

[1]韋郊：人名。京兆杜陵（今陝西西安市）人。唐末、五代官員。事見本書本卷。 杜曉：人名。京兆杜陵（今陝西西安市）人。祖、父皆爲唐宰相。傳見本書卷一八、《新五代史》卷三五。 中書舍人：官名。中書省屬官。掌起草文書、呈遞奏章、傳宣詔命等。正五品上。 封舜卿：人名。渤海蓨縣（今河北景縣）人。五代後梁、後唐官員。傳見本書卷六八。 張袞：人名。籍貫不詳。五代官員。事見本書本卷、卷一四七。 宗正寺：官署名。秦置宗正，南北朝改宗正寺，掌管皇族譜牒籍屬等事務。 “冬十

月”至“並先於西京祇候”：明本《册府》卷二〇五《閏位部·巡幸門》。“冬”字據本紀四時記載之規則補。

[2]大明節：後梁爲慶祝朱温生日而設之節日。 庚午，大明節：中華書局本有校勘記：“本書卷一《梁太祖紀一》、《五代會要》卷一皆記朱温生於十月二十一日，《五代會要》注：‘以其日爲大明節。’本卷上文開平元年（907）五月辛巳，有司奏以降誕之日爲大明節。按是月乙巳朔，庚午爲二十六日，二十一日當爲乙丑。”見《會要》卷一帝號條。

[3]閤門使：官名。唐代中期始置，掌供朝會、贊引百官。初以宦官充任，五代改用武階。 “庚午”至“命閤門使以香合賜宰臣佛寺行香”：《大典》卷一六四八七“誕”字韻“帝王降誕”事目。

[4]繁臺：地名。又稱禹王臺。位於今河南開封市。 己未，駕幸繁臺講武：《大典》卷一六八〇三“戰”字韻。“己未”，據《新五代史》卷二《梁太祖紀下》補。

[5]薛廷珪：人名。蒲州河東（今山西永濟市西南蒲州鎮）人。唐末、五代官員。傳見本書卷六八。

[6]“癸酉”至“永爲常式”：明本《册府》卷一九七《閏位部·朝會門》。

[7]趙匡凝：人名。蔡州（今河南汝南縣）人。唐末、五代軍閥。傳見本書卷一七、《新五代史》卷四一。

[8]“山南東道節度使”至“至是命師厚進焉”：《宋本册府》卷一九四《閏位部·崇儒門》。

[9]龍腦：一種名貴香料。多產於中國南海及東南亞地區。玳瑁：一種海龜科海洋生物。主要分佈於亞熱帶海域中。其背甲常被用來製造名貴裝飾品。 廣州進獻助軍錢二十萬，又進龍腦、腰帶、珍珠枕、玳瑁、香藥等：《宋本册府》卷一九七《閏位部·納貢獻門》。

十一月甲申，夾馬指揮使尹皓攻晋江猪嶺寨，拔之。[1]戊子，滄州節度使劉守文遣使請降，以子延祐爲質，加守文中書令，撫納之。[2]壬寅，帝以征討未罷，調補爲先，遂命盡赦逃亡背役髡黥之人，各許歸鄉里。[3]廣州進龍形通犀腰帶、金托裹含稜玳瑁器百餘副，香藥珍巧甚多。[4]廣南管内獲白鹿，並圖形來獻，耳有兩缺。按《符瑞圖》，鹿壽千歲變白，耳一缺。今驗此鹿耳有二缺，其獸與色皆應金行，實表嘉瑞。[5]福建王審知奏：“閩縣界砧碕里古廟，祈禱有靈，鄉閭父老皆有陳請，望賜封崇。”遂名之曰昭福廟。[6]同州劉知俊奏：“華陰令陳知古因抽選軍丁，藏匿富户，以受其賂，閩縣訴論，今已按驗罪狀。”[7]帝惡其貪猾，委本道以法誅之。[8]

[1]尹皓：人名。籍貫不詳。後梁將領。傳見本書附録。　江猪嶺：地名。位於今山西長子縣。

[2]劉守文：人名。深州（今河北深州市）人。唐末盧龍節度使劉仁恭長子。唐末軍閥。後梁開平三年（909），被其弟劉守光殺死。事見本書卷二、卷四、卷九八及《新五代史》卷五六、卷七二。　延祐：人名。即劉延祐。劉守文之子。事見本書本卷。“十一月甲申”至“撫納之”：《通鑑》卷二六六開平元年十一月甲申、戊子條。

[3]髡黥：古代刑罰。即剃髮、刺面。　“壬寅”至“各許歸鄉里”：《宋本册府》卷一九五《閏位部·仁愛門》。又見《新五代史》卷二《梁太祖紀下》、《通鑑》卷二六六。

[4]廣州進龍形通犀腰帶、金托裹含稜玳瑁器百餘副，香藥珍巧甚多：《宋本册府》卷一九七《閏位部·納貢獻門》。

[5]“廣南管内獲白鹿”至“實表嘉瑞”：《宋本册府》卷二〇二《閏位部·祥瑞門二》。

[6]閩縣：縣名。治所在今福建福州市。　砧碷里：地名。位於今福建福州市。　“福建王審知奏”至“遂名之曰昭福廟”：《宋本册府》卷一九三《閏位部·崇祀門》。

[7]華陰：縣名。治所在今陝西華陰市。　陳知古：人名。籍貫不詳。唐末、五代官員。事見本書本卷。

[8]“同州劉知俊奏”至“委本道以法誅之”：《宋本册府》卷七〇七《令長部·貪瀆門》。

十二月辛亥，詔曰：“潞寇未平，王師在野。攻戰之勢，難緩於寇圍；飛輓之勤，實勞於人力。永言輟耒，深用軫懷。宜令長吏丁寧布告，期以兵罷之日，給復賦租。”於是人户聞之，皆忘其倦。[1]晋王命李存璋攻晋州，以分上黨兵勢。[2]壬戌，詔河中、陝州發兵救之。甲子，詔發步騎五千救潁州，米志誠等引去。丁卯，晋兵寇洺州。[3]故荆南節度使、守中書令、上谷王周汭贈太師，故武昌軍節度使、兼中書令、西平王杜洪贈太傅。[4]棣州蒲臺縣百姓王知嚴妹，以亂離併失怙恃，因舉哀追感，自截兩指以祭父母。[5]帝以遺體之重，不合毀傷，言念村閭，何知禮教。自今後所在郡縣，如有截指割股，不用奏聞。是年，諸道多奏軍人百姓割股，青、齊、河朔尤多。帝曰：“此若因心，亦足爲孝。但苟免徭役，自殘肌膚，欲以庇身，何能療疾？並宜止絶。”[6]

［1］"十二月辛亥"至"皆忘其倦"：《宋本册府》卷一九五《閏位部·恤征役門》。

［2］上黨：即潞州。治所在今山西長治市。

［3］米志誠：人名。籍貫不詳。唐末、五代藩鎮將領。事見《新唐書》卷一八九。　洺州：州名。治所在今河北邯鄲市永年區。

"晋王命李存璋攻晋州"至"晋兵寇洺州"：《通鑑》卷二六六開平元年（907）十二月條。

［4］周汭：人名。即成汭。淮西（今江淮地區）人。唐末軍閥。與楊行密交戰而死。傳見本書卷一七。　杜洪：人名。江夏（今湖北武漢市）人。伶人出身，唐末軍閥。傳見《新唐書》卷一九〇、本書卷一七。　"故荆南節度使"至"贈太傅"：明本《册府》卷二一〇《閏位部·旌表門》。

［5］棣州：州名。治所在今山東惠民縣。　蒲臺縣：縣名。治所在今山東濱州市東南。　王知嚴：人名。籍貫不詳。事見本書本卷。

［6］"棣州蒲臺縣百姓王知嚴妹"至"並宜止絕"：《宋本册府》卷一九一《閏位部·政令門》。